品鉴教育文化盛宴

——陶继新序跋屯集——

陶继新◎著

江苏凤凰教育出版社
Phoenix Education Publishing, Ltd

图书在版编目（CIP）数据

品鉴教育文化盛宴：陶继新序跋屯集 / 陶继新著. —南京：江苏凤凰教育出版社，2017.10

ISBN 978-7-5499-6803-9

Ⅰ.①品…　Ⅱ.①陶…　Ⅲ.①教育学—文化学　Ⅳ.①G40－055

中国版本图书馆 CIP 数据核字（2017）第 259757 号

书　　名　品鉴教育文化盛宴——陶继新序跋屯集
作　　者　陶继新
责任编辑　雷利军　李媛媛
出版发行　江苏凤凰教育出版社（南京市湖南路 1 号 A 楼　邮编 210009）
苏教网址　http：//www.1088.com.cn
照　　排　北京世纪鸿文制版技术有限公司
印　　刷　三河市九洲财鑫印刷有限公司
厂　　址　河北省三河市灵山大口
开　　本　787 毫米×1092 毫米　1/16
印　　张　18.75
字　　数　307 千字
版　　次　2017 年 11 月第 1 版　2017 年 11 月第 1 次印刷
书　　号　ISBN 978-7-5499-6803-9
定　　价　45.00 元
网店地址　http：//jsfhjycbs.tmall.com
邮购电话　025-85406265，85400774　短信　02585420909
E - mail　jsep@vip.163.com
盗版举报　025-83658579

自　序

十多年来，邀我写序（跋）者逐渐多起来，有时甚至连续一两周内，每天都会收到来自全国各地作者的书稿，恳请我为之作序（跋）。

对此，我既惶恐，又欣然。

有资格为他人写序（跋）者，多是有文化底蕴的名人，然而我觉得自己还不充分具备这份才学德劭；加之外出讲课与采写任务越来越多，常感不堪重负；甚而有时在自己的某本书稿完成一两个月后，仍抽不出时间来写自序。因之，对于有的作者希望我为之作序（跋）的请求，很难按时完成，况且又存在未必合乎作者要求的可能，所以常常心怀不安。

不过，能够著撰一本或几本书的作者，定是睿达慧智，有超越常人之处。其书中多有独树一帜而又深刻隽永的思考、创新与探索，并融入了其对生命的感悟。读这样的书稿，无异于品尝精神的盛宴，会在无形之中升华我的境界、净化我的心灵，并激励我继续前行，为教育事业做出更多的贡献。法国哲学家布莱士·帕斯卡有句箴言："信徒为信仰而活。"所谓教育学者自当关注灵魂的境界，叩寻精神的宁静，觉悟生命的意义，愿意相信每个人都蕴含着未知的力量，自觉予渴望者以梦想，予梦想者以心灵磨砺与修炼。从这个意义上说，我又感到特别欣慰。

当答应为某个作者的书写序（跋）之后，一般情况下，我会挤出时间阅读全书的内容，即使不能全读，至少也要了解书的主体内容。不过，要想将序、跋写好，还要"阅读"作者其人。"文如其人"是很有道理的。在写序、跋的时候，我的脑海里常常会浮现出作者的身影，并情不自禁地去触摸其情感的跃动；也会从作者身上推想出著作的某些内容乃至探寻其人生境界的高度。于是，灵感不期而至，在一两个小时内即完成，不但不需要修改，还有一定的深度。因为，这对于我来说，已不仅仅是事件与情境的述录与呈现，而且是对外壳之下的一种具有行动与激情、问题与答案、张力与缓解之生活的剥离与探寻。

有一次在为一本书写序的时候，我总是无法进入状态，后来外出讲课，与这位作者不期而遇，听其讲述人生的波折及治校的艰难与突围。当他走后，其感人的事迹依然在敲击着我的心扉，总有一种不写不足以抚平心中激动的感受。于是，我打开电脑，“情动而辞发”，一气呵成，竟然写了一篇相当不错的序。

为了把序、跋写好，我曾专门阅读过一些名人所写的序、跋。有的不但有文辞之美，还有思想的厚度与生命的张力。这让我获益良多。不过，也有一些名人在写序、跋的时候，对书中内容只是蜻蜓点水，一笔带过，接着便天马行空地谈起了与本书无关的内容。我问过几位作者何以写成这个样子，回答说是通过朋友转交给名人的，或许这位名人没有看书稿吧！我在佩服其水平之“高”的同时，也有了不愿如此为之的感慨。人本主义哲学家埃里希·弗洛姆曾于《在幻想锁链的彼岸》中说过：“思想只有活生生地物质化的时候才能影响人。”的确如此，如若不知作者其人，不看作者书稿，信笔而言，那么充其量只是字里行间的语言与文字游戏而已，除此之外再无深蕴。

故而，如果不认识作者，即使用了比较长的时间阅读书稿，写起来依然难以进入游刃有余的境地。有时候，还没有动笔，我就开始担心误解作者，也担心读者误解我。于是，我做出一个决定：从今天起，不再给不认识的人写序和跋。这会不会让人觉得不近人情？其实不然，这恰好是一种负责任的态度，既为作者，也为我自己。

世界之大，无奇不有。我曾经不止一次收到作者书稿的同时，还有一份为我拟定好了的序（跋），说是如果没有意见，签上名就行了。

霎时，我有一种人格被侮辱的感觉。开始，多是一气之下，义正词严地回绝为其写序（跋）。后来这种情况多了，我就不再像先前那样“怒发冲冠”了，而是很严肃地告诉对方：“你写的这篇序（跋）对我而言没有任何价值，我会写出一篇与你提供的内容完全不一样的序（跋）。”很欣赏美国教育家戴维·斯塔·乔丹的一句话：“真正卓越的人生，少不了正直的生活。”我想，一个人的价值品质决定了其行为的方向与道德的取向。可以说，我所写的序、跋，篇篇姓“陶”，全都烙印着陶氏风格。因为，我坚信唯“正心”与“质直”，才能收获卓绝与修为。

当然，这并不是说我所写的文章不能修改，恰恰相反，我很希望有知音对我的文章提出意见与建议。正如诗人叶夫图申科所说：“凡人皆有其趣，人之命运似物换星移。凡人皆具特色，恰如星斗个个相异。”无论何人寓于何种情境载于何种活动，如能涉处吾文之境，鉴谈众之思悟，这确实能完满个人学思，实为人生至幸！所以，有时文章刚一写完，我就随即交给他人阅读，并恳请提出意见。哪怕只是对几个标点符号用之不当的修改，我都乐于接受。即使认为他人所提的建议与意见并不正确，我也会耐心地解说清楚，并深表感谢。如果有知音对我的文章认真修改且让我非常满意，不论其年龄大小、资历深浅，我都会万分感恩。孔子说：“三人行，必有我师焉。”所有阅读我的文章并提出修改意见与建议者，都堪称我的老师，都让我深怀敬仰。

本书收录的序、跋都是为他人所写，我自己的 40 多本著作及 60 多本我担任主编的书籍的序、跋一律未收入本书中。

本书在编排上，没有考虑序、跋的内容与形式，也没去“论资排辈”，而是根据作者、编著者或主编所属群体分类编排而成的。第一篇是为教师和教研员的书所写的，第二篇是为校长的书所写的，第三篇是为教育局局长的书所写的，第四篇是为某个学生著作所写的，为其他人士与单位的书所写的则全部归入第五篇。

为人写序、跋是从 1999 年开始的，到现在已经 18 个春秋了。开始我并没有将其结集出版的想法，有的写后也就没再保存，现在已经很难想起与找到。如果有哪位有心人发现或保存，诚望告知并转发给我，以便以后再出类似的书时补上。

《品鉴教育文化盛宴——陶继新序跋屯集》是一本书，因为其竭尽所能以教育理性的终极追求，审视与应对着教育生活与实践的种种；亦可以说其是 94 本书，因为通过这 94 篇序与跋，读者可以从某个方面了解这些书的部分内容或写作方法，甚至可以触摸其中的某些根本要义，以及作者的成长经历与思想走向。从这个意义上说，这本书也许会给读者点亮一盏心灵之灯。

陶继新

2017 年 2 月 23 日于济南

目　录

第一篇　教师、教研员作品之序跋

第二篇　校长作品之序跋

第三篇　教育局局长作品之序跋

第四篇　学生作品之序跋

第五篇　其他人士与单位作品之序跋

第一篇 >>>>>>

教师、教研员作品之序跋

一位乡村女教师的心灵之旅

——写在《晚秋的沉思》出版之际

刘金华老师的诗歌散文集《晚秋的沉思》，在描写浓郁的乡情、执着的恋情与自觉的责任意识等方面，不仅有着“清水出芙蓉”的自然秀丽，而且情真意浓、诗意沛然。读着这本书，恍若走入田间与小溪，走入春夏与秋冬，走入她的喜悦、她的痛苦、她的思恋、她的孤独中。

（一）

刘金华老师出生于沂蒙山区，她对乡村有一种特殊的情结，乡村一直是她挥洒诗意的伊甸园。她的许多描写田园风光的诗文，几乎都是对乡间生活的原汁原味的再现，再现得了无痕迹、美轮美奂，令你流连忘返，永远难舍那大自然赋予人类的“天然杰作”。而她熔铸其间的审美追索，似乎也成了那“原汁原味”的不可分割的一部分，让你感到再现生活原来可以如此从容与美丽。

《夏的声音》中描写蝉鸣与蛙鼓，栩栩如生，如在眼前。如不言蛙的鸣叫，而称之为“蛙鼓”：“一声蛙鼓，轻怀草香/一腔情热，慢吟长鸣/一池‘鼓呱’溢出/解开深灰的寂寞/有老农晚归经过/点头默笑/又是一个太平良宵夜。”她抒写夜幕降临后乡间的池水、香草、蛙鼓与老农愉快的默笑，都异常生动自然，犹如一幅水墨画舒卷开来，让你从静止中见出动感，于无声中听出声响。如此良宵，谁能不心向往之？

《蟋蟀》同样写得出神入化：“天高地阔/何处不可栖身/断墙下，草丛中/自弹自吟/轻轻地/伴着李白醉酒的魄/扬着梁祝化蝶的魂/悠长的月光/在叽叽的叫声里/失去清幽的梦/从头凉到脚底/晚风不忍听孤独哀曲/送落叶一片/抹尽白霜残淡。”她以古人、月光、晚风、哀曲、落叶和白霜等意象，写秋天蟋蟀凄厉的晚唱，有一种把夜揉碎的悲婉。本来，皓月当空下的蟋蟀鸣唱可以给人带来音乐美感，但由于她有了“感时花溅泪”的心境，所以在移情于景中，更多地融进了自己因秋生悲的情怀。

刘金华老师的散文一如她的诗歌，整篇都点缀着浓浓的诗情画意。在《赏风》中，她写风的千种风情、万般美质，令你想不到乡村的寻常之风也是一种美不胜收的审美意象：“风走在枝叶间，轻摇脚步，荡过露珠，步入树林，又回过头来，小心地网收欲滴的鸟鸣，一串串装进朝霞；落地的霞光，被好逗的风，闹着，跑遍满山遍野。”“我看到风常栖息在挤满青苔的小路边，圆圆的小风旋涡，自绕自转，眨眼间，又关闭门户。让我无法观看风在沉默中读谁的心事。”她在将风拟人化的同时，更将其视作一个童心未泯、天真顽皮、活泼可爱的孩子。如果没有细心的观察，没有对田园风光的挚爱，没有物我两忘的审美境界，没有一颗不泯的童心，风还是风，卷起土沙，摧折树枝，何美之有？

《透明的夏》中更有浓浓的乡村诗意：“杏黄与麦黄在叩问黎明时，不慎，掉到夏里，染得大地黄鼻子黄眼。慌得农夫把脱下的褂子挂到枝杈，挣着油黑的背，使劲地拽拉，才把绿从地下拖出。绿爬满岗了，如同回到娘家，卸下过去的娇嫩，泼辣的枝叶，流露饱满欲滴的激情，苦心经营长久的沉默。”刘金华老师在这里特别注重了色彩的渲染，兼用拟人与比喻的修辞方法，使夏天的意象于五彩缤纷中又自然地流溢出乡土的气息。而她对乡村之夏的由衷喜爱之情也借助景物之美沛然而出，并携带着读者不由自主地去向往那乡间夏日的秀丽，去品味与审视她的审美走向。

老子认为，有道者的高层境界是“复归于婴孩”。而不少大文学家即使“老之将至”却仍童心未泯，有着文思泉涌的创作激情。冰心老人说的“人生从八十岁开始”，既是其对生活与人生的一种乐观诠释，似乎也有“复归于婴孩”的童心飘舞荡漾。所以说，保持一颗童心，是一个作家拥有不竭创造力的内在原因之一。刘金华老师早已过了而立之年，童心童趣依然如影随形。她带着已上高中的两个孩子回沂蒙山区老家，见小溪里有蝌蚪、小鱼嬉游，便不由分说地卷起裤腿，下到水中，兴奋地抚摸那些小生灵的尾巴，甚至将它们捧在手上，忘情地与之对话。很快，她便与一群顽童在水里闹成一团，搞得泥浆满身，却乐而忘归。这好像有违为师者的形象，甚至还被她的母亲认为不可思议。但这正是她的天真清丽之所在，也是其诗情流泻的活水源头。我们在她抒写田园风光的诗文里，随处都可以感受到许多过滤了凡尘琐事的清明与纯净之美，也恍若重返童年，重温那种久违了的天真烂漫。

刘金华老师读过数不清的中外文学名著，这是她幸福的精神漫游之地。她说她尤爱徐志摩的诗歌和散文，其间所弥漫着的诗化了的意境常令她心驰神往。如果我们读一读徐志摩的《巴黎的鳞爪》等作品，便会为他那生动自然而又细致入微的描写而感怀。其实，在刘金华老师的诗文中，我总觉得也有一种“道法自然”的美丽与细腻传神的描绘。在真善美的审美意象对你的心灵产生特殊冲击的时候，你会同时惊讶于她对事物的内在把握和对美的敏感力。

(二)

爱情，是古今中外文学创作中的一个永恒主题。因创作主体与审美主体不同，爱情的浪漫天地里也就有了缤纷的风景。刘金华老师的诗文中，咏叹爱情者占有相当的篇幅，给人的审美感受也别有一番情调。

我没有见过刘金华老师，尽管我们通过几次电话，但她的爱情经历对我来讲还是一个未解之谜。但从她的诗文中，其爱情之旅已或隐或显地流泻出来，而且情真意切、如泣如诉。我想，她心中的“白马王子”，可能只能是她独自守候的一个秘密，我们没有必要去着意破译这一秘密。但有一点是在诗文中屡屡显现的，便是她对他深深的思念与眷恋。

《诗》中写了对“你”深深的眷恋，又有着美感的体验与诗意的挥洒：“为赢得你，我/把老本压上/凝视你的沉默/猜出血的代价/为得到你/我把长长的灯光拉出黎明/把每首诗的尾句/贴上你的笑容/为听到你呼唤我的名字/我把时间的缝隙/塞满想你的泪水/暴雨淋着我的期望/哪一天我们才会把彩虹做起。”她为真正赢得“你”的爱，付出了“血的代价”，但在写对“你”的思念时，更加含蓄蕴藉，富有诗意。彻夜未眠的苦恋，以“我把长长的灯光拉出黎明”拽出挚爱，令人们生出多少凄楚的想象。长灯不灭，长夜难眠，黎明将黑夜连起。一个相思至极的女人，为心爱之人笑，亦为心爱之人哭；为心爱之人写诗寄情，亦为心爱之人幻想与希望。凄美寂寥中，有一颗温暖真挚的心在跃动。

寂寞难耐，斯人已去，本可抽刀斩情，不再凄婉，但正中了古人之语“抽刀断水水更流”，在这种心境中，她便有了以《忍》为题的诗篇：“我甘愿忍受非人的孤独/盼望/两颗曾经碰击过的心/会再次发生火花/我甘愿忍受世上少有的寂寞/渴望/那双炽热的目光/会再度回眸。”之所以一忍再忍，是因为她爱“你”太深，是因为对“你”希望尚在。过去的美好仍在她心中激荡不已。也许她已经感到希望非常渺茫，但仍不愿打碎那个自己曾经精心编织的美丽的幻梦。

也许人们会对她的过度痴迷而感到不解，但掉进爱的深潭里的青年人又有多少理智？况且对她来说她与“你”的爱是一种永远的美丽。她在《心中的你》一诗中写道：“人刚走去/就盼着回来/门开开/却是风嬉笑/脚步响起/我知道/一定是你/因为你不会把闲愁带走/不会让思念高悬/我曾在你耳边低语/你不会/让憔悴的面孔/雪上加霜。”诗中充溢着诗人美好的回忆，将“你”刚走而“你”又活跃其心间的情境写得栩栩如生。因为“刚走去”“在你耳边低语”的爱意尚在屋内环绕，连风吹动门的低微的声响都如同携着爱意的“嬉笑”声。她对“你”相依难舍的心理历程，带着内心独白与幻觉想象缓缓走来，让人感到爱是那么美好，那么令人向往。爱情诗是刘金华老师最痴情的作品，与她的田园诗文构成了《晚秋的沉思》一书的主体内容。从这两部分内容中，我们可以领略她那丰富的内心世界与多元的审美走向。

（三）

这部书稿的清样是刘金华老师的丈夫送来的。他来也匆匆，去也匆匆，连一口水都没喝就走了。我感到，他对妻子的这部书稿的重视，绝不亚于他的生命。看过全部书稿，再与他通了几次电话之后，我感受到了他的自豪。他不仅娶了一位诗人妻子，还娶了一位有责任感和真心爱他的妻子。尽管一些诗文记录着刘金华老师昔日的爱情场景，但在经历过幸福和痛苦之后，这些都已成为永久的纪念。这又令我看到了刘金华老师非常传统的一面，一种“动乎情，止乎礼”的儒者风范。她说，她爱她的丈夫，她有一个幸福美满的家，为了这个家，她可以舍弃一切。她的善良与传统美德，在诗文中从另一个层面给人以深深的感动。

在《母亲因我而去》一文中，她写尽了自己对病重的母亲的思念与忏悔，更写出了对丈夫的关心与爱恋。丈夫因病花去数万元之后，她再也筹借不出分文，便悄悄到一家小医院卖了血换回 230 元，意欲给家中病重的母亲寄去。但交完所欠的五天住院费，又为丈夫买了点咸鸭蛋，所剩仅有几十元钱，便没有给母亲寄去。

刘金华老师的责任意识完全可以用善良来诠释，而且有时是与丈夫共同肩负起沉重而又令人敬重的责任的。《大爷》一文不似她的写景散文那样诗意盎然，却于平实自然中透出浓浓的真情。大爷已年过七十，需要人照顾，有了钱而又进城做起买卖的哥嫂却并没有接他进城一起住，只剩下他一人孤苦无依。刘金华老师在征得丈夫的同意之后将大爷接到家中，使他享受天伦之乐，重新展露了笑容。“三年的光景如烟而逝”，他喝了酒之后含笑而去，走得悄然无声、安然慈祥。他是在本不该照管他的侄女处走完人生最后之路的，完成了他生命后期的精神超越与情感依托。刘金华老师与她的丈夫在肩负起这一责任的同时，也完成了他们心灵的使命。

刘金华老师的善良与责任意识不只表现在家庭方面，还辐射到社会层面。《西瓜便宜了》表达了她对农民生存方式的特殊关注。一位大爷“如一尊雕像”般“蹲在树荫下”，因为他辛辛苦苦种的“甘甜的西瓜”竟然只卖了五分钱一斤！“肥爷们/一元六角钱/背走了一编织袋甜甜的梦/背走了风吹日晒的笑声/背走了种地人渴望的三间砖屋/猛然间我听到/锄头的呜咽/害虫的狂笑/看到孩子们/破损的作业本上/写完正面又写反面/小小的铅笔头/画下天真的童心/看到老人跪在地上/把黄土捧进晨风/用心整理着咸辣的日子。”在这里，刘金华老师用朴素的笔调，叙写因丰收而价廉给农民老大爷带来的心灵重创。美好的梦想化作乌有，辛勤的劳作与挥洒的汗水所寄予的希望也灰飞烟灭。她听到的声音与看到的景象，仿佛都带着浓重的悲剧意味。而她对农民的特殊关心与悲悯情怀，也跃然纸上，并引领读者也为之洒一掬同情的泪水。

（四）

刘金华老师没有多少爱好，读书是她唯一的精神享受。她在办公桌上写上自己的名字，并用笔将其圈起来，写道："作茧自缚，破茧而出，那就是春天。"把自己如茧般自缚起来，是面对纷扰的世界，给自己设定一个心灵的净场，以便与中外文学大师进行精神对话。而她又深信老子之言："大器晚成，大音希声，大象无形。"她相信在饱读诗书与抒写真情中，终有破茧而出之日。她不张扬，甚至在小小的县城里也鲜为人知。她以女性的柔弱与坚韧，平静地面对人生。我却认为，"天下之至柔，驰骋天下之至坚"也许正是斯人之谓也。我并不是说她目前已经达到了至高的文学层面，也不能说这些诗文均系佳品。尽管含蓄隽永形成了她诗文的主调，但有的诗歌还过于直白，少了一些韵味。叙事性的散文比移情于景或借景抒情的作品，显得少了灵性与美感。在爱情诗中，她的"欲说还羞"或"欲盖弥彰"都在给作品留下想象空间的同时，也使读者犯了不少的猜疑。是非优劣，今难定论，只好留待更多的读者去评判。

刘金华老师已经创作了大量的诗歌、散文和小说，不少作品已在全国数十家报刊上发表。这本诗文集收录的也只是她所写作品的一部分，但这已经给我们带来了巨大的惊喜。希望这颗在夜空中刚刚升起的星星，永悬太空，辉光璨灿而不灼人。

2002年1月21日于济南

（原载于《晚秋的沉思》，刘金华著，作家出版社，2002年1月，有删改）

绽放：生命的从容与洒脱

——《麻辣学生酷老师》跋

得知青年名师苏静的《麻辣学生酷老师》将由福建教育出版社出版，我有一种欣慰莫名的感觉。作为第一个发现和采写了这一典型的记者，我一直关注着她的发展。她的横空出世引发了惊叹与疑问，随着时光的流转，人们更多的是在感佩之余，冷静地思考这一典型呈现出来的人文背景与价值意义。无疑，这本书的出版，将为诠释这一人文背景与价值意义架设一座文化与心灵的桥梁。

(一)

采写苏静老师，完全是一个偶然。

2001 年 7 月 4 日，我去采访山东省青岛市第十五中学的马达同学。高考在即，他分身乏术，于是选了几位挚友为我提供相关的素材。于是，我与他的挚友、在青岛市新教师比武课中获得一等奖第一名的苏静老师不期而遇。

我惊诧于苏静老师轻灵而生动的语言表述，突发奇想地认为她的教学也一定生趣盎然，“节外生枝”地问起她的教育创意。于是，那些异彩纷呈的诗意教学片段便从她口中自然清丽地流溢出来。

我顿生兴趣。随后的城阳之行，就有了苏静老师的相伴。临时设定的采访，在路上渐渐地步入佳境。

这令我异常激动。“寻寻觅觅”而不见的采写典型，竟是如此地“得来全不费功夫”，实实在在地让我领略到了“蓦然回首，那人却在灯火阑珊处”的审美体验。

采访越深入，苏静老师的诗意教学画卷就越显得瑰丽而多彩。而在惊讶、激动的情绪与我相伴之际，写作的冲动也在强烈地撞击我的心扉。以至从青岛返回济南之后，我魂牵梦萦的还是苏静老师以及她的青云斋与兰若轩。

工作相当紧张，但写作的冲动挥之不去，就在数日之内，一万多字的《腹有诗书气自华——苏静老师与青云斋、兰若轩的诗词情结》长篇通讯，就从我的心中自然地流泻到我的笔端。

8 月 1 日《现代教育导报》将这篇通讯先行推出之后，《中国教育报》又于 9 月 11 日以将近一个整版的篇幅刊出关于她的另一篇通讯《她教的学生富有诗才》。与此同此，中央电视台关于她的专题报道也在全国播出。

苏静老师，很快成为当代教育界一个引人瞩目的人。

（二）

人们在惊叹于她诗意教学的精彩的同时，质疑之声也伴之而来。一个年仅 23 岁，教龄只有一年的“黄毛丫头”，真的能够创造出如此辉煌的教育奇迹吗?

是的，她并非超人，也不是天才。就是穿着，也是那么率意与随便，从来不刻意装扮。她自然的笑容里，透露出来的更多的是阳光与朴实、自然与恬淡。

就是中央电视台的张嘉艺小姐和江波先生专门去采访她时，我也分明看出，他们不仅惊奇，疑虑也一并写在他们的脸上。可采访一周之后，他们对我讲的最为重要的两句话就是“陶老师，苏静的诗意教学比你写的还要精彩”“如果以后生了孩子，一定想方设法把他送到苏静的门下”。

全国各地一批又一批的教育同行在慕名而来的同时，心中并非没有疑虑；但返回时有一点是共通的，那就是在眼见为实之后，他们收获了更大的惊喜。

是的，一个非常一般的班级，一群非常普通的孩子，通过苏静老师不到一年的教育，几乎人人都能背出 100～400 首古诗，而且任意命题，两分钟内即可作诗一首。这种教育的奇迹，竟然真实地由这个阳光女孩诗意地书写出来了。

因此，更多的人说她是一个奇才。求贤若渴的苏州大学博士生导师朱永新教授，更是慧眼识珠，于2003年秋将其特招到自己的门下。至此，苏静老师就成了朱氏门下一名在读研究生。

苏静老师何以文思泉涌，何以频频受到人们的青睐？这成了不少人反复探询的一个话题。

其实，一个人的年龄只能证明一个人的生命长度，生命的亮度则需要自己打造。苏静老师虽然年轻，可她始终在为自己的生命涂抹着亮色。她虽然只在人生的旅途上行走了20多年，但其间的许多时光，她都是在与文化大师进行着心灵的对话。她尤爱中国古典诗词，化解不开的诗词情结一直在她的心间萦绕回转。她成了喧嚣社会中一个“腹有诗书气自华”的“另类”青年。同时，她着力构建了诗意教学生态系统，并拥有了“下笔如有神”的从容与洒脱。

《山东教育》《现代教育导报》《当代教育科学》《中国教师》《中国少年报》《教师博览》《21世纪教育》等报刊开始向她约稿，许多地方请她前去讲学。有求必应的她总可以交给报刊社和要求讲学的人们一份满意的答卷。她的文章有的长达3万多字，诗意沛然中，崭新的教育理念也流淌其间；她的讲座有时一连五六个小时，流畅生动的表述中，透露出优美的诗意。

今年夏天，苏静以苏州大学访问团成员的身份，赴香港城市大学访问。短短4天时间，她就写下了将近4万字的教育随笔——《香港情色》。本文在《新教育在线》上发表后，好评如潮。

于是，人们突然醒悟过来：苏静老师不是一个新闻炒作下的昙花一现的人物，而是一个具有一定人文素养的教育新星。

（三）

苏静老师并非天才，她的父母也不是满腹经纶者；她的学生亦非天才，在她教学之前无不望诗却步。但现在人们对苏静老师多以“才女”相称，她的学生也成了人们称道的小诗人。

这昭示出一个经常为人们忽略的道理：人的潜力是巨大的，是可开掘的。只是平时教师与学生忽视了对这种潜力的开发，或这种潜力被某种外力无意扼杀了而已。

潜力的开发，离不开文化。高层次文化的浸润，会使人从平凡走向不凡，走进与苏静老师相似的文化空间中。所以我们在解读苏静老师的时候，不仅要剖析这一个体突兀而出的诸多原因，更重要的还要推展到更大的层面。无论是谁，只要真正踏上优秀文化的旅程，就可以创造出“士别三日，当刮目相看”的奇迹。教师如此，学生亦然。

但目前人们对文化的淡漠，特别是对高层次文化的忽视，使得本可以走向名师行列的教师与之擦肩而过。不少教师教学终生，却还是在教学参考书里“徘徊复徘徊”。特别是在应试教育的触角斩而不断的今天，让教师走出怪圈，具备诗文素养，就显得更为重要。

这本书尚难称系统，但亮点频闪，色彩斑斓，文化味颇浓。它是苏静老师的第一本教育心情手记，也是一本集新生代教师生存状况、新型师生关系与彰显教育个性于一体的本色之作。读者在感受其语言的轻灵玲透的同时，还会自然地步入一个具有文化气质的年轻教师的心灵世界，并进而体悟到教育的真正意义与文化价值。

2004 年 8 月 24 日于青岛

（原载于《麻辣学生酷老师》，苏静著，福建教育出版社，2005 年 1 月，有删改）

生命挚爱的自然流泻

——《心灵夜话——黎志新教育随笔集》读后感

近日，我一直游弋于黎志新老师用文字所营造的精神领地里。

其实，我与这位广西壮族自治区田阳高中的年轻教师从未谋面，但“教育在线”论坛拉近了我们的距离。她的12万字的《心灵夜话——黎志新教育随笔集》，就因网络的便利，使我拥有了感受其文化品格的幸福。

教高三毕业班之累之苦之难可想而知，但黎志新老师的这本书，就是在2004年这一年之间诞生的。每当夜深人静的时候，她的轻灵之手便使电脑的键盘奏起欢快的乐章，于是，近乎原生态的一个又一个令人感怀激动的故事，以及她的思想、她的感动、她的兴奋、她的忧愁，就快速地跳跃在电脑的屏幕上。而后，我与众多网友，也就随之走进了她的生存空间，融入了她的喜怒哀乐之中。

（一）

我很惊诧于黎志新老师对教育教学的执着，如果说从广西师范大学毕业后自愿到经济欠发达的田阳县城任教需要勇气的话，她在教育教学上的十年探索，需要的就不仅是勇气，还有深情与智慧。

黎志新老师在《一张让我潸然泪下的请假条》中，将特定环境里化解不开的人间真情原汁原味地呈示在读者面前：一位学生提出回家请求，黎志新老师起初没有批准，但由此带给这位学生的是满眼泪水：“她嘴角抽动着，泪早已浸湿衣襟！她将手中的一张小纸片递给我，上面两行字：‘乡愁，是一方矮矮的坟墓，父亲在里头，我在外头。明天，是父亲的祭日……’我愕然。”黎志新老师断然准假，而后是自责的泪长流不止……

如果没有同情心，没有人情味，黎志新老师绝不会准假。因为她所在的学校是所完全寄宿制的高中，规定每班每天请假的学生不能超过3人。

黎志新老师由于学生请假“超额”刚刚受到了领导批评。接下来可能是更严厉的批评，但她不能因之让自己的学生忍受思亲之痛，割舍报孝之心。学校制度与人文关怀发生矛盾之时，她毫不犹豫地选择了后者。人性的光辉，就在这些许小事之中，绽放出了灼然的光华。

《他回来了》写的也是一位学生归家的事情。不同的是，这位学生不辞而别，整整三天踪影全无。他的家在一个偏僻的小山村，既无电话，附近也没有他的亲戚。直到第三天晚饭后，寝食不安的黎志新老师才在教室里发现他安然无恙地坐在自己的座位上。问及原因，方知那天月考结束后，他感到异常压抑，极想回家去见爸爸妈妈，就没多想，走了。

黎志新老师并没有责怪这位学生，因为她认为，对于一个从小山村到县城求学的自卑心极重的孩子，在最没信心的时候，家是其自信的源泉。这个时候谁也帮不上他的忙，只有家才能给他安慰。所以，她问的是他家里有事吗，家人还好吗。在得知一切平安后，她如释重负，留给这位学生一脸的灿烂。

三天的惶恐不安顷刻化作一片云烟，因为善良的黎志新老师最爱的是学生，学生的安危是其安乐忧患的魂之所系。“以生为本”这一现代教育理念，就在黎志新老师的粲然一笑中体现得淋漓尽致。

如果说前面所写都是针对学生个体的关爱的话，《用书信开启学生的心扉》则是黎志新老师对全班学生的人性关照。她让学生每人给她写一封真情告白的书信，并答应一一回复。学生贮于心中的话语，就借助书信这一载体倾泻而出。她用了整整两天的时间来阅读学生这些心灵的倾诉，在震惊激动中感受到了一个真正“精神富有者”的快乐。尔后则一连十六个夜晚，在电脑上打下了对学生的心语回应。然后又把所有回信打印出来，将每一封回信贴在原信的第一页，一一交到学生的手上。当惊奇激动的神情在一个个学生脸上闪现时，黎志新老师的快乐也便在心里与脸上荡漾开来。

这种回信需要的不仅是时间，更是爱心与耐心。学生从中获取的情感慰藉与信任支持，既可以幻化为自信向上的精神激励，也可以生发出努力学习的动力支撑。黎志新老师就在学生这种特殊的收获中，享受着付出的美丽馈赠。

《考前寄语：制作温馨提示小卡片》写的也是黎志新老师对群体学生的温情关照，但匠心独运的形式不由得令我们击节称叹。高考在即，121位考生的心理压力之大可想而知。抚慰其浮躁不安之心，用“预祝高考成功”“预祝高考金榜题名”等惯用语已经不起作用。给学生一份温馨提示，让他们拥有静心，确立信心，保持细心，也许能有出奇制胜之妙。于是，黎志新老师就以“静心”“信心”“细心”为主题，选择了许多温情语句。其后设置各种字体，特别突出“心细才能绣成花，心静才能理出麻”两句，给文字加上富有特色的边框，打印出来之后，再由五位科任老师在后面签名。然后复印，剪开，过塑。于是，外表漂亮、内存爱意的温馨提示小卡片就一一送到121位学生的手上，进而将温暖传送到他们的心里。

这一高考战前之术，有特色，有效用，当属黎志新老师的“专利”。不过，对于心存“它山之石，可以攻玉”之念的老师们来说，侵犯一点儿黎志新老师的“知识产权”亦无大过。但战术应小于心术，黎志新老师对学生的深爱之情，有着更大的价值。

黎志新老师对学生的爱，在她的随笔中可谓俯拾即是。《为山九仞，功亏一篑——补记星期一的班会课》中，她以经典故事坚定学生“坚持到底就是胜利”的信心；《把脸迎向阳光，就不会有阴影》写了她与所谓“差生”的心与心的交流，有关爱也有自责，有呵护也有指点迷津；《和学生一起考试》，她这一特殊的贴近学生之举，既提高了她的做题能力、做题速度，又使她在讲评试题时有的放矢；《在风雨中留下美丽的倩影》和《美丽的睡莲美丽的心》写得轻松自然，师生之间的和谐互动跃然纸上……

“随风潜入夜，润物细无声。”黎志新老师的智慧及人格魅力，如细雨般滋润着学生的心灵。

（二）

黎志新老师自称是“一个柔弱小女子”，但其内在的正义刚直，却又令血气方刚的男儿“须仰视才见”。这一双重性格，彰显了其挚爱学生与热爱人生的人格张力。

在《谁来关爱我们的英雄》中，黎志新老师对曾是缉毒英雄的阶下囚周鲲给予了常人难有的同情与崇敬。她逆人而行的思考，弥漫着悲怆的况味，在其“解剖刀”直入这一悲剧的深层社会原因之时，滴血之心也对崇拜权力之徒进行了愤怒至极的控诉。

《老师，勿以恶小而为之》写教师人生准则的悖论：一方面是学校正向全体学生发出“要远离陋习，做一个文明的现代人”的倡议，一方面却是老师随地吐痰、满口脏话、乱扔烟头等行为。为人师表者的言行不一，给学生带来的负面影响可想而知。黎志新老师痛心思考的背后，留给现代教育多少辛辣的嘲讽。

比赛课可以作秀，而且有风靡之势。黎志新老师在《听课反思》中表达了对一节比赛课的不满，因为授课教师将设计好的问题预先告诉了学生，甚至连哪个学生举手回答哪个问题都得安排得井井有条。彩排多次之后，这节比赛课也就有了“精彩”的效果。可黎志新老师认为，这种作秀行为，不但失去了教育的意义和教学的本色，也令教师的尊严毁于一旦。而由此在学生心里所投射的道德阴影，更是一个难以参透的系数。

在《再说升旗仪式》中，黎志新老师对目前升旗仪式心怀忧虑。师生脸上没有庄重的神情，即使在国歌响起、国旗升起的时候，也是说话者有之，吃东西者有之。特别是升旗过后千篇一律的领导讲话和值周老师宣誓，以及在这个过程中学生的“嘘”声、教师的议论声等，都使这一神圣的仪式变为走过场的苍白表演。本系思想品德教育的庄严之地，变成了儿戏嘲弄当今教育的场所。人们对此也许司空见惯，黎志新老师却感到悲哀。如果不是有深重的责任感与使命感，她也会如他人一样“笑看秋月春风”般加入毫无价值的议论之中。

在《我们的德育离“随风潜入夜，润物细无声”的境界有多远》中，黎志新老师则从更高的层面对时下思想道德教育的无的放矢、有形无实、苍白无力表达了疑问和不解。

可能有人会说高三教师的主要任务是提高学生的成绩，黎志新老师如此忧国忧民忧教，未免有些杞人忧天、多管闲事、不务正业。可是，教师如果只停留在“授业、解惑”的层面，将“传道”的职责抛之脑后，将历史责任视作儿戏，中国的教育真的会出大问题。从这个层面上思考，我觉得黎志新老师的这份思考与激情显得更加可贵、可爱。

（三）

黎志新老师是一个有血有肉的生命个体，在她那以教育为主体的情感空间里，也盛开着摇曳多姿的亲情之花。父母对她的挚爱，她对父母的深情，以及天伦之乐的心理愉悦，都从她那行云流水的文字中难以遏止地流溢出来。

《休假归来》是黎志新老师叙写归家之后的亲情享受。虽没因旅游而收获青山绿水的葱茏，却收获了溢满心灵的亲情，使疲惫的心灵寻到了一个安适的可憩息的温馨港湾。“饭后，围几而坐。一盘水果，泡上几杯茶，和爸爸说说工作的事，聊聊今后的打算，时间在闲聊中飞逝，抬眼望钟，已是深夜。忙工作的时候，时间过得飞快；闲聊的时候，时间也过得飞快。”这种与亲人相处的快乐，虽然随着时间飞快的流转而消逝，文字却让这一刻的快乐化作永恒。

《我的妈妈》写的是黎志新老师对妈妈从不理解到理解、从不关爱到关爱，写得情真意切、催人泪下。妈妈为这个家做出了许多牺牲，耗去了最美的年华。这成为黎志新老师永远难解的心结。“多想让妈妈的心空永远晴朗，多想让妈妈心里永远有诗意流淌，永远有快乐的音符在跳动!”于是，怜爱与痛惜、敬意与祝福，便终生在她的心间流动不止。

《回来吧，我们需要你》写的是年迈的父母对孩子的呼唤，写得令人内心酸涩、泪湿沾襟。年轻时她的父亲四海为家，曾豪情万丈地对儿女说：“你们走吧，离家越远越好!”听话的儿女，真的一个一个地离家远走高飞。现在独处都市中的父母，发白，齿落，腰弯，再没了当日的豪情壮志。“归去来兮”竟成了老人心里呼唤儿女的长久咏叹。但思亲心切的黎志新不能满足父母的愿望，只能在夜深人静时遥祝父母安康……

在拜读这部分内容时，我常常为黎志新老师的深情所感动。她从心灵深处解读孔子“入则孝，出则弟”的内涵，在行动上却为难尽孝心和不能与父母常居一处而无奈地喟叹。但一走进学校，一接触学生，她对学生的满腔痴爱就会很快进驻到她的情感空间。于是，一个生气勃发、爱心荡漾的年轻教师便在校园里活跃起来了。

（四）

本书还有两部分比较重要的内容。

一是她走进“教育在线”论坛的故事与感受。网络唤醒了她创作的欲望，她将自己的所见、所闻、所思、所感全化作美丽的文字。很快，网名为“沁心荷”的黎志新老师所写的文章便为众多网友所关注。在《电波传情——亲聆水易》《我的第1000帖》《佩服自己——纪念我的2000帖》等文章中，我们就真切地触摸到一个因“网”而生动起来的年轻教师的脉搏在跃动。

二是叙写江浙之行的长文《我的暑假生活》。虽信手写来，不加雕饰，但她对游览景点及与网友聚会的描写，都活灵活现、如在眼前。在快节奏的游走中，累也快乐、闲也快乐的黎志新老师，着着实实地享受到了20天江浙之旅的幸福。

需要说明的是，这本只是黎志新老师2004年的随笔，2005年她又写了不少的文字，我相信以后她还会写出更多、更优美、更有思想深度的文章。

当然，由于她的文章多系一挥而就，未作修改，所以，在其呈示自然从容之美时，有的地方也存在原始的粗粝：有的是不及剪裁而有些烦冗，有的是不及美化而有点平淡。但整本书常常会令你在兴奋、感动、悲伤之时，感受到审美的特殊愉悦。瑕不掩瑜，本书的读者一定也会与我一样爱之不舍的。

2005年3月30日于济南

（原载于《山东教育》，2005年7、8月合刊，有删改）

开花的梅，淡雅、清馥

——《飘着花香的琴弦》序

一年前，在“教育在线”论坛上，一个亮眼的名字——叶兰舟，不经意间跳进我的眼帘。随后，我便走进她的文字之中：清丽、从容、自然，甚至有点原生态的况味。于是，我一下子喜欢上了这种天然去雕饰的描述，此后，便开始关注这个富有诗意的人，以及这个人留下的作品。

不久，我知道了这个网友的真实姓名——王艳芳。她是山东省威海市鲸园小学的教师，而且是一位音乐教师。后来，我到她的学校讲课，方与之进行了面对面的交流。

她是一位很有爱心的年轻教师。从与所在学校的校长、教师和学生的交谈中，特别是从她的作品中，我可以充分感受到这种爱心无时无处不在。她对自己的学生，甚至是其他班级的有心理问题的学生，都以一位年轻母亲的心，去关照他们。她认为，一位优秀的教师，首先就应当拥有爱心，这是教师的立身之本。她在给学生爱的过程中，没有想到回报，可是，学生对她的爱也在不断地滋生。于是，就有了一个又一个令她感动的故事。师生之爱，便自然地在他们之间回旋与激荡。

她还是一位极具童心的教师。大凡与她接触过的人，都会对她的心理年龄与实际年龄之间的悬殊感到惊诧。她常常开怀大笑，如天真无邪的孩子。也许是天性使然，也许是她太爱孩子且融入其中而不能自拔，她常常会不自觉地走进入物我两忘的境界，忘了自己的年龄，感到自己就是一个孩子。老子所称道的“复归于婴孩”是道法自然的上层境界。王艳芳老师之“归于婴孩”，是爱心与童心双向作用且自然天成的结晶。

当今，有的教师总是板起面孔与学生说话，故作长者言，教训之语运用到极致，童趣之言抛之于九霄云外，于是，师生之间水乳交融的情感流失，心理的壁障高高垒起。教师教学与学生学习，本应是最具有情趣的文化之旅，结果竟成了一场永不停歇的苦役。这种被异化了的教学与学习，并没有因为素质教育旗帜的冉冉飘扬而终结，反而呈愈演愈烈之势。可是，走进王艳芳老师的课堂，读读她的教育教学文章，就犹如一缕清风吹来，令你感到清凉、爽快、明丽。原来，教师之教，完全可以走进审美的境界；学生之学，亦可步入“乐之者”的意趣园地。

爱心与童心如果没有文化的支撑，就会失去品位，甚至会将学生引入歧途。王艳芳老师的可贵之处在于，她将爱心、童心与文化聚合成一种情感纽带与精神力量，使自己与学生都能在审美的视野里，实现生命的成长。

她的爱心与童心，使她拥有如孩子般旺盛的精力，拥有不竭的工作热情与创作欲望。她不但将分内工作做得精彩，还会“无事找事”，将其演绎成一种美丽。她会用心教育那些看似与自己毫不相干的学生，还会在假期间举办与音乐教学无关的作文培训班，而且好评如潮，很多学生慕名而来。生活的多彩，使她拥有了更多的创作素材，于是，作品纷涌迭出。在她看来，写作不但不是一件困难的事，而且是一种快乐的文化追索。始终处于孩子之中，孩子的天真与活泼，也使她生动起来、“孩子化”起来。大量写作使她的表达能力不断提高。课堂上，她神采飞扬、出口成章；交谈中，也有了文化味与情趣。学生在课堂上，在平时与她的情感交流中，受到的是蕴藉着真善美的文化熏陶。以文“化”人，就在最平常的学习与生活中化为现实。

在从生活中汲取写作素材的时候，王艳芳老师还走进了网络。她不是那种图热闹的看客，而是借助这种载体，汲取先进的理念，拜读文质兼美的文章，入有所取，读有所得。与此同时，她阅读了大量的书刊，并有着自己的感悟与认识。正是这种持之以恒的学习，使她的知识不断地更新、不断地积累。于是，她写起文章来也就越来越快、越来越好。

作为一名小学音乐教师，她虽然没有特殊的背景，但由于将生命投入了文化追索之中，所以也拥有了丰硕的收获。近几年来，她已在全国几十种报刊上发表了百余篇作品，出版社主动联系她要出版她的专著。由此看来，王艳芳老师给我们的启示，在这本书之中，也在这本书之外。古人云：“功夫在诗外。”其实，功夫也在教外。她没有像有的教师那样在教学参考书上鹦鹉学舌与邯郸学步，而是开创了一片属于自己的新天地；她没有局限于音乐，而是从音乐之外，去瞭望另一片神奇的天空。这种另样的寻寻觅觅，使她的音乐教学更富色彩与诗意。在教学与创作两个方面，她堪称是“鱼和熊掌”“得兼”者。一般人认为不能达到的目标，她通过自己的努力实现了。

其实，王艳芳老师还可以实现第二个超越，她的作品还可以“更上一层楼”。在有了这份文化积淀之后，如果能“取法乎上”地阅读更高层次的书籍，就会在自然从容的文笔中有一种俯瞰教育与生活的哲理，就会在大气的文化叙说中有一种纵横捭阖的文学之风。

如果这本书是一个起点的话，我期盼着另一个新的起点。相信王艳芳老师会在不久的将来，给我及读者一个更大的惊喜。

2006 年 7 月 15 日

（原载于《飘着花香的琴弦》，王艳芳著，教育科学出版社，2007 年 7 月，有删改）

真情的叙说，心灵的感悟

——郑立平《激情问梦》的教育情怀

我与山东省2006年度“十大教育创新人物”郑立平老师相识虽只数月，但他的真诚友善与对教育的宗教般的情怀，给我留下了深刻的印象。文如其人，他的《激情问梦》，也是在向读者真实地叙说他所熟知的教育故事，充满激情地抒发他对教育的一腔炽情，或爱或恨地评议教育中林林总总的现象。

我读过一些关于郑立平老师事迹的报道，其中的很多情节感人至深。但在这本书中，他对此并没有做浓墨重彩的渲染，有的甚至是一笔带过。即使叙写故事，也如拉家常一样娓娓道来，让你感到那是一个朋友在向你真情地叙说发生在他身边的平凡而又普通的事情。这种本真状态下的文字，会给读者更加真实的感觉，读来也更能打动读者的心。他说，对教育，可以先“恋爱”后“结婚”，也可以先“结婚”后“恋爱”。但既然已做出了选择，可以偶尔发发牢骚，但绝对不可以不爱！是的，因为爱，才有了那一个又一个在他看来应该发生的故事。

郑立平老师的真诚并没有阻碍他的创新，他在班主任工作中的许多创意思想与“另类”行动构筑了一道人文风景。面对“罗密欧”与“朱丽叶”的早恋，他没有大惊小怪，而是别出心裁地采取将二人安排为同桌的方法。这种被人们视作冒险的教育行为，却获得了意想不到的效果。“鸳鸯”不打自散，一对早恋者此后都收获了各自的成功。这不只是工作艺术，更是超前的教育理念。针对早恋这个问题，班主任是疏是堵，反映的是两种不同的教育观。视之若洪水猛兽，不遗余力地围追堵截，其结果大多事与愿违；巧妙地疏导，就会如“涓涓细流叮咚作响回旋嬉闹”一样，自然而然地各归其位。

郑立平老师的头发天然卷曲，于是就有了学生直呼其“老卷”绰号的“大不敬”之举。但他并没有对这个在光天化日之下公然“挑衅”的学生给予惩戒，反而对其进行了巧妙的表扬。他认为，从生命的个体属性说，教师和学生在人格上是完全平等的。学生之间可以互叫外号，成人之间可以互叫外号，熟人之间如同学、战友等往往非得互叫外号才显得亲切。那么，学生善意地叫老师的外号也就无可厚非了。如果教师都能放下师道尊严的架子，以尊重、博爱之心为学生开辟一片自由、平等的人性绿洲，教师工作起来也就会变得轻松、自然而幸福了。

现在的家长会却往往变了味，被开成了教师的告状会、家长的受训会、学生的遭罪会。郑立平老师反其道而行之，将家长会开成了提高和改变家长理念认识的培训会，着眼解决家校教育实际问题的研讨会，尊重、平等、合作、和谐的交流会，人人体验成功喜悦的表彰会，以及触动心灵的感恩会。于是，无论是学生还是家长，都可以在家长会上畅所欲言，享受教育的自由与幸福。

书中不少感悟性的文章，真实而又直抵心灵。郑立平老师对教育的真爱，在其中回旋流转。郑立平老师的品格，在从容的议论中，也自然地展现出来。

郑立平老师的可贵之处，还在于他在这个喧嚣纷扰的社会里，守住了一份真诚与平凡。在他的文字中，我们看到了一个真正的教育工作者的诚实品质。他说，作为教师，我们确实平凡；但往往只有平凡的人，才能真正感受生活的苦辣酸甜。因为平凡的点点滴滴，一定会凝聚成璀璨的生命足迹！在书中，他没有将自己塑造成一个完美的形象，而是一个真实的人。真实就意味着不只有优点，也有缺点乃至错误。郑立平老师叙说自身经历的故事中，有不少是在自我解剖。他在教育经历中的失误，包括对儿子教育的不当之处，在真实地记录下来之后，还要发一番感慨与议论，并进行深刻的检讨，这是对自己言行的解剖。不过，正是因为这样，我才更加喜欢这个年轻人。

郑立平老师虽然友善，可是谈起教育上的弊端，往往毫不留情，与其在叙说一般性的教育故事时判若两人。他说："我是一个在教育土地上笨拙耕耘的农夫，时刻呼吸着泥土的气息，也深刻体味着教育的争鸣与变革，所以有时也会用审视甚至挑剔的目光去观察那些所谓困惑或热点的问题，激动时难免不自觉地说几句。深知以自己低微的身份，很可能无人来听，但毕竟是自己真实的心声。再狭隘，也是出于希望和建设的目的。"

这缘于郑立平老师的责任感，缘于他对教育的热爱。这些年教育的飞速发展有目共睹，可是，教育中存在的问题也不容忽视。郑立平老师对此不只是痛心疾首，而是进行理性的分析。批判的锋芒中，闪烁着思想的光辉。比如，在谈到当今一些名为提高教师素质，而实际另有企图的培训时，他给予了揭露式的批判。郑立平老师认为，这种培训失掉了培训的真正价值，成为走过场，成为某些领导的“功绩”，也成为一些单位谋利的手段。从这些作品中，可以看到郑立平老师的另一面。让我这个与之相识不久的朋友，对他更多了几分敬重。

本书中令我特别高兴的是，郑立平老师写了他曾由困惑怨愤而喝酒，由喝酒而大醉，由大醉而受伤住院，由受伤住院而顿悟人生真谛的事。他从此跟书籍结下了深深的友谊，与古今中外大师开始进行心灵对话，审视自己的“贫乏与肤浅、渺小与幼稚、虚伪与功利”。至此，我认为郑立平老师在奋斗与挣扎中寻到了真正的道路，这是一条属于他自己生命成长的阳光之路。

书中内容也有一些值得商榷的地方，我也将如郑立平老师一样真诚地提出自己的看法，尽管未必正确，却可以使我的这位朋友“有则改之，无则加勉”。书中有不少思想闪光的地方，可是，真正富有深度理性光华的相对较少。个别他所认为成功的经验，却不一定能够作为“它山之石”。比如，在《向青年教师透几招》中，郑立平老师的招数“剪辑报纸、刊物，坚持写教学札记，每学年开始都做大量的中考题”三招，多是在技巧层面做的价值不大的指导。青年教师素质要真正提高并不在这三招之中，这些不能从根本上提高青年教师的底蕴和内涵，相反，还会让他们舍本逐末，进入应试教育的怪圈。从根本上讲，青年教师要在做好教育教学工作的同时，“取法乎上”地阅读课外最为优秀的作品，甚至是教育领域以外的作品。“厚积”方能“薄发”，没有高层次、长时期的学习与研究，所谓的名师也只能昙花一现。

瑕不掩瑜，《激情问梦》一书中可圈可点的地方有很多，读者定可从中各取所需，提升自己的教育水平。

2007年2月21日于济南

（原载于《激情问梦》，郑立平著，青岛出版社，2007年9月，有删改）

闪耀在月光下的一朵圣莲

——《一地纸屑》序

《一地纸屑》是朱金凤老师的处女作，取材大都与教育有关，视野却相当开阔，文笔也特别流畅。在我所读的教师作品中，堪称上乘之作。

我特别欣赏朱金凤老师的真诚与自然，不管是文字，还是内容，都令我感到她是在真实地向人叙说她所感受到的那个世界。真实自然才能美。那些着意追求华丽的词句，总让人感到其中有些虚饰的成分和雕琢的痕迹。

何止真诚，朱金凤老师的话语甚至有些可爱。比如，一位同学在习作中写她“有一双炯炯有神的大眼睛”“亭亭玉立，像仙女一样”的时候，她写下了这样的评语：“呵呵，你把老师夸成仙女了，让老师心里美滋滋的，你的想象力很丰富啊！老师的眼睛可是典型的小眼睛，‘神’就更谈不上了，有说‘假话’的嫌疑！哈哈，以后写作文要善于观察，知道吗？还有，‘亭亭玉立’是什么意思？用来形容什么样的人？你可以查查词典弄明白它并且告诉老师，好吗？”她没有因为学生的过分赞誉而忘乎所以，而是委婉又幽默地指出这种“假话”不是学生经过观察得到的。我想，这位同学看到这样的评语，一定会情不自禁地笑出声来，且在以后的作文中自觉地改正这些缺点。

朱金凤老师不但真诚自然，而且有着自然、流畅、从容的文风。这是她长期阅读之后结出的一个必然之果。从这本书中可以看出，她所读的大多是现代美文，包括肖川、高万祥、郑杰等我的文友的作品。她对如李泽厚先生的《美的历程》等美学著述也略有涉猎。她读的教育方面的书并不太多，也许虽读而没有更多地写进书中。其实，这正是她超越他人之处。我一直认为，教师要发展一定要“功夫在诗外”，读书尤其如此。如果说一个教师一天到晚只读教育类的书，肯定写不出这么优美的文字，也不会有这样广阔的视野。其实，教育只是文化的一个分支，如果只在教育类书籍中行走，就会像苏东坡所说的那样“不识庐山真面目，只缘身在此山中”。只有广博多览，特别是多看教育领域之外的书，才能做到“横看成岭侧成峰”。更为重要的是，大凡多读教育领域之外的书的教师，在教学语言上也比较丰富。在写“下水文”的时候，大都可以做到游刃有余。朱金凤老师的“下水文”之所以受到学生的欢迎，显然与她的广泛阅读分不开。

在某种意义上说，写作是一个人生命历程的精神收藏。收藏越多，生命越有价值，进而又会影响人的生存状态，使之拥有常人没有的幸福感。在《丁香花开》一文中，她提出了“学会收藏幸福”之说。她写得特别精彩，这种精彩不只在文字表层，更在跳跃于其间的对幸福的解说。在一般人看来未必幸福，甚至是特别苦恼的事情，她却可以从中品味到特殊的幸福感。

朱金凤老师的幸福感，大多与她的付出，甚至是艰苦努力有关。但由于其中流淌着她对学生、女儿及生活、工作的爱，所以虽苦犹乐。其实，真正的幸福就是长久留存于生命个体心中的那种具有高尚情结的心灵感悟。如果抽掉了高尚，不管做什么都一味地快乐，那就不是真正的幸福。在某种意义上说，幸福还是一种境界，一种生活情趣。

我没有听过朱金凤老师的课，但是可以从书中她所写的教案、课堂实录及记录听课感受的文章中，感受到她上课时的幸福。教学不只是完成一项任务，更是一种生命历练和与学生生命的对话。很多教师没有这种生命感悟，尽管特别敬业，但是，由于没有像朱金凤老师那样亲近读书与写作，大多显得特别疲惫，更遑论幸福感了。朱金凤老师的知识积累与智慧生成，因读、写而不断升华，教起课来也就更加从容与快乐了。相反，那些不读书或很少读书的教师，虽然也在教材和教学参考书上下了一番功夫，但由于没有属于自己的思想与话语，就只能在狭窄的教材与教学参考书中鹦鹉学舌。日复一日，年复一年，一直做着“教书匠”。朱金凤老师没有死气沉沉的匠气，而是经常流动着灵性与美丽，这对广大教师来说不能不说是一个良性的启示。

朱金凤老师读书面之广，是特别令人惊叹的。不过，我认为她还可以向更高的层面跃进。因为她所读的书多属现代美文，缺少更高层次的作品。我一直主张，教师阅读一定要“取法乎上”，即更多地阅读世界大师的作品。那样，就等于天天在听世界大师讲课，与这些大师进行心灵的对话，长此以往，就会向大师的境界一步步靠近，有可能成为教育专家与文化学者。

2008 年 5 月 4 日

（原载于《一地纸屑》，朱金凤著，大众文艺出版社，2008 年 6 月，有删改）

生命的三次飞跃

——《凭什么让学生爱上你》序

孔子说："吾十有五而志于学，三十而立，四十而不惑，五十而知天命，六十而耳顺，七十而从心所欲，不逾矩。"看来，从十五岁到三十岁，以及此后的每十年，孔子的生命都发生了一次巨大的飞跃。孔子，圣人也，让我们一直有一种高山仰止的感觉。他的精神生命的发展，对于整个人类来说都是一个巨大的启示。人之于宇宙，显得渺小而卑微；但是，人又有着巨大的能量，内心蕴藏着整个宇宙。生命个体如果有此体认且为之努力，就会发生巨大的飞跃。

这令我想到了苏静老师，她的生命发展就经历了三个阶段。

初识苏静老师，是在2001年7月上旬的青岛，当时她是一个教龄只有一年的小学语文教师。我意外地认识了她，且旋即对她的诗意教学产生了浓厚的兴趣。第二天我要去城阳，便邀她同行，且在往返的路上采访了她。回到济南后，我很快写了一篇长篇通讯并发表在《现代教育导报》上。之后我又以《她教的学生富有诗才》为题，以将近一个整版的篇幅，在《中国教育报》上报道了她的诗意教学。

苏静老师，成了一个异军突起的教师新秀。

但是，那时候的她，还是一个小学教师，还保留着大学生的那种浪漫与激情。不过，我感到，她在演绎着一个神话的同时，也在重新塑造一个新的自己。

正是《中国教育报》的这篇报道，引起了苏州大学博士生导师朱永新教授的特别关注。在他看来，这是一个可以塑造的人才。2003年金秋时节，朱永新教授以特招的方式，将其招为学生。从此，苏静老师成了"朱门"弟子，成了一个未经考试便走进研究生课堂的特殊学生。

我认为，这是她的第二次生命飞跃。她开始系统地学习教育理论，开始接触全国教育方面的专家，陆续在全国一些地方讲课。朱永新教授将她推到一个崭新的层面，使她在原有的基础上，有了更大的发展潜力。她的学习是刻苦的，也是快乐的。她不同于其他学生，她在每个假期都要独行侠式地到她认为最具特色的自然和人文景观的地方去旅游。她甚至专门考了一个导游资格证书，有时候还在青岛做兼职导游。由于她的解说富有诗意，所以受到了旅游者的特别青睐。导游的收入并不多，可是，作为历练的一种方式，她格外开心。

2006年研究生毕业之后，苏静老师的生命再一次发生了变化——她走进了青岛大学，成了一名大学教师。

这是一份全新的工作，喜欢挑战的苏静没有一丝胆怯，而是欢欣鼓舞地走向新的行程。

如果说读研究生期间是学习教育理论的话，这个时候，她就要将自己所学习到的理论，包括她特殊的实践经验，传递给与她年龄相差不多的大学生了。很快，她受到了学生的高度认可甚至激赏。

不同于一般大学教师的是，她并没有与小学诗意教学告别。不过，她已不再是当小学语文教师时候的她了，她的理论水平、学术视野都有了很大提升。她有了窥观诗意教学的新视角，有了理论与实践融合的从容风度。

如果我们认真地拜读一下她的这本新书，再将其与2005年出版的《麻辣学生酷老师》略作比较，就不难发现，她的思想与文化品位已经有了很大的提升。

可以说，一个大学教师、小学名师和教育专家融为一体的苏静老师诞生了！

有人说，苏静老师创造了奇迹。是的，她创造了奇迹。

孟子说："人皆可以为尧舜。"在某种意义上说，人人都可以创造奇迹。但是，为什么大多数人还在平庸的层面徘徊呢？

生命的发展需要机遇，苏静老师的成长也不例外。可是，所有的机遇，都是给有准备的人准备的。苏静老师一直在做着生命飞跃的准备，每一个阶段，她都为自己的发展积蓄着力量，她始终拥有一种蓄势待发的激情。

每一个人都有着巨大的潜能，可是，人们常常漠视这种潜能，更没有有效地开发这种潜能。而苏静老师将这种潜能开发得淋漓尽致。她所教的学生也被她的激情所感染，一个个从原本对诗一无所知的孩子，变成了可以即兴赋诗的“神童”。

每一个人都应当为自己的生命飞跃积蓄力量，都应当满怀信心地迎接一个又一个新的生命阶段的开始。

在未来的生命成长过程中，每一个人都要做好自己的生命规划，在最近一两年，以后五年、十年、二十年甚至更长的时间，使自己的生命产生一次又一次的飞跃。这，也许是我们阅读《凭什么让学生爱上你》这本新书和阅读苏静老师这个“新”人的重要意义所在吧！

2008 年 5 月 6 日

（原载于《凭什么让学生爱上你》，苏静著，湖北教育出版社，2008 年 6 月，有删改）

世界上最不能等的是什么

——《孝行天下》序

何谓“孝”?《说文解字》的解释：“善事父母者。从老省，从子；子承老也。”可见“孝”最初的含义就是“善事父母”，即奉养父母。

据我国最早的典籍《尚书·尧典》记载，早在4000多年前，尧帝在选择接班人虞舜时，就特别注意到虞舜的“克谐以孝”。到了春秋战国，儒家便把孝奉为“百行之首”。《论语》中说：“孝弟也者，其为仁之本欤!”《孝经》里记载的孔子的话说得更明白：“夫孝，德之本也，教之所由生也。”《孝经》是中国关于孝的第一部专著，从内容上看，它是孔子和曾子师生二人的对话，曾子问，孔子解答，最后由曾子整理而成。《孝经》提出了“孝治天下”的伦理宗旨，阐发了孝与人本身、孝与家庭、孝与政治、孝与社会的关系。它认为“夫孝，始于事亲，中于事君，终于立身”，由“孝”而达到修身、齐家、治国、平天下的目的。这就使“孝”的含义逐步丰富起来，形成了独具中国特色的孝文化。

孔子的弟子有若甚至将孝作为立身之本，认为“本立而道生”。如果一个人连自己的父母都不爱的话，其人格定然有问题，他所谓的爱集体、爱国家，都令人怀疑。尽管古代有“忠孝不能两全”之说，可是，没有从小的对父母之孝，就不可能有未来的对国家之忠。

当代学者黎鸣在《中国人性分析报告》中说：“孝的真诚精神支撑住了这洋洋两千多年的文明。”黑格尔在研究中国文化时曾做过这样的分析：“中国纯粹建筑在这样一种道德的结合上，国家的特性便是客观的‘家庭孝敬’。中国人把自己看作是属于他们家庭的，而同时又是国家的儿女。”

但是，当今独生子女越来越多，也越来越受宠，很多人对子女的爱远远超过了对父母的孝敬，“家庭孝敬”已经渐行渐远。但是，他们并不了解一个起码的人生规则，那就是自己不孝的身教，随着时光的流逝，已经不知不觉地在孩子的心里种下了一颗不孝的种子。于是，孩子长大之后也必然如法炮制。休说国家利益、民族未来，仅从个体未来的生命状态考虑，也应当将孝敬父母作为家庭教育中的一项神圣事业来抓。

大家都知道比尔·盖茨，在记者问他世界上最不能等的事是什么时，他毫不犹豫地回答："孝!"看来，孝作为一种文化，不是中国人的专利。特别值得关注的是，一些世界富商，恰恰也是大儒，他们多是品德高尚的典范，所以被人们尊称为儒商。而这个"儒"的背后，就是人格的支撑，特别是孝的支持。

有的人关注父母的衣食住行，这也是孝，但不是最高层次的孝。君不见，现在的小狗小猫都享受着优厚的条件。如果对父母仅仅停留在"有养"的层面，而没有心灵的爱与敬，与养小狗小猫"何以别乎"?

然而时下，父母得不到爱与敬，甚至得不到"有养"，还不是个别现象。这不只是某些家庭的悲哀，也是整个民族的悲哀。在物质越来越丰富的今天，一些人忽略了超越物质之上的心灵构建。谈起孝，有的人几乎一无所知，更遑论付诸行动了。但一个对父母都不孝的人，对他人，对社会，也会缺少爱。而一个社会如果少了爱，就如同一个人没了高尚的精神追求一样，无疑便成了一具行尸走肉。

令人欣慰的是，现在党和政府及各级教育主管部门，已经从不同的层面开展起孝道的教育，而且收获颇丰，深得民心。其实，要想构建和谐社会，首先要构建和谐的家庭、和美的校园。通过孝道教育培育孩子的爱心、孝心，这必将为和谐社会的构建奠定稳固的基础。

在中国正朝着现代化奔跑的今天，我们将祖先历经千年而传承下来的孝文化进一步发扬光大，应当是构建和谐社会"由我做起"的基础。

马骏先生多年来对孝道教育进行研究，这当是一件"功莫大焉"的事情。同时，不能将这本书的出版仅仅视作马骏先生的一个研究成果，我们还应当将这个成果推展开来，让更多的人了解孝道教育的重要性，从而真孝、会孝，且引导孩子也步入真孝、会孝的境地。

2008 年 6 月 6 日

(原载于《孝行天下》，马骏主编，山东电子音像出版社，2008 年 6 月，有删改)

站在晨光下展示扎根的方向

——《落雪的清晨》序

杨松银先生《落雪的清晨》的书稿我并没有读完，不是读不下去，而是太为精彩。我不愿浮光掠影地做一部优秀作品的匆匆过客，而想在以后有暇之时细细咀嚼。但是，由于近来太过繁忙，本书又急于付印，我便只好说些未必切中肯綮的话语。

作品的价值最为重要的是真实与自然，所有故弄玄虚者都会在真实与自然的面前黯然失色。老子有言："人法地，地法天，天法道，道法自然。"天道尚且如此，何况写作呢？但是，人们大多不知其中的玄妙，依然在追寻着所谓的"华丽"。

杨松银先生则不然，我随意从《落雪的清晨》中找了二十来篇作品拜读，就寻到了那份真实与自然，那是真正意义上的"清水出芙蓉，天然去雕饰"。当下社会上浮夸之风与造假之势随处可见，自然也影响到了写作。如果没有一颗文化定心，就可能随"风"而行，失却最为本真的东西。杨松银先生的作品的真实与自然，与其心灵的真实与自然肯定有着内在的联系。不然，何以如此叩动我的心弦？

如果只是真实与自然，语言太过直白，读来则会缺少诗意与情调。杨松银先生的作品的可贵之处是真实与哲理同在，自然与诗意并存，令人进行了一次又一次心灵愉悦的文化之旅。而这种审美张力的背后，透露出的是他深厚的文学功底，及其对哲学问题的深入思考。

人们很难想象，这么多的作品，开始竟然是被学生"逼"出来的。当然，这其中也有他的"诡计"，以及施行"诡计"的窃喜。如果一意地在被逼迫的状态之中，就不可能有如此清丽的作品。关键是他与学生都在短暂地被逼迫之后，产生了持续不断的写作热情。而令人意想不到的写作成果，又进一步激发了这种热情。于是，写作，就成了师生之间"以文会友"的心灵之约。

学生内蕴着巨大的写作潜能，而这种潜能一旦被激发出来，就会一发而不可收。杨松银先生的学生写作之多之好，绝对是在被逼迫之前的他所不能想象的。这给他带来异常大的鼓舞，甚至让他由此而看到学生未来发展的绚丽前景。因为学生在学校里爱上写作，写作就会成为其一生的爱好。而一生爱上写作，就会为自己积蓄一笔巨大的精神财富。它不只会使人在工作、生活中享受美妙，更为重要的是，还可以记载一个人的生命成长史。这比那些不写作的人，就多了一份心灵的收藏，一份自我欣赏的愉悦。

杨松银先生写出这么多的优秀作品，有偶然因素，也有必然原因，其中一个重要的原因，就是他的文学素养高。有的教师也可能被逼写作，可是，由于文化积累不厚，写起来往往词不达意，少有文采。杨松银先生读了很多高品位的书，为自己的精神“银行”储存了很多文化财富。文化不断升值，到了一定的时候，下笔成文，也就水到渠成。所以，在倡导教师写作的时候，千万不要忘了写作的前提——读。因为读书与写作在逻辑上构成一个充分必要条件关系，没有对经典文本的大量阅读甚至背诵，就不可能有文采斐然的作品纷涌迭出。读的好书越多，写起来也就越得心应手。反之，写作水平的提升，又从另一个方面对作者的阅读提出更高的要求。这就进入到了一种良性的循环之中。而到了这个境界之后，教师们孜孜以求的教学质量提高，也会不求自得，甚至产生令人难以想象的巨大超越。

2008 年 11 月 5 日于济南

(原载于《落雪的清晨》，杨松银著，济南出版社，2008 年 12 月，有删改)

国学，生命的根基

——《让孩子国学起步语文腾飞》序

2002年，很多学校对国学还未涉足的时候，山东省济南市大明湖路小学已经拥了自己的校本课程——国学。而李兰铎，则始终是教授这一课程的最优秀的教师。她不但自己如痴如醉地爱上了国学，还让她的学生也像她一样对国学有了特别的感情。

开设国学课程之初，人们对它的认识还处于莫衷一是的状态，如何教学更是没有现成之路可走。但是，李兰铎老师是坚定的，而且探索出了一条行之有效的教学之路，取得了令人意想不到的效果。人们从怀疑到肯定再到激赏的同时，李兰铎老师也实现了一次又一次的生命飞跃。她从教学知识，到体悟国学内涵的丰富性，再到优化自己的生命状态，几乎有了凤凰涅槃式的变化。而她的学生在她的引领下，从不知所云到略知内涵，从一句不知到大量背诵，为自己打下了精神文化的底色。

学习国学难吗？背诵经典苦吗？李兰铎老师和她的学生给予了否定的回答——不但不难不苦，而且其乐无穷！本以为是一场心力交瘁的苦役，没想到却成了一次又一次快乐的文化之旅。

这就是文化的伟力，因为它可以“化”人。经典文化一旦内化到生命个体的心里，外化出来的就是一道绚丽的风景。那个一度怨天尤人的李兰铎老师，如今已变得宠辱不惊、坦荡自信。当一个又一个成绩与一声又一声赞扬到来的时候，她一直很淡然，因为在她看来，这是生命历程中的一个必然；当遭遇波折的时候，她也将其视作生命的本然。她无大喜大悲，无大激动也无大惊恐，守持着一颗宁静的心，一如既往地在生命常态中行走。

当李兰铎老师的学生流利地诵读经典且能出口成章时，人们惊叹于小学生竟然能有如此高的水平！可是，李兰铎老师认为，还有不少隐性的文化力量还没有显现出来。是的，当年那些对国学情有独钟的孩子，今天以其优异的文化成绩与突出的思想表现在初中和高中脱颖而出的时候，大家才回过头来追溯那条流淌着国学血脉的生命活水究竟在何方。其实，这些孩子的精神生命还有一段更长的路，国学会伴其一生，使其在未来获取更大的成绩与独特的快乐。

每一个人都希望自己一生幸福，可是，往往因为缺失生命根基而与幸福擦肩而过。李兰铎老师已经寻到了这一生命的根基所在，并且让它扎向更深的地下。“己欲立而立人，己欲达而达人”的李兰铎老师，无声地将这份幸福传递给了自己的学生，以及更多的人。

所以，我们不能仅仅将这本书视作一种学习国学的方法荟萃，因为它能从深层给人们以生命的启迪，通过国学之“化”，使人们步入一个更加幸福的人生境界。

2009 年 9 月 29 日于济南

(原载于《让孩子国学起步语文腾飞》，李兰铎著，湖北教育出版社，2010 年 2 月，有删改)

灵魂在进取中闪光

——《那些人，那些事儿》序

刘宗顺先生的教育随笔集《那些人，那些事儿》的书稿发到我的邮箱里已经很久了。可是，我因为太忙，所以直到今天才得以阅读。这一读，我才发现，这本书委实不应拖到今天才读，而应当在忙碌中抽出些时间，早些享受这份精神盛宴的。

刘宗顺先生是一个年轻的教研员，在我的心里，教研员是指导某个区域教学研究的权威教育专家。我的朋友中，就有一些很有水平者，称其为专家绝对不会言过其实。不过，不少教研员长期不教学，虽然经常听课，可是，在指导教学的时候，总让人有点脱离实际的感觉。刘宗顺先生则不然，他既是教研员，也是一位地地道道的中学语文教师。在他看来，课堂是他教育研究的根，没有这个根，说起话来就会缺少底气，就会少了真正意义上的话语权。而且，我看过他的一些教案，听过他的课堂教学录像，感到他是一个得语文教学要妙者，言必有中，“文”味十足。“问渠那得清如许，为有活水源头来。”从这本书里，我们可以看出他读了很多书，而且读书的品位很高。他读进去了，了悟了书中的要义，并将书中的精神融入了他的生命里。所以，这些随笔是一道道文化风景。读的时候，非但不再劳累，而且感到那是一场文化之旅。这些文化，与他的课堂教学、教学研究又水乳交融，形成他的教学风格，也形成他的研究语系。一些教研员，在教学研究上非常努力，可为什么总是没有本质的飞跃呢？一个重要原因就是陷入课堂教学之中，而没有源源不断的文化之水的浇灌。这既是一些教研员穷其一生，苦其一生，难其一生，总是走不出来的原因之一；也是刘宗顺先生乐在其中，“后生可畏”的原因之一。

他有着足够的文化积淀，对学生有着特殊之爱。而这些，又成为他做教研员的一笔极其可贵的精神财富，让他的研究中始终有一种生命的活水在流淌，让你感到那些研究性文字，是从生活里流淌出来的，是带着他个性色彩的、闪烁着真善美的研究。让你有一种久违的感觉，有一种欣赏不已而又乐而忘返的感觉。

叶圣陶先生主张教师写“下水文”，刘宗顺先生则主张教研员也要写“下水文”。学校是文化的圣地，教师应当是文化拥有者，所以，挥笔成文应是分内之事。可是，现在不少教师不会写文章，甚至害怕写文章。这样的教师，怎么能教好学生写作呢？教研员也是这样，要求教师写论文，自己首先要写论文；要求教师写教育随笔，自己首先要写教育随笔。不然，指导教师的时候，就会言不及义，就会缺少足够的说服力。刘宗顺先生不但写，而且有感则发，有事则写，有思则议，于是就有了一篇又一篇让教师们称道不已的文章。写文章对他而言非但不是一种痛苦，而是一种习惯，甚至是一种审美快感。越是这样，他越喜欢写作，也就写得越好。

与刘宗顺先生交流的时候，我还有一种深深的感觉：他太爱教学与研究工作了。史蒂夫·乔布斯有一句金玉良言：“成就一番伟业的唯一途径就是热爱自己的事业。”刘宗顺先生爱自己的工作，珍惜自己的工作。在一般人看来，他如此紧张地工作与写作，一定非常劳累。可是，我觉得，虽然他的时间安排的确紧，但是他的心不累，他不但在用心做教育，而且在快乐地做教育。这种心绪与境界，又加快了他走向更大成功的步伐，也让他的人生有了别样的色彩。

刘宗顺先生正处于而立之年，丰硕的成果让他远远超过了同龄人。不过，作为一个“过来人”，我也要提醒刘宗顺先生，不要太急。孔子说：“无欲速，无见小利；欲速则不达，见小利则大事不成。”在未来的路上，更要沉下心来，更多地阅读一些经典作品，更好地向真正的名师学习，甚至向普通教师学习，为自己积累下更加深厚的精神资本。这样，到了一定的生命节点时，就会一跃而起，成为让人们刮目相看的真正意义上的教育专家。

2011 年 11 月 2 日于济南

(原载于《那些人，那些事儿》，刘宗顺著，内蒙古人民出版社，2012 年 1 月，有删改)

情结经典，吟唱“得道”

——《经典即人生：文字是修正灵魂的良药》序

近日，我一直高度紧张地工作着，可是，这依然没有阻挡住我阅读《经典即人生：文字是修正灵魂的良药》书稿的欲望。这些年来，能够像这本书一样的教师著作已经“几希矣”。因为它的智慧“磁性”不是单一的，而是多维的，它会让人们从中品“文”味，去困惑，悟人生。

一、品“文”味

仅看这本书的书名，你就会感到这不是一般的语文教师写的教学方面的文章荟萃，而是有着很高文化品位的上乘之作。这只是第一印象，如果深入阅读，你就会感到处处充满着“文”味。这里的文字，不是平面式的叙说，更不是刻意雕琢之作，而是用真情与文化构筑成的一条特别的文化长廊，让你从一入门就感到“文”味悠长，越走进里面，越有一种曲径通幽、美不胜收的感觉。没有文化底蕴，就不可能写出如此充满智慧的文字。所以，读这本书的时候，你会感到，自己增长的不仅是知识，还有智慧。知识与智慧不在同一个层面上，没有智慧的知识是死的，是不能助长人的生命灵性成长的。

陈琴老师对于经典有着一种天然的亲近感，这也许与其儿时的家庭熏染有着某种关系。可贵的是，这种经典情结，随着其生命的进程，非但没有消减，反而有愈演愈烈之势。她爱上了经典，爱得如痴如醉；她走进了经典，走得入乎其中。经典文化中，不但摇曳着智慧的光华，也流泻着思想的要义。所以，本书中处处有智慧之星在闪烁，也处处有思想的火花在跳跃，让你尽情地享受它的美丽馈赠，让你的生命里也有智慧与思想的光华。

二、去困惑

关于儿童经典诵读，可谓仁者见仁、智者见智。人们常常觉得，孩子小小年龄，经典如此深奥，诵读起来一定苦不堪言。可是，看看陈琴老师的学生，六年下来，竟然背诵了十多万字的经典，而且背起来摇头晃脑、乐在其中。

陈琴老师有何高招绝技呢?

这就是素读与吟唱。

儿童时期是背诵的黄金时段，其记忆有一个特点，就是记得快，忘得慢。而且，那些令大人望而生畏的经典，儿童却觉得与学习“1＋1＝2”没有什么难易之别。因为他们靠的不是理解记忆，而是“素读”记忆。一个婴儿呱呱坠地之后，只用了两年多的时间，就掌握了一门语言。可是，他们学得一点儿也不累，觉得一点儿也不难；而对于大人来说，学习一门语言，则犹如“上青天”一样难啊！所以，那些理解后再记忆的方法，非但会让儿童感到困难，也会让他们失去学习的兴趣，以至于对学习经典产生抵触与畏惧心理。陈琴老师是深得儿童学习经典之妙道者，她几乎不给孩子讲那些深奥的道理，只让他们背诵。当孩子很快就会背诵了一些经典之后，他们就产生了自信心，从而更乐于去背诵更多的经典。

儿童学习还有一个特点，就是要有情趣。陈琴老师的吟唱教学法，就让孩子走进了兴趣盎然的境地里。

其实，古人不是像现在这样读经典的，而是抑扬顿挫地吟唱经典。《诗经》305篇，都是孔子从当时的盲人乐师及民间歌唱者那里搜集整理而成的，而且一一配上了乐曲。他说：“吾自卫反鲁，《雅》《颂》各得其所。”显然，这些《诗经》都是有固定的乐章、乐谱和音律的，而且吟唱起来有节奏感，有韵律，有美感，会让背诵变得轻松而快乐。孩子为什么在吟唱的时候背诵得特别快呢？因为任何的高效都需要快乐情感的支撑，舍之则没有真正意义上的高效。为什么有一个成语叫“乐此不疲”？因为快乐时候的学习不但是高效的，是不累的，而且是快乐的。

陈琴老师的素读与吟唱，带领孩子走进了乐此不疲的境界。于是，背诵经典，就成了孩子的最爱，就有了吟唱时那种“手之舞之，足之蹈之”特殊景观。

这本书可以让读者不再困惑，从而让孩子与自己一起走进乐学与易学的世界里。

三、悟人生

我与陈琴老师结识几年来，平时虽然少有电话，可是我们是真正意义上的“以文会友，以友辅仁”者。我觉得，她的血液里，不但流淌着经典的文化之水，也流动着她对生命的独特感悟。

如果有人说陈琴老师是一位经典吟唱方面的专家，我虽然赞同，可是还要补充说明：她更是一位有着悲天悯人情怀的传道者。她的善良与爱心，出自于本性，经由生命的磨砺，更有了厚重感与永久性。她深深地爱着她的学生，如果不是为了让这些孩子更好地成长，她就不会如此“消得人憔悴”地在吟唱经典上“上下而求索”。她悟到了生命的意义：每个人都只有一次生命，是让生命在平面上滑移，还是螺旋式上升，以至产生一次又一次的生命飞跃，那绝对不是一个层次上的生命价值。她付出了很多，不过，她也收获了很多。而这些收获，除了她本人的生命层次得到了提升之外，更重要的是让她所教的孩子有了走向辉煌生命前程的经典之基。她的人生价值，不是单纯地燃烧了自己，照亮了别人；而是在自己生命一次又一次成长的时候，也照亮了一批又一批孩子的心灵，让他们从小就有了超越一般孩子的智慧与善良。

生命中有一个看不见的规则，就是“种瓜得瓜，种豆得豆”。在陈琴老师看来，在孩子小时候为他们种下经典文化的种子，在他们此后的生命历程中，这颗种子就会逐渐生根、发芽，最终开花、结果。经典文化一旦与人生经历联系起来，就会支持人走向高层境界，就会拥有美好又幸福的人生。

如果说陈琴老师在自己发展的时候，也在帮助她所教的孩子生命启程的话，这本书的问世则会让更多的读者重新走向美好人生的行程。不仅让更多的教师，也会让更多的家长，以及更多其他行业的人，吟唱经典，从而让他们的生命呈现出更加绚丽的色彩。

期待这本书的出版！我想，我会推荐给更多的人去阅读，进而让他们走向更高的人生境界。

2011 年 11 月 9 日于济南

（原载于《经典即人生：文字是修正灵魂的良药》，陈琴、华一欣著，中华书局，2011 年 11 月，有删改）

苟不至德，至道不凝

——写在《务本论——和合教育的行动研究》出版前夕

中国第一篇教育学论著《学记》的结束语是“三王之祭川也，皆先河而后海，或源也，或委也。此之谓务本”。意思是说，三王祭祀江河的时候，都是先祭河，后祭海，因为河是本源，海是归宿，这就是重视根本。这句话旨在说明，教育必须务本，本立才能道生。

可是，当今一些教育恰恰不是务本，而是舍本逐末。教育上出现的这样那样的问题，追根溯源的话，几乎都可以在“本”上寻出缘由。

那么，什么是“本”?

我的朋友隋慧成先生所说的“大道、大德、大爱”就是教育之本。这与孔子的教学总纲“志于道，据于德，依于仁，游于艺”有着一种内在的关系。

中国古代经典之作中几乎没有不谈道的。《道德经》开篇就是“道可道，非常道；名可名，非常名”。老子还说“道生一，一生二，二生三，三生万物”。这个道，就是宇宙万物生命存在乃至发展的一种规则。海尔集团首席执行官张瑞敏等大企业家，就是认真研究了这个道，且从中悟出了玄妙，而取得巨大成功的。在研究教育的时候，如果参透这个道，自然也会抵达一个更高的境界。《论语》中记载了孔子所谈的忠恕两道，忠道即“己欲立而立人，己欲达而达人”，恕道即“己所不欲，勿施于人”。孔子还说自己对这两个道是“一以贯之”的。孔子的一生，就是执行道、贯彻道的一生。正是有了道，他的学生才有了长足的发展，以至过了两三千年后，这个道依然闪烁着光芒，有着巨大的现实意义与价值。

《大学》开篇也谈道：“大学之道，在明明德，在亲民，在止于至善。”这里的“明明德”与王阳明的“致良知”有着异曲同工之妙。在儒家先师看来，良知是生而有之的，只是受社会上不良习气的浸染，被遮蔽了而已。所以，可以通过“明明德”与“致良知”，让原本就有的良知光华再次呈现出来。

道与德又是紧紧联系在一起的。《中庸》有言："苟不至德，至道不凝焉。"由此可知，没有大德，就不可能有大道。

大德的基点是真，是诚。《中庸》有言："诚者，物之终始，不诚无物。是故君子诚之为贵。"真与诚是发乎于心的，不能故弄玄虚，而应"道法自然"。《大学》说得好："所谓诚其意者，毋自欺也，如恶恶臭，如好好色。"所以，"君子必慎其独也"。真正的教育者，就要诚其意，而不是"无所不为"。陶行知先生说："千教万教，教人求真；千学万学，学做真人。"当下，教育尤其要重这个真，重这个诚。失去了真与诚，德则不复存在。

隋慧成先生所说的大爱，是大德的灵魂。没有大爱，就不可能有大德；而大德之人，一定是大爱之人。古代"德为圣人，尊为天子"的舜，就是大爱之人，他期望"老者安之，少者怀之，朋友信之"。孔子也是大爱之人。他的"有教无类"，内含着大爱的因子。在那个时代，没有地位的人的孩子，原本是不能上学的，孔子却不管其贵贱，只要"自行束脩以上"，皆可收为弟子。于是，颜回、子路等这些穷得几乎无立锥之地的人，也成了孔子的学生，而且有了很好的发展。

现在重提大爱，就是要让教师在教学的时候"有教无类"：不但爱那些学习优秀的学生，也要爱那些学习不好的学生；不但爱那些有权有势者的孩子，也要爱那些贫困者的孩子。而且要全身心地爱，这样，就不会感到教育教学工作是一种负担，而是成了一次幸福之旅。这样，就在无形中提升了教师的人生境界，同时，教师也会将这种崇高"润物细无声"地传递给学生，从而让这些学生也拥有爱心。于是，就会有更多优秀的学生脱颖而出，甚至有可能出现"弟子不必不如师，师不必贤于弟子"的奇异景观。

我所谈的这些问题，隋慧成先生在《务本论——和合教育的行动研究》中，已经从不同的角度进行了或生动或理性的述说，而且很有意蕴，颇具说服力。因为他不但是一位理论研究者，还是一位教育实践者。仅有理论研究是远远不够的，只有接了"地气"，即有了实践，这些理论才能落地生根。所以，读这本书时，我总有这样一种感觉：在隋慧成先生的理论述说里，有着源源不断的生命活水汩汩流淌；在其教育实践的记事中，也有有理性的光华在摇曳。所以，读他的文章，不但可以让我们摘食其成功的教育实践之果，也可以领略其理论学养的丰厚。

以上所谈，只是点滴感觉而已，要想一览隋慧成先生的精彩言论，还需到《务本论——和合教育的行动研究》里探幽取微。

2011 年 9 月 2 日于济南

（原载于《务本论——和合教育的行动研究》，隋慧成编著，北京教育出版社，2012 年 1 月，有删改）

飘逸在“道法自然”里的美景

——写在《陪小土豆们读初中——隐逸在童心的纯真里》出版前夕

喜欢“隐逸在童心的纯真里”这个副标题，不只是因为它有沛然的诗意，还因为我们都希冀自己能有一颗纯真的童心。目前，人心的浮乱与世态的忧扰，往往不经意间将人人固有的童心过滤掉了。于是，最美妙的“复归于婴孩”的心灵，也就悄然离我们而去了。

高平老师也处在喧嚣的尘世之中，可是她没有失却纯真的童心，依然保留着清纯的美丽。时光尽管也让她的年华与童年渐行渐远，她的心境却依然留存在那个童真的时代里。她平淡而不失高雅，自然而不故弄玄虚。所以，不惑之年的她，一直被同样拥有童真童趣的孩子所痴爱着。

他们像爱自己的妈妈一样爱她，像喜欢自己的朋友一样喜欢她。看来，心灵的栅栏一旦打开，彼此之间便没有了隔阂。所以，孩子遇到难解的问题，都会征询高平老师的意见，都希望得到她的支持。而且，童心的相连，也多能让这些问题迎刃而解。于是，她在学生中有了很高的威望，也就有了“亲其师”“信其道”的温情景观。

高平老师的这份童心，几乎是无处不在的。很快，孩子与她心灵相通了，信任系统自然而然地建立起来了。这让她更加笃信童心的能量，也更加纯真地游刃于这个“混沌”的世界里。

这份无比珍贵的童真，让她的文字总是呈现出如行云流水般的美丽，给人以“道法自然”的从容。文字这种表层的符号，因为承载了纯真的童心，才有了如此魅力。她的演讲也是如此，娓娓道来，一点儿雕琢也没有，可是人们不由自主地被她的演讲吸引，且情不自禁地去品味那份久违了的纯真之美。

我是一个在偶然的机会听到高平老师演讲的。可是，只那一次，她的童真与从容，就牢牢地定格在了我的心里，让我一直思考她何以有如此淡定的态度，她为什么能有如此高雅的品位。

一切外在的表征，都来自内心。真善美一直存储于她的心里，也见之于她的言行。心灵的美好拥有巨大的能量，她在不断传递这种能量的过程中，也在不断地升华着自己的人生境界。所以，读这本书的时候，除了欣赏她那犹如叮咚作响、沛然而出的山涧泉水一样的美质之外，更要去品味那份“隐逸在童心的纯真”。因为人们需要这份纯真，它能让迷失方向的人们回归到本然属于自己的那个心灵世界中，去享受真正属于自己的那份幸福。

正是基于这样一种思考，我将高平老师的这本书作为我主编的“未来教育名家系列丛书”的开篇之作。我不期待它一问世就出现“洛阳纸贵”的奇观，可是，我相信它是值得品尝的，是经得起时间考验的。当若干年之后，高平老师成了让更多的人景仰的教育名家的时候，大家再翻开这本书阅读，就会获得另外一种惊喜：任何的“名”，都是有其“实”的；任何的结果，都是有其过程的。

2012 年 9 月 23 日于济南

（原载于《陪小土豆们读初中——隐逸在童心的纯真里》，高平著，福建教育出版社，2013 年 5 月，有删改）

纯真的爱冒出绿芽

——《苔花学作牡丹开——班主任的工作艺术》序

我与杨育红老师只见过一次面，可是，她给我留下的印象非常深。今天再看她的《苔花学作牡丹开——班主任的工作艺术》，我就有了一种似曾相识的感觉。

杨育红老师没有被喧嚣的社会所浸染，依然保留着特有的纯真与爱心。表面看来，她可能有点柔弱，其实，她的内心有一种巨大的能量，她的在场会让学生浮躁的心灵趋于平静，会让他们自觉或不自觉地走近真善美。

班主任的工作可谓复杂而忙碌，有时候，还会出现令人头疼的事情。杨育红老师也忙碌，可是，她一点儿也不痛苦，反而感到快乐无比，因为她太爱这项工作了，以至于工作成了她“最大的休闲活动”。在她看来，不管什么样的学生，都那么可爱，都那么具有发展的潜力。所以，她没有理由不去爱他们，也没有理由不去挖掘出蕴藏在他们身上的巨大潜能。

她说，她很幸福，因为学生太好了！可是，有的班主任说，太痛苦了，因为学生太难管了。为什么会有如此大的反差呢？一个关键性的因素就在于班主任心里有没有爱、会不会爱。当班主任全身心地爱学生的时候，学生就会从班主任那里感受到这份美好。其实，任何一个学生都有一双“火眼金睛”，任何自作聪明的教师都会被他们“照”得“原形毕露”。杨育红老师的爱，因有了“如恶恶臭，如好好色”的真诚，所以，学生看清楚之后，就有了更多的感动，也有了回报这种爱的积极的行动。可贵的是，杨育红老师还很有智慧，她对学生的爱，爱得非常艺术。本书里的不少情节，就真实地记录了这种智慧之爱。可以说，她在担任班主任方面，已经进入了游刃有余的境界。她与学生的这种水乳交融的关系，不是流于表面的和气，而是外在与内在高度的和谐统一。于是，班主任工作就有了一种品位、一种品质。

杨育红老师一直爱着学生，也一直被学生爱着。她陶醉于班主任的工作中，也在这种工作中不断地升华着自己的人生境界。从这个意义上说，她因为选择了班主任这项工作而更加快乐，学生也因为有了这么一位好老师而深感幸福。

期待这本书的出版，因为它会让更多的班主任从中汲取经验，进而让更多的学生也像杨育红老师的学生一样快乐健康地成长起来。

2012 年 9 月 25 日于济南

（原载于《苔花学作牡丹开——班主任的工作艺术》，杨育红著，山东教育出版社，2013 年 10 月，有删改）

大气、底气、灵气、书卷气

——写在《做爱思考的教师》出版之际

在当今这个相对浮躁的社会，杨守菊老师守持着一份属于自己的淡泊心怀，努力前行，不断收获，取得了非常可喜的成绩。

我第一次与杨守菊老师相见，就为她的好学所感动。当时她在泰安有事，听到我去东营讲学的消息后，便连夜赶回，听我讲课。她听课时的专注与听课后的反思，是很少有教师能做到的。这并不是说我的课讲得有多精彩，而是感慨于她的学习精神，感慨于她的真诚。是阿谀奉承，还是真诚褒奖，那是掩饰不住的。还是《大学》说得好："所谓诚其意者，如恶恶臭，如好好色。"正所谓"诚于中，形于外"者也。诚意虽不能决定人一生的命运，却可以照见一个人的人格品质。正因为如此，尽管我们很长时间难得一见，可是，她在我心里的诚信指数一直居高不下。

有了诚意之本，加上持之以恒的努力，也就有了立身成事之本。杨守菊老师对教学的研究，至少有两个特点。一是持久的热情。她爱教育，爱教学，所以，她深入课堂时间之久，是一般教研员很难做到的。也正是因为如此，她有了属于自己的教学话语权。看她写的教学研究文章，总感到有一种教学的底气在，有着很强的指导性和应用性。这是一些纯粹的教学理论研究专家无法抵达的一种境界。她的文章可读、可学、可用，平实中有一种舒卷自如的自然美。这当是真人、高人方能为之也。二是理论研究水平不断提高。杨守菊老师明白一个道理，仅有教育教学实践是不够的，还需要高层次理论的指导。她读书的品位相当高，在她看来，读了这些大师的书，就等于听他们上课，久而久之，自己也就接近了大师，也就内化了大师的话语。更重要的是，她又将这些理论用于实践，指导实践，从而丰富了她的理论基础，甚至对某些教学问题有了自己的理论升华。大凡教育教学研究者，都知道所写论文如能在人大复印资料上刊载，无疑就相当于进入了高端学术的殿堂。而在三四年前，杨守菊老师的论文就已经有多篇在人大复印资料上刊载，而且引起了一定的反响。这对于一般教研员来说，是很难跨越的一个高度。杨守菊老师不仅跨越了，而且在继续努力，还会有新的跨越。

杨守菊老师所追求的“四气”——大气、底气、灵气、书卷气，是对她生命的一种写照。

杨守菊老师除了具有女性的温柔之外，还有着“成人之美，不成人之恶”的高尚品格。她在不断发展的时候，也希望别人发展，而且帮助别人发展；别人的名气大了，她便由衷地高兴。这不是一般人能够做到的，杨守菊老师不但做到了，而且认为本应如此。也正是因为这种大气，让她的生命有了一次又一次的飞跃。

杨守菊老师的底气，除了教学实践广与理论水平高之外，还有一个极其重要的元素，那就是有良知。王阳明所说的“致良知”，在杨守菊老师那里得到了很好的实现。这是做人的根本，“本立而道生”。尽管她已到中年，可是，她内心之纯净、做人之真实，还有“复归于婴孩”之美。有了这方面的底气，再加上教育教学上的底气，才有了她的厚重，有了她的美质。

灵气可“生而有之”乎？我没有研究，不过，可以肯定地说，后天努力是可以生成灵气的。没有真善美，没有读高品位之书，没有持续不断的教育教学实践，就没有灵性产生的土壤。如果说灵气是一个结果，那么几十年如一日的学习与实践则是一个过程。谁也打不断这个生命链条。这正像一个成功的人，机遇固然重要，可是，如果没有厚重的生命积淀，他的成功是绝对不能够长久的。那些一时有名，而后来“泯然众人矣”者，多是因为没有积淀。所以，我们在感受杨守菊老师说话、讲课及文章中的灵气流动的时候，切记不要忘了她为之所付出的巨大努力。

书卷气是一个教研员“长生不老”的灵丹妙药。尽管我们总是强调教育教学实践的重要，可是，如果仅在这样一个生命时空里行走的话，是不可能成就一番大事业的。因为人是需要生命提醒的，也是需要高人指点的，可是，现实中往往很难得到这种提醒，也很少遇到高人，而世界大师可以给我们以提醒与指点。那么，怎样才能得到他们的提醒与指点呢？那就是穿越时空，到他们留存的精神文本中去汲取精华。杨守菊老师明白这个道理，而且一以贯之地行走在这条路上，所以，她的成长史中，就有了一般人所没有的书卷气，也有了大师智慧的闪现。

这本用心、用情、用智才能品味到其韵味的《做爱思考的教师》就要问世了，这对一线教师及教研员来说，无疑是一件幸事。大家可以从中学到杨守菊老师丰富的教学研究经验，也可以感悟到教育的真谛，以至生成一种高尚的人格。

期待这本书的出版！祝愿杨守菊老师在未来的生命旅程中更上一层楼！

2013 年 8 月 10 日于济南

（原载于《做爱思考的教师》，杨守菊著，西南师范大学出版社，2014 年 5 月，有删改）

一盏灯：照亮前进的方向

——《做有智慧的教师》序

喜欢本书的书名《做有智慧的教师》，因为智慧是教师持续发展的内在力量，比单纯的知识有着更强大的精神能量。遗憾的是，现在一些教师更多的是在积累知识，甚至连知识的积淀也越来越少了，一天到晚只是围绕着教材、教学参考书，机械地接收着他人的知识，没有自己的思想与话语系统，当然，也就少了生命的活力。教师这种知识的重复与精神的萎靡，必然有形或无形地影响到学生。本应是生机勃发的课堂，没有了生命的活力，学生非但不可能实现高效的学习，甚至认为学习是一场又一场精神的苦役。

那么，如何做有智慧的教师呢？王洪江先生对此进行了卓有成效的研究。他不但对智慧的内涵与外延进行了科学的界定，而且用一个个生动的故事来诠释如何才能做一个有智慧的教师，且在适当的节点上，予以言简意明的理论点拨，进而让读者顿生“蓦然回首，那人却在灯火阑珊处”的感觉。

一个教研工作者之所以能有如此大的智慧，绝对不是得来全不费功夫的。智慧的形成至少需要两个元素：一是高品位的读书；二是接地气的实践。从这本书中我们可以感受到，王洪江先生是一个读书人，他不断地从书中汲取营养，来丰盈自己的智慧。一个人的生命时空是有限的，可是，有智慧的人可以穿越时空，到古今中外大家所留存的精神文本中去吸取其思想与智慧的精华。任何人都不可能是生而知之者，也不可能到自己力不能逮的地方去探索求知，不可能到生命未在的时空里去考察究竟，而好书，则为我们提供了这种可能性。所以，大凡有智慧的人，都知道书是自己生命中的贵人，是抵达智慧境界的必需品。但仅有书本知识还不够，如果没有生活实践，书本知识就有可能因太过抽象而难以走进人的心灵之中，也不可能转化成生命行程中可用的智慧。作为教研员，除了读经典教育书，以及教育之外的好书之外，还要经常深入课堂教学之中，不然，指导教师的话语就有可能成为无的之矢，甚至有可能成为一种误导。王洪江先生之所以在教师中享有很高的声誉，就是因为他的指导是根植于课堂之中的，是有很强的生命力的。所以，他的指导不但正确，而且有着智慧的成分。

王洪江先生的智慧，不但是自己生命历程的结晶，还可以成为教师丰富生命的载体。因为在这本书中，“道”之深奥玄妙与“术”之游刃有余，都对形成智慧起着重要的作用。要想不做职业倦怠的教书匠，而做一个幸福的智慧者，就应当从这些“道”与“术”之中领略智慧，并形成自己的思想与语系。

2014年1月20日于济南

（原载于《做有智慧的教师》，王洪江著，山东出版传媒股份有限公司、山东数字出版传媒有限公司，2014年6月，有删改）

用国学基奠人生

——《读论语　学成语》序

《论语》博大精深，古往今来很多有识之士都从中汲取了生命成长的精神营养。所以，研读《论语》就成了生命成长的必修课程。大家知道，《论语》注家相当多，今人译注的热情更有愈演愈烈之势。无疑，这为人们研读《论语》提供了丰富的文本载体。不过，这些书绝大部分是为大人研读而写的，直接为小学生与初中生译注《论语》，尚鲜有人涉猎。尽管不少人主张让学生背诵《论语》，可是，对于让他们去触摸其承载千古思想的丰富内涵，还是一件比较困难的事。

徐美华与韩兴娥二位老师合著的《读论语　学成语》，则为学生走近《论语》提供了一个易懂的文本。

尽管《论语》用的是两千多年以前的语言，可很多文本并不艰涩难懂，即使有些词语与今天的意义不同，但如果进行深入浅出的解说，学生还是可以了解其基本内涵的。这个了解的过程，也是《论语》的思想逐渐渗入其头脑的过程。《论语》之所以能够千年不衰，一个重要的原因就是它在某种程度上维系着中国社会的稳定、和谐、文明。不管你相信与否，中国绝大多数人的心里，都积淀下了孔子的思想，人们的行为也或多或少、或显或隐地体现了孔子的思想。孔子的思想越是走进人的心灵，也就越能提升人的文化品位与思想人格。徐美华老师与韩兴娥老师写这本书的目的，就是要为小学生的生命成长奠基。正是怀着这种责任感与使命感，她们才走上了这条虽不平坦但极富意义的道路。

既然是为学生而编著的《读论语　学成语》，就要让家长与教师持而能教，学生听而能懂、学而能会。所以，她们没有对《论语》做高深的哲学阐释与学理剖析，也不对向来有争议的语句进行比较辨识。这并不是说她们对古往今来的《论语》译注不予关注，恰恰相反，她们用了数年时间，认真研读了很多不同版本的《论语》译注，尤其是对那些相互抵触的观点进行了研究分析，选取了相对合理的诠释。尤其可贵的是，其中还有她们自己的创见，为以后人们研究《论语》提供了一定的借鉴。她们认为，正是因为是给学生的书，才更应当严谨与认真，不能让他们从小就误读《论语》，而要很好地正读它。这正是两位优秀教师的良知所在，也让这本书有了现实的意义与价值。

孔子与西方哲学家的不同之处在于，他不重思辨，而重实践，所以，有人称之为实践哲学家。《论语》中的绝大多数语句，并不是他的自言自语，而是有其语境的，即根据具体生活场景与实际问题而言的。要想真正了解《论语》的要义，就应当知道语句产生的背景与原因。比如，在解说"《诗》三百，一言以蔽之，曰'思无邪'"时，她们就对《诗经》的成书情况进行了简要且明了的说明，从而让读者对《诗经》有了一个总体的了解。而在解说"为政以德，譬如北辰，居其所而众星共之"时，则讲述了孔子从任中都宰到升任大司寇再到代理鲁国宰相期间施行仁政的情况。这样，读者就对这一语句产生的渊源有了一个基本的了解。当然，其意义绝对不只是适应当时的语境，还有其普遍的价值，甚至有着跨越时空的意义。

《论语》不但记录了孔子的言行，还记录了其弟子及其他人的言行，如果对其人不太了解，理解词义也往往会出现偏颇。比如，子路问："闻斯行诸?"子曰："有父兄在，如之何其闻斯行之?"冉有问："闻斯行诸?"子曰："闻斯行之。"公西华曰："由也问'闻斯行诸'，子曰'有父兄在'；求也问'闻斯行诸'，子曰'闻斯行之'。赤也惑，敢问。"子曰："求也退，故进之；由也兼人，故退之。"意思是说，子路问："听到了就行动起来吗?"孔子说："有父兄在，怎么能听到就行动起来呢?"冉有问："听到了就行动起来吗?"孔子说："听到了就行动起来。"公西华说："仲由问'听到了就行动起来吗?'你回答说'有父兄健在'；冉求问同样的问题，你却回答'听到了就行动起来'。我都被弄糊涂了，敢再问个明白。"孔子说："冉求总是退缩，所以我鼓励他；仲由好勇过人，所以我约束他。"这自然包含了孔子因材施教的高明之道，同时，如果对子路与冉有两人不予了解，就不可能更好地理解这段话的意思。翻阅《读论语　学成语》全书之后就会发现，徐美华老师与韩兴娥老师对孔子及其弟子都做了虽简短但丰富的介绍，当学生学完全书之后，就会对孔子及其弟子有整体的感知，对整部《论语》就有更好的理解。

徐美华与韩兴娥是优秀的小学语文教师，她们知道，要想吸引学生读下去，除了语言上的晓畅易懂、明白如话之外，还要附以有趣的故事。因为孩子是最喜欢故事的，甚至可以屡读不厌、屡听不厌。那么，要想寻找到与《论语》内容相宜又饶有风趣的故事，就要在大量书刊中大浪淘沙似的寻寻觅觅。这是一项很大的工程，也是一项很有意义的工程。其实，这些年我也在寻找这方面的故事，因为我也准备写一本与《论语》相关的书。所以，我知道其中的艰难，也知道徐美华老师与韩兴娥老师在选取之中的智慧。因为有些故事看似与《论语》某些章节的内容相近，但如果对《论语》整本书的内容及孔子的思想没有系统了解的话，就有可能出现误取的情况。从这个意义上说，我对她们更多了几分敬意。

这本书的体例也很有创意，让学生不只是要读懂《论语》，还要学会与其内容相关的成语。为什么这么做呢？一方面，学生喜欢学习成语，学后对于丰富他们的语言可以起到很大的作用；另一方面，这些成语又都是与文本核心内容紧紧联系在一起的，成语会了，对整个章节的内容也了然于心了。

《论语》凡20篇，为了让学生学完整篇之后有一个更好的回顾与梳理，韩兴娥老师在每一篇的最后加了一个“大显身手试一试”训练，由“成语意思猜一猜”“成语运用猜一猜”“近义成语猜一猜”“反义成语猜一猜”栏目构成。这有“温故而知新”的效用，是激起学生更大学习热情的一个环节。

《读论语　学成语》出版之前，徐美华老师与韩兴娥老师已经在课堂上将其作为班本课程进行了教学实验，在教师稍加点拨之后，学生就可以自主学习，效果很好。这次出版，是在学生学习与教师教学实践的基础上多次修改而成书的。无疑，出版后的《读论语　学成语》，学生学起来会更容易，也会更有收益。我相信会有更多的学校将其作为校本课程，让《读论语　学成语》走进课堂之中。而教师以至家长，也会对《读论语　学成语》产生浓厚的兴趣，从而引导学生更好学习。

2014年4月12日于济南

（原载于《读论语　学成语》，徐美华、韩兴娥著，江西人民出版社，2014年7月，有删改）

坚守乡村的师者

——《做智慧班主任》序

坦率地说，我并没有见过段惠民老师，而我写序，一般是要见其人而后才能动笔的。之所以写这篇序，一是被其真诚相请感动了；二是被书中的内容感动了。

段惠民老师是从农村走出来的。我发现，一些原本农村土生土长的人，到了城里，特别是有了一点名气之后，就瞧不起农民了。我特别看不起这些人。不过，有些从农村走出来的人，依然保留了农民的质朴，又吸纳了当代的新思想，且有着“有大者不可以盈”的谦卦之美，则多能成就一番大的事业。本书的作者段惠民老师就是从农村走出来，“有大者不可以盈”的谦卦之美的人，我不能断言段惠民老师已经成就了轰轰烈烈的大事业，但可以说，他在班主任工作这个领域中，已经收获了丰富的经验，取得了很大的成绩。

优秀的班主任，一定是充满爱心的人。在这本书中，有不少段惠民老师爱学生的故事，读来让人感动。我觉得，他的这种爱是发自内心的，在很大程度上剔除了功利，让爱有了纯净之美。那么，有了爱，学生就一定能感受到吗？有的时候未必。而段惠民老师的智慧在于，他爱学生，又让学生感受到了这种爱，且让学生也学会了爱。没有爱，就没有教育；有了爱，不但可以温暖师生的心，还会诞生一个又一个教育“神话”。我甚至感到，段惠民老师的学生，对他不但有爱，还有一种崇拜。正是这种特殊的向师性，才让他与学生之间演绎了无数精彩的故事。

从这本书的内容中，我们还可以触摸到段惠民老师那颗乐在其中的心。班主任工作中并非没有困难，并非没有波折，可是，他依然保持一种乐而忘怀的喜悦与淡定。从他幽默的语言里，传递出来的是“智者乐”的喜悦。而且，他将这种喜悦，又有意无意地传递给了他的学生，从而让学生也快乐起来。学生心灵是不是愉悦，决定着其在校幸福指数的高低。段惠民老师不只是在教书，也不只是在育人，他还为学生送上快乐。这一当下的快乐，会为学生的未来埋下幸福的种子。而段惠民老师认为自己就肩负着这样一个神圣的使命，那就是要让自己的学生未来幸福。

段惠民老师的知识起点并不算高，可是，持续的学习、发展，让他占领了知识的高地，更让他打开了智慧的大门。如果说要拥有知识通过努力即可实现的话，那么要拥有智慧就不那么简单了。这需要读书，特别是读一些好书，让书中的高贵精神与特殊智慧在自己的心灵之中安家。同时，要向有思想、有智慧的成功人士学习，“三人行，必有我师焉。择其善者而从之，其不善者而改之”。段惠民老师在与魏书生等全国知名的教育大家接触的过程中，就学到了很多东西，且有效地“拿来”，并进行了一定的创造。另外，持之以恒的教育实践，以及属于他自己的生命感悟，让他一次又一次地实现了生命的超越。

段惠民老师已经有了一定的名气。那些名气与他差不多的教师，许多陆续离开故土，到了大城市。段惠民老师并不是没有这种机会，可是，他依然固守在家乡的土地上。因为他有一种深深的“草木心思报泥土”的情结，他太爱家乡的孩子了。家乡的孩子，成了他生命的牵挂。在他看来，这并非高尚，而是本应如此。我认为，一位教师可以走出去更好地发展，但我更为那些坚守故土者而感动，因为这需要的不只是坚守，还有一种高尚的品质，一种淡泊名利的情怀。诸葛亮说：“非淡泊无以明志，非宁静无以致远。”当下是一个相对比较喧嚣的社会，功利之心蔓延，浮躁之风盛行，能够安于农村教育且守护住心灵者，已是越来越少了。而段惠民老师不仅安于并守住了，而且乐此不疲，把教育做得风生水起。从这个意义上说，我更加敬仰他。

我很想当场听听段惠民老师的报告，相信以后会有这样的机会。那时再重读这本书，当会有更深、更新的感受吧！

2014 年 5 月 25 日于济南

（原载于《做智慧班主任》，段惠民著，山东文艺出版社，2016 年 4 月，有删改）

开发学生生命潜能的"超人"

——《塑造灵魂——衡水中学一位特级教师的教育密码》序

信金焕老师将她的书稿《塑造灵魂——衡水中学一位特级教师的教育密码》发到我的邮箱里时，由于我当时太忙，没能立即去读它。后来，我在从济南到苏州的高铁上，才打开电脑，去探寻她是如何"塑造灵魂"的。刚读了几分钟，我就被彻底地吸引住了，有好多次，我的泪水竟情不自禁地流了出来，以至让坐在我旁边一个原本欢蹦乱跳的小朋友惊奇而悄悄地给我递了几次纸巾。

渐渐地，信金焕老师的形象在我的眼前鲜活起来，甚至高大起来。我也当过班主任，也当过语文老师，可是，我绝对没有她做得好，尽管我也非常爱我的学生，我也特别用心教学。

信金焕老师是一位母亲，而她又不只是自己孩子的母亲，她还是她的班级里所有学生的母亲。学生叫她"信妈妈"，这是发自心底的爱，也是无限信赖的表达。她几乎将全部的心血都投注到了教育教学工作之中，而学生成了她生命的全部。有一次，她8岁的女儿问她："妈妈，你说世界上有没有人会累死？"她惊诧于女儿何以如此而问。女儿说："我担心妈妈会累死！"是啊，早起到校，夜晚方归，所做所想，全都与学生有关。可是，她没有累死，甚至很快乐。因为人有可能气死，却不可能累死。她确实太忙了，忙得可以忘掉一切，却绝对忘记不了学生。正是在这种忙碌中，她收获了一般人想象不到的快乐，她甚至认为，世界上没有比这种忙碌更让人幸福的了。

如果说对学生深深的爱让她幸福莫名的话，而智慧又让她的幸福有了卓然的光华。从这本书中，几乎随处可见她的教育智慧的精妙之处。再难的问题，到了她那里，都会迎刃而解。有的班主任也爱学生，可是，学生并不领情，因为这些班主任不会爱。开始，我总觉得信金焕老师对学生的爱，一如山涧流水，叮咚作响，沛然而出，在不经意间弹奏着自然美的乐章；可是，深入思考之后发现，她的爱又是有节奏感的，因为她对学生的爱爱到了关键性的节点上，爱得让学生感动不已，终生铭记。“让爱的阳光照射每位学生的心灵”在信金焕老师那里，不只是一种言语表述，更是一种内心的感悟与实际的行动。非对学生爱到深处不会如此而为，非智慧超凡者也不会如此而为。

每一个学生都具有巨大的潜能，而这种潜能的激发是需要一个心理安全场的。当学生对教师的恐惧多于敬仰时，内在的潜能就会处于“死寂”状态；当教师把学生当成朋友给予充分尊重与信任的时候，这种潜能就会勃然而发。因为心灵自由是潜能开发的先决条件。学生在声声喊出“信妈妈”的时候，师生之间的心理栅栏已经撤除，信任与和谐的殿堂已经矗立起来。所以，她的学生不但可以“一对九挑战”，而且还敢向“信妈妈”叫板，于是就有了全班学生对信金焕老师一人的一场精彩绝妙的“特殊的辩论赛”。信金焕老师最终“败”下阵来，而学生欢呼不已，庆祝着他们取得的胜利。就在这一场景中，我们看到了学生对“信妈妈”有多么大信任，又有着多么深的敬仰啊！

信金焕老师还是一位开发学生潜能的“超人”，即使在一个学生成绩普遍较低的班级当班主任后，她也会很快将学生的自信心鼓动起来，并让他们做出常人难以想象的奇迹。“棒棒糖攻略”便是提升学生信心的一个智慧之举。之所以如此，因为信金焕老师本人就是一个充满自信的人，当时评特级教师，评委问她的梦想是什么时，她脱口而出：“当一个教育家。”评委情不自禁地问：“是吗？”她竟惊讶地反问：“不是吗？”这种从骨子里流出来的自信，又在有意与无意间流淌到了学生的血液里。当学生个个都有了自信的时候，他们学习成绩的提升也就水到渠成了。所以，当人们问她她的学生为什么能取得如此优异的高考成绩时，她会说：“功夫在诗外。”这“诗外功夫”，不只有自信心，还有感恩父母等人格品质。她认为能够让学生拥有经久不衰学习动力的是道德品质。一个对父母深怀感恩之心的学生，一个对社会有强烈责任感的学生，必然会有一种挥之不去的奋斗情结，并努力去摘取优异成绩的果实。她所说的“先有父母心，再做教书人”，就折射出了道德的生命伟力。

信金焕老师在语文教学上也有棋高一着的妙道，“特级教师”只是一个标签，而她那异彩纷呈的语文课堂，才是她演绎生命的道场，也是学生对她仰慕不已的文化圣地。她之所以能到达这样一种高层境界，不只是因为她对语文教材进行了深入的研究，也不只是由于她对学情有了真正的把握，还在于她形成了属于自己的思想与话语系统。因为她是一位爱读书者，她从经典中汲取的不但有思想，也有智慧。于是，她教学的时候，就没有鹦鹉学舌的单调，而是妙语连珠，独具风采，让学生对她敬佩不已。

学生说信金焕老师是他们灵魂的塑造者，这绝非夸大其词，而是发乎心声。是啊！学生的灵魂是需要塑造的，而信金焕老师本人，也在这种塑造中，重新塑造了自己，实现了自己生命的超越。

2014 年 5 月 26 日于济南

(原载于《塑造灵魂——衡水中学一位特级教师的教育密码》，信金焕著，福建教育出版社，2015 年 5 月，有删改)

为孩子播种经典文化的种子

——《“三主式”经典诵读教学法》序

目前，小学语文教学的改革有潮起潮涌之势，如陈琴老师的素读与吟诵、韩兴娥老师的课内海量阅读等，可从总体上看，还没有从根本上解决小学语文教学“少慢差费”的问题。一本小学语文教材，只有二三十篇课文，且多为白话文，可非要讲上一个学期不可，浪费的不只是时间，还有学生的生命。

大家知道，梁启超是文化大家、国学大师，有一天，他请老师给自己的文章提意见，老师看到他的态度比较诚恳，就说：“如果你真要我提意见的话，我对你的文章最大的意见是，你的文章我只想读一遍，就不想再读第二遍了。你的文章不够含蓄，不耐人寻味，太直白了，太浅露了。”梁启超的老师对梁启超文章的点评，点出了白话文的最大特点，即明白如话，浅显易懂。我们现在教材上的绝大多数文章，还没有达到梁启超文章的水平。梁启超的文章读一遍就不用再读第二遍了，其他一般作品就更不用读了。可是，我们现在白话文教学，偏偏要将学生看一遍就懂的文章讲上无数遍，导致有的学生陷入了“你不讲我还明白，你越讲我越糊涂”的怪圈之中。

于艳老师的著作《“三主式”经典诵读教学法》，让我眼前一亮。她的这本书中，有理论的构建，也有方法的指导，取之可用，用之有效。如果不是对经典诵读深有研究，如果不是心系学生的生命成长，是不可能写出如此一本著作的。

这本书中有很多观点都很有价值。比如，“诵读为主，讲解为辅”的理念与思路，就有其深刻的意义。记忆有一个不变的规则：年龄越小，记得越快，忘得越慢；年龄越大，记得越慢，忘得越快。如果不在小时候让学生将一些内蕴着中国古老智慧的经典记诵于心的话，以后花费几倍、十几倍甚至几十倍的时间，也不可能产生良好的效果。诚如中国第一篇教育学论著《学记》所言：“时过然后学，则勤苦而难成。”

人在不同的生命时段是有不同的“历史使命”的。如果对小学生大讲经典的深刻内涵，对他们进行抽象思维的训练，大多只能事倍功半。而如果让他们“素读”背诵，就会出现让人惊叹的奇效。

也许有人会说，小学生连经典的意思都不懂，能背会吗？持这种疑问的人不知道一个常识：小学生不同于成年人，他们记忆，更多借助的是图像与形象记忆；而成年人记忆，更多借助的是抽象与逻辑思维。我们不能用成年人来推断孩子，这正如也不能用孩子来推断成年人一样。

中国著名的国学大师，几乎个个是在童年时代背诵大量经典者，这种“童子功”犹如在人的生命初始阶段种下了一颗博大精深的文化种子，到了一定的生命节点上，这颗种子就会生根、发芽、开花、结果。当下的经典之诵，正是指向未来的生命成长的。

那么，有人也许会问：让孩子学习这些佶屈聱牙的古代经典，他们能有兴趣吗？是的，孩子的兴趣容易转移，却对于形象化的东西情有独钟。如果能用一些让孩子感兴趣的方法，他们学起来就会有一种其乐无穷的感觉。于艳老师就创新了一套切实可行的诵读方法，如快乐诵读法、不求甚解法、故事联想法、音乐伴读法、图画想象法、经典运用法等。她的学生学习经典的时候，不但不感到枯燥无味，反而有一种乐此不疲的审美快感。这种方法不但适用于于艳老师的学生，其他教师“拿来”用之于自己的学生，也会产生良好的效果。从这个意义上说，这本书还有很大的推广价值。

如果需要给于艳老师提点建议的话，那就是以后再教学经典的时候，还可以进行适当的拓展。尽管书中也收录了《论语》精编 60 句，但我觉得还不够，还要更多一些。两千多年来，大浪淘沙，《论语》《老子》成为人们公认的经典、世界共同的智慧。其他如《大学》《中庸》《孟子》《庄子》等也进入经典之列。这些经典之作中，不但摇曳着智慧的光华，也流泻着思想的要义。如果让这些经典之作逐渐深入孩子的心里，就会为他们的生命积蓄一大笔精神与智慧财富，并会随着时间的流逝，越来越彰显出其巨大的生命能量。

2014 年 6 月 23 日于济南

（原载于《“三主式”经典诵读教学法》，于艳著，山东人民出版社，2015 年 6 月，有删改）

语文之道与教育情怀

——写在《让孩子踏上阅读快车道》出版之际

学好小学语文教材，对于提高学生的语文水平固然可以起到一定的作用，可是，“语文教材无非是个例子”（叶圣陶语），如果将教材当成学生学习语文的全部，有效提高语文水平则绝无可能。不要说作家，就连一般读写能力比较好的学生，也不只是学好语文教材就能写好作文的。大量阅读甚至经典背诵，才能拥有文化的底色。

在这方面，韩兴娥老师是一位真正的觉悟者与践行者。2005 年我去采访她的时候，她便已在小学语文教学上进行了大刀阔斧的改革。一般语文教师一个学期才能教完的一本教材，她只教两周便告结束，其他更多的时间，则让学生进行课内海量阅读。

这种“冒天下之大不韪”的改革阻力之大是可想而知的。可是，韩兴娥老师坚持认为，语文教材作为“例子”，安排两周教学时间足矣。一册小学语文教材只有二三十篇课文，而且多是白话文，一般教师却要用一个学期的时间在课上讲授，于是不得不反反复复地讲个没完没了，这严重浪费了学生和教师的时间。

韩兴娥老师认为，学生读书学习的巨大潜能，多是在教师无休无止而又味同嚼蜡的讲授中逐渐消失的。他们由此不再喜欢语文，进而不再喜欢读书，只是机械地完成教师布置的语文练习题。学生小时候讨厌语文学习，则会让他们终生与阅读说“再见”。而终生阅读，对于一个人的成长来说至关重要。

正是基于这种思考，韩兴娥老师逆风而上，用两周时间教完规定的教材之外，便在课内让学生海量阅读起来。这让学生看到了一个广阔而神奇的世界，语文学习成了他们的最爱，从此踏上了阅读的快车道。

那么，这会不会影响学生的考试成绩呢？开始的时候，她的学生的考试成绩比一般学生稍微低了一点儿，可是时间不长，特别是到了高年级后，他们的成绩非但没有落后，还比其他学生的成绩略胜一筹。这种看似奇怪的现象说明了一个问题：大量阅读才是提升学生语文水平之道，也是提升教师教学水平的不二法门。

也许还会有人提出疑问：韩兴娥老师的课内海量阅读包括那么多阅读甚至背诵的内容，会不会增加学生的负担呢？答案是否定的。其实，人们对于学生负担过重的理解有时是有偏颇的。教师机械枯燥地“满堂灌”，大量重复与低层次的作业，才是真正增加学生负担的原因。

我曾多次走进韩兴娥老师的课堂，学生学习的情景迄今历历在目。学生何止没有学习的负担，而且乐此不疲。因为他们从韩兴娥老师提供的海量阅读中，领略到了文质兼美文本的妙道，感到语文课堂学习竟然如此轻松愉悦。学生的阅读量超过一般班级学生阅读量的十几倍甚至几十倍，写起作文来得心应手者比比皆是。更重要的是，他们由此爱上了阅读，到了初中与高中再学习语文及相关学科的时候，就取得了超越其他同学的考试成绩，更有了乐在其中又轻松在其中的学习感觉。最让人欣喜的是，他们由此爱上了读书，进而终生与书为伴，让精神生命呈现出一道又一道绚丽的文化风景。

韩兴娥老师不是仅仅知道课内海量阅读的意义，也不只是在这方面进行了大胆的改革实践，她还有一种为师者的教育情怀。在她看来，孩子只有一个童年，如果这个时段不能爱上读书，就有可能在未来的生命行程中与书渐行渐远。韩兴娥老师不但大声疾呼让学生海量阅读，而且还有一种神圣的使命感，不然，就愧为人师，就是对学生犯罪。所以，不管外界的“风吹雨打”，她都坚持下来了。她不在乎别人的讥讽打击，也不得意于别人的称颂与表扬，因为在她看来，这些与她没有多大关系。她是一个极其纯朴真实的人，只想当一个学生喜欢的老师，只想让每个学生的童年过得快乐幸福，并让优质文化为学生点亮生命的前程。

近几年，韩兴娥老师成了全国名师。可在她的心里，自己还是当年的那个韩兴娥，她的信念与情怀没有变，她对学生的爱始终如一。不过，对于如何通过“课内海量阅读让孩子踏上快车道”，她有了更深的研究与更多的感悟，也有了不少新发现，所以，对于这一本原本就非常畅销的《让孩子踏上阅读快车道》，她又做了认真的审阅与修订，增加了不少更有意义的内容。所以，这本新书会更有价值，也更会受到读者的欢迎。

2015 年 1 月 27 日于济南

（原载于《让孩子踏上阅读快车道》，韩兴娥著，江西人民出版社，2015 年 2 月，有删改）

课堂传奇

——《走进经典——说话接龙》序

我和丁惠臻老师初识，是在 2011 年 4 月 23 日山东省济南市历城区首届“推动读书十大人物”颁奖大会上，而且是由我给她颁发的获奖证书。当时，我对这个小学教师提出的“说话接龙”产生了浓厚的兴趣。

2012 年 12 月 3 日，应历城区教育局副局长吕芳红之邀，我去听丁惠臻老师的“说话接龙”课。走过很多学校，听过很多老师的课，但我还是被她的课所吸引，旋即对她刮目相看。学生“说话接龙”不但速度快，而且成语、诗词脱口而出，国学经典信手拈来。如果不是亲临现场，简直不敢相信这是发生在小学五年级的课堂上的一个“传奇”。

在评课的时候，我对学生的精彩表现给予了高度评价。尽管此前曾听说丁惠臻老师对《论语》等国学经典倒背如流，“说话接龙”课搞得有声有色，可是，她与学生在课堂上的“激扬文字”仍然让我有一种惊讶与兴奋感。学生在她的课堂上所学的经典之多、思维之开放，远远超出了一般语文教师。

我当即表态：“由中国教育报刊社宣传策划中心举办的第五届名家人文教育高端论坛暨名师课堂研讨会将于 2013 年 5 月举办，确定丁惠臻老师为上课的名师之一！”

之所以如此“唐突”地表态，是因为我听过无数名师的课，而像丁惠臻老师如此上课者，真的是“几希矣”。尽管她在全国小学语文界名师殿堂里尚无一席之地，可是，她的实力已经完全可以在这个殿堂里一展风采了。

果然不出所料。

2013 年 5 月 20 日，济南商贸学校的报告大厅里，1200 多名来自全国各地的小学语文界的骨干教师，以及对人文教育颇有研究的校长、教研人员等，全神贯注地在听丁惠臻老师这个“名不见经传”的年轻教师在上“走进经典，《论语》接龙”的课。

先由“成语接龙”拉开上课的序幕，学生接龙速度之快与质量之高令大家不由得赞叹称道。

随后的“经典接龙大满贯”更让人不可思议，诗词歌赋、国学经典，在学生中非常快地一个接一个地“旋转”下去，让听课者慨叹于这些学生何以拥有如此深厚的经典“功底”，思维又怎能如此敏捷？十来分钟的时间，所有听课者都沉浸其中。

正当大家拍案叫绝的时候，丁惠臻老师话锋一转，结合《论语》，一鼓作气开了“孝、仁、文、礼、乐”五个龙头。这时候，学生的思维更加开放，“斗志”更加“昂扬”，出现了你争我抢地说话的局面。而《论语》中关于“孝、仁、文、礼、乐”的经典语句，则由学生的口中一一流泻而出，大家听得目瞪口呆。我身边的一位教师竟然情不自禁地咏叹起毛主席的词句：“数风流人物，还看今朝！”

课堂成了学生演绎精彩的智慧场，而丁惠臻老师似乎退避三舍，成为配角了。

可谁也没有想到，正当学生热火朝天、欲罢不能的时候，丁惠臻老师叫停了这场“接龙大战”。

她提高了嗓门：“同学们，每每我和你们读《论语》的时候，我仿佛来到了战国时代，赶着马车，带着书，周游列国，在颠沛流离中，也不失谆谆教诲。下面你们就是那72贤哲之一，提出令你疑惑的问题，我来解答，请同学们勇敢地问，我答不上来的，没关系，‘三人行，必有我师焉’，台下有上千的老师，肯定会帮助我们，或者由你自己来解答也行，好不好？”

这是一项极有挑战性的活动，即使对《论语》谙熟于心，在这种场合下，即兴回答“弟子”的提问，也有可能“卡壳”。

剑已亮了出来，没有回头之势。

在场的不少教师，都在为丁惠臻老师捏一把汗。

一向爱戴教师的学生，此时竟然“群起而攻之”，一个又一个的问题接踵而来。

显然，丁惠臻老师也有些紧张，尤其开始时学生提问的时候，她也一度拍拍脑袋想了一想。可是后来，她便进入了状态，“弟子”一个接一个按《论语》原句提问，“夫子”一一按《论语》原句回答。

扣人心弦，精彩绝妙！

就在高潮迭起、掌声不断的时候，丁惠臻老师结束了这场“夫子”与“弟子”的问答。

丁惠臻老师说：“谢谢同学们让我当了一回孔老先生。我们在学习《论语》、读《论语》的时候，也要在生活中不断地实践《论语》。下面请同学们畅所欲言，说说你最喜欢的一句《论语》中的话，并结合自己的生活实际来谈。”

这是高潮过后的尾声，学生的情绪再一次被调动起来，显示了他们学以致用的水平。

这节课刚一结束，很多朋友就迫不及待地问我：“丁老师和她的学生怎么有这么高的水平?”

其实，冰冻三尺，非一日之寒。

丁惠臻老师认为，小学生时期是记忆的黄金阶段，利用课上课下，让他们更多地背诵经典，会为他们种下一颗种子，到了一定的生命节点，这颗种子就会破土而出，长成参天大树。

《走进经典——说话接龙》这本书里，就有丁惠臻老师带领学生学习经典的记录，有词语接龙、说话接龙、主题接龙、小说接龙等。上面我所记录的，只是“走进经典，《论语》接龙”一课的一个剪影，更多地“跟踪”她的课堂教学，就会让你产生一种“横向看成岭侧成峰，远近高低各不同”的妙趣。细读这本书，就能身临其境地感受她更多课堂的精彩。如果其他教师也能像她一样，走进这段文化行程之中，同样也可以创造出一番奇迹。从这个意义上来说，这本书的意义还不只是丁惠臻老师一个人的文本记载，它还会给更多的教师以启迪，让他们与自己的学生也走进经典之中，成就人生的精彩。

所以，我特别期待这本书的出版，也特别期待能有更多的教师能像丁惠臻老师一样，为更多的学生播下可以长成参天大树的文化种子，从而照亮他们的生命前程。

2015 年 3 月 7 日于济南

(原载于《走进经典——说话接龙》，丁惠臻著，安徽人民出版社，2015 年 8 月，有删改)

第二篇 >>>>>>

校长作品之序跋

为中学生“计划人生”

——读《学习的智慧——中学生高效学习22策》

尽管我没有见过马先仑先生，但对他的《学习的智慧——中学生高效学习22策》喜爱有加。因为这本书向读者介绍的不仅仅是知识技法，更重要的是思想智慧。知识技法能教会学生如何去应试，思想智慧却能让学生近可取优异成绩，远可成心理健康之人。

优秀的体育运动员之所以能在各种大赛中屡屡获胜，不单因为具有高水平的技能，还在于临场从容应对的良好心态。中学生的学习亦然。优秀的学生，不但是考场上的稳操胜券者，也是平时学习中满怀自信者。对此，马先生进行了深入的研究——他研究提高学习效率的策略，更研究学习中的人。他对于学生如何调适焦虑、战胜脆弱、摒弃嫉妒、克服自卑、树立自信和快乐生活等方面，进行了深入浅出而又入情入理的剖析，而且恰到好处地将鲜活的实例穿插其中，令你感到可信可学可用之时，又多了一种亲切感。有着一定心理压力的学生读到这样的内容之后，便会豁然开朗，积聚于心里的阴云便会顷刻散去，露出一方艳阳高照的蓝天。

孔子“逝者如斯夫”的感叹，得到了马先生的积极回应。他深知对于中学生来说“时不我待”的要义。在让中学生有效地利用时间方面，他几乎是精打细算、斤斤计较的。比如，选择一个星期天作为一个分析单元，按不同的学习内容划分不同的时段。以5分钟、10分钟或15分钟为一个学习的小单元，将每一个小单元的学习内容一一合理安排。这种学法与无序地学习一周相比，平添了不少可资利用的时间。这种“积土成山”之法，必然收获“风雨兴焉”之果。但在时间上的格外计较，并不等于时间的任意拉长，积极休息与积极学习同等重要。马先生不是让中学生打消耗战，而是要他们劳逸结合、张弛有度。高度重视休息的积极意义，这是马先生不同于一般性学习指导的高人一筹处。尽管人人知道在学习上劳逸结合的必要性，但更多的指导教师还是信奉“头悬梁，锥刺骨”系走向成功的必由之路。于是，多少中学生在做着效率低下的学习时数竞赛，品尝的却是一颗颗失败的苦果。一些中学生领会了马先生提出的学会休息的意义之后，无不快乐地收获了事半功倍的硕果。

《论语》中有一段精彩的话语。哀公问："弟子孰为好学?"孔子对曰："有颜回者好学，不迁怒，不贰过，不幸短命死矣。今也则亡，未闻好学者好。"颜回是孔子最得意的门生，"不贰过"是其最受孔子称道的优秀品质之一。不知道马先生有没有研究过《论语》，但他在让中学生"不贰过"上做文章，无疑是抓住了学习中的一个核心问题。他提出的"题不二错"的五步纠错法，就让中学生在复习中走进了"不贰过"的学习自律之门。第一步是将自己平时练习、测试及重要考试中出现的错误圈点、记录下来，以便在纠错中有的放矢。第二步是找出错题考查的知识点。第三步是把发生错误的知识点放到与之相关的教材知识体系之中，找出与这些知识点相联系的内容。这样，既避免了孤立改错的弊端，又可以让学生在"温故"中将所考查的知识纳入系统知识之中。第四步是从理解、能力、方法技巧、学习习惯、考试心理等方面对症下药地找出问题错误的原因。第五步是纠错练习，重新解答错题。走过这五步的学生，便具备了"不贰过"的思维品质。而在这方面长期练习，则可以使学生形成一种学习习惯，进而铸造一种优秀品质。这不只是应对考试有效，而且对学生的终生发展都会产生影响。

马先生认为，衡量一个中学任课教师优秀与否，主要看其是否使学生形成了良好的思维品质与学习习惯，是否让学生既为中考奋斗更为人生追索。本书以理性思考与实例分析，引领着中学生朝着良好学习习惯之路行走。这种行走虽要经历崎岖，但只要坚持下去，就可以形成科学思维的品质。他认为，这是关乎学生一生的大问题，有了这种习惯和品质，学生未来的人生之路就会顺畅很多。同时，为学生终生发展考虑，还要让学生制订一个长远的规划。高尔基说，一个人追求的目标越高，取得的成绩就越大。高远的目标既是对学生生命的提醒，也是对学生内在的督促。提醒与督促的共同作用，便在学生的心中构建了一个不败的精神大厦，以及遥望前方昂然进取的信心。这与其说是让中学生在考试中获胜，不如说是让学生在一生中成功。

再次阅读这本书，我感到自己以上所谈只是窥豹一斑，因为其中新颖的创意与科学的思维丰富灿烂。意欲观其全貌，得其要旨，若不步入其中，恐怕连冰山一角也不及一见了。

2005 年 4 月 8 日于济南

（原载于《学习的智慧——中学生高效学习 22 策》，马先仑著，现代教育出版社，2005 年 7 月，有删改）

真法不落实相

——写在《韩忠玉信心教育法》出版之际

自2005年7月韩忠玉先生将书稿发至我的邮箱嘱我写序之后，我由于工作繁忙一直没能动笔，今天方才勉为完稿，真的有愧朋友的厚托。

我对冠以某“法”类的教育教学书一向不感兴趣，因为其中多系末流之法、技艺之谈，常常不能触及问题的本质，缺少智慧的含量。不过，由于我与韩先生是至交，所以，才答应为他的《韩忠玉信心教育法》写序。

人常犯经验主义的错误，我也没有逃出这一窠臼。

《韩忠玉信心教育法》远远高于我以前所看过的与教育相关的冠名以“法”的书，其中更多的是一种教育智慧。韩先生的文化底蕴与思想境界，及其对教育的哲学思考与心理剖析，点亮了读者的眼睛，引领着人们走进一个心灵澄明、富有自信和以善为美的高层境界。

“功夫在诗外。”当很多校长与教师为追求升学率而用这“法”那“法”逼迫学生陷入题海之中的时候，韩先生却将目光投向古今中外智者之所以成功的思想道德与心理层面。他用一种大智慧，让学生不仅可以在高考中取胜，更能够一生成功。他解除的是学生思想与心理的重负，注入的是慧及人生的精神营养。

韩先生认为，要获得智慧，就必须看透得与失，看透我们在浩渺的宇宙当中是微不足道的一分子。我们的成功与失败，我们的挫折与苦恼，其实都是很微小的，都是无所谓的。也就是说，对智慧的追求需要的是一颗平常心。

在佛教经典中，释迦牟尼一次又一次地告诫他的弟子要“无我相，无人相，无众生相，无寿者相”，这就是要他们有淡泊名利与得失的超然心界，即平常心。尽管学生未必能够真正达到这种心理境界，可是长期的引导，特别是潜意识的引领，却可以让他们趋近这种境地。心无他碍，方能取得良好的学习效果。也就是说，越是执着追求的东西，越是离我们遥远；而越是心无所求的东西，却往往能不求而自得。诚如老子所言："非以其无私邪？惟其无私，故能成其私。"

孔子说："无欲速，无见小利。欲速则不达，见小利则大事不成。"现实中的人们，却往往急功近利，没有真正地展望未来。学生的学习何尝不是如此？他们大多看到与计较的是眼前考分的多少、一时的成败得失。也正是有了对近前的荣辱得失的斤斤计较，就有了永远放不下的心理恐惧。而任何一个有心理负担的人，其学习的效率是不会太高的。韩先生了解心里的"放下"才是"有得"的前提，所以，他在本书中特别强调平常心的重要性。我认为，这是韩先生信心教育法实施的先决条件，不然，即使一时有了信心，也不会持久。一个承载着心理负荷的学生，不可能长期信心百倍地在学习之路上摘食胜利的硕果。

有了平常心做铺垫，自信心的培养也就有了根基。

韩先生认为，发现潜能，造就人才，是信心教育的终极目的。只要把握了潜能开发的规律，"让学生成功"便变得非常简单。前提是"变"。要让学生变得有信心，教师首先要变得有信心，变彼法为此法。这便是信心教育法的内核。这方法，不但涉及教育学、心理学、生理学，还涉及脑科学、全息论、信息论、哲学、宗教等方面，是一项系统的灵魂性工程。

正是基于这样一种思考，韩先生就有了不同于一般校长的见识——主张教师由对自己所任教学科知识的探求，向博大精深的大师著述学习延伸，《老子》《论语》以及黑格尔和弗洛伊德等人的经典著作，教师都要认真研读，特别是前两部中国经典，要尽量能够背诵。

韩先生从教育实践中发现一个多为人们忽视的问题，那就是所有的心理问题都与人文修养的缺失有关。如果没有较高的人生哲学高度，而单纯从心理学的角度去做那些有心理问题的学生的思想工作，收效就会是非常微小的。

可见，韩先生的信心教育法，与人们常谈的自信技法毫无共通之处。前者有老子言"道"之妙，后者则有人云亦云之嫌；前者可以让人永远拥有阳光心态，后者只会使人瞬间一笑而已；前者可以令人一时失败而终生成功，后者只能使人一时获利而一生败北。

所以，教师的历史使命是授道不教技，是在学生心灵之中点燃智慧的圣火。人类智慧的能量源自宇宙，宇宙无穷，智慧也无穷。信心教育法，就是让学生从宇宙智慧中汲取无穷能量的根本之法。自信催生智慧，智慧又生自信。如是美丽循环，就有了学生终生的幸福与美丽。

被信心扎根了的心灵，就具有了所向披靡的力量。韩先生说，安丘市第四中学（韩先生任校长的学校）的教师不但深信学生潜力无穷，而且高度认同“说你行你就行”的价值。因为教师长久的心理暗示，会凝固成一种评价定式。学生在这种“能行”的评价定式中，思想品格就会不断提升，学习成绩就会持续攀升。2003 年 12 月 5 日我去采访时，就惊叹于这所农村高中何以有着如此好的高考成绩。大家知道，是年高考中，潍坊市本科上线人数在山东省独占鳌头；而安丘市的本科上线人数又在潍坊市名列第一。安丘市第四中学则成为全市本科完成率第一、班均进线人数第一、本科升学率第一的一所学校，捧得了安丘市唯一一座“育人突出贡献奖”的奖杯。毫无疑问，全面启动学生的自信系统，就是这所农村高中亮点频现的主要原因。“花香自有蝶飞来”，到目前为止，全国已有二十六个省、三千多家单位、五万多人次到安丘市第四中学考察交流。

信心教育法的内涵是异常丰富的，它不仅需要平常心和自信心，还需要一颗善良心。这绝非画蛇添足，因为保持自信的深层基因，必须有善良心的保驾护航。韩先生认为，德为法之母。任何理论，任何方法，若没有合乎人伦的人文力量的支撑，都不会起到所期望的作用。信心教育法的精髓就在于一种以爱意和善意为前提的精神力量作为这个方法的灵魂。

孔子说：“仁者不忧，智者不惑，勇者不惧。”而韩先生说：“善者无畏，仁者无敌，恩者无怨。”因其善，而无愧于他人，所以无畏，即使别人对其不善，也因无愧无悔而释然。因其仁，不仅“己所不欲，勿施于人”，而且“己欲立而立人，己欲达而达人”。精神世界里没有了敌人，现实生活中也就无敌了。孔子的以德报德也好，耶稣的以德报怨也好，都是由于自然地恩及他人，所以不怨。无畏、无敌而又无怨，自然就有了宽广的胸怀、和谐的心境。以这样的心境工作与生活，就会觉得周围的人、动物、植物等一切，都是那样亲切。这样，在别人的心目中，你的身上就会有一种亲和之力，不管是熟悉的人还是陌生的人，都会觉得你可亲、可爱、可敬，这便增添了你的自信。心平气和了，就可以进入一种接受知识、开发智慧的最佳状态。

老子有言："大音希声，大象无形。"佛亦说："凡所有相，皆是虚妄。"韩先生也许从中受到了某些启发，所以就有了"真法不落实相"的智慧话语。因此，在他的信心教育法中，很少流于具体的"法"，即使方法，也只是原则性的东西，不过是为大家设置了一种境界，进入这个境界之后，就能有所感悟，便会触类旁通地创造、衍生出许多适合自己的方法。

这就是从"道"到"悟"的飞跃。其实，觉悟的条件和人生的机遇一样是无处不在的，就好比佛家说的"落叶皆菩提"。小小的一片落叶也可以使人进入大智慧的境界，因为世上万物都包含着觉悟的契机。譬如现在，我们接触了信心教育法，就如同引发了教育之菩提的那片落叶。

序将写完，却意犹未尽。好在这本书作为一种精神的存在，为我们的交流提供了一个永远的文化载体。知识可能忘却，技能可能忘却，方法可能忘却，而快意身心的精神之融会，永远不会忘却。

2005年11月11日于济南

（原载于《韩忠玉信心教育法》，韩忠玉著，教育科学出版社，2005年11月，有删改）

真善美的律动

——《教育因美而精彩》跋

我欣赏山东省文登市实验小学侯溪萍校长的人文情调，喜欢这所学校富有朝气又具有合作精神的教师群体。这种欣赏与喜欢，来源于我对侯溪萍校长与教师们的两次采访：第一次是在 2004 年，受《中国教育报》委托，采访侯溪萍校长作为“全国师德先进个人”的德育工作；第二次是在 2006 年，受山东省教育厅有关领导委托，采访她作为“山东省 2005 年度教育创新人物”的学校管理工作。采访是在非常愉快的气氛下进行的，侯溪萍校长和教师们呈示给我的是一种真诚与全新的话语，使我真正看到了这片教育净土上工作且快乐着的精神群体。所以，我以《导引孩子“学做真人”》与《为了教师的心理和谐与生命成长》为主标题，分别在《中国教育报》与《人民教育》上发表了两篇教育通讯，且在全国引起了比较强烈的反响。

此后，我就与侯溪萍校长及学校的教师们有了一种不间断的联系，有时是工作与学习上的探讨，有时是生活与精神上的交流。我感到，被古今中外大师们所推崇的真善美，在这所学校的校长和教师那里，已经散发出沁人心脾的温馨与芳香。

从这个意义上讲，《教育因美而精彩》这本书就不只是教师们教育教学的一般性心得体会与生活感悟，而是承载了弥足珍贵的真善美，以及高贵的气质与美丽的情怀。读者从中感受到的，不只是教育教学上的管理方法与教学技巧，更是一种精神气质与人生探寻。“工作且快乐着”，在这里不但成为一个深入人心的理念，更物化成一种生活的现实。幸福不再是遥远的梦想，还成了当今的存在；而当今的幸福，又为未来的美丽做好了充足的精神储备。

我到过许多学校，了解过很多校长与教师的生存状态，有时为那种外在热闹和“硬件”豪华裹挟下的人们的生存状态担忧，身处其中的教师并没有一个相对安全的心理环境，本不应有的担忧甚至恐惧时隐时现，教育教学工作竟成了一种无奈的选择。更为可怕的是，由此影响了学生的情绪和学习效率，特别是对学生当前的幸福与未来发展走向产生了负面作用。

面对这种现实，以及个别人有意无意地制造“假大空”的时候，文登市实验小学的校长与教师们却始终守持着真诚与善良、公正与美丽。心理和谐的人文环境，使身处学校的教师不但快乐与舒畅，而且工作质量高，家庭幸福，使身处学校的学生健康成长。

所以，我感慨于教师们如行云流水般的文字，更欣慰于他们所拥有的自由与幸福。我之所以在两三年内两次采访这所学校，也是从中感受到了这份特有的幸福，并试图将这份幸福传递给更多的校长与教师。在教育者日趋关注生命成长的今天，幸福指数已经成为人的生命成长快慢的重要指标。

读读这本《教育因美而精彩》，也许可以使自己的人生更加美丽，使学生的成长更加幸福。

2006 年 5 月 14 日于济南

(原载于《教育因美而精彩》，侯溪萍主编，华艺出版社，2006 年 6 月，有删改)

文章来源于生活

——《百灵之声》序

目前，学生习作中依然存在着“发空洞之言，抒虚假之情”的不良现象。凭空捏造的叙说，故弄玄虚的词句，使无病呻吟之风不断弥漫。如果小学生在写作文时就开始形成“造假”之习惯，影响到的不只是其当下的作文质量，更为重要的是影响其以后做人做事的态度。我虽然只从《百灵之声》之中选看了部分学生习作，却感到那份真情一直流淌于字里行间。从这个意义上说，这本小学生习作集就会因其真而受到读者的认可。

我曾一度特别关注过学生的作文，也主编过一些学生作文方面的图书。在这个过程中，我发现教师修改的痕迹往往过重，甚至有些作文被改得面目全非。教师的良苦用心固然可嘉，可是，由此造成的负面影响也不可小觑。我们不能对学生的作文求全责备，就是成人所写，其实也难十全十美。况且，最美的东西恰恰在于自然，老子甚至认为最高的境界为“复归于婴孩”。所以，学生所写，即使有这样那样的问题，教师也不必大惊小怪，最好少改动，点到为止，甚至可以对作文中的一些问题“视而不见”，一味地给予学生鼓励，这样，学生的心里就会逐渐积聚长期的写作动力。

教师在鼓励学生写作的同时，还要为其输入源源不断的写作活水。这活水主要来自以下两个方面。

一是多读书。当下教师指导学生习作的误区之一就是太过关注方法和技巧的指导，而忽视了学生的阅读积累。其实，读与写之间在逻辑上是充分必要条件关系，即“有之则必然，无之则必不然”。没有对于经典文本的大量阅读甚至背诵，就不可能有文采斐然的佳作纷涌迭出。这就对教师提出一个要求，即方法、技巧固然重要，阅读则更胜一筹。任何拔苗助长都会从根本上斩断学生走向写好作文之路的生命链条。所以，阅读甚至背诵，就成了写作的必由之路。大凡在这条路上一直行走的学生，几乎都是在写作上游刃有余者。而只关注写作技巧者，虽然可以一时取胜，但大多没有发展潜力，甚至连一时取胜都不可能。写作需要技法，但是，如果一味追求技巧，就会舍本逐末，背离写作的要义。

二是关注生活。古人强调“读万卷书，行万里路”，这个“路”就是写作必需的生活。“巧妇难为无米之炊”，没有生活体验而写成的作文，不管语言多么美丽，都会因为缺失丰富的内容而失却其应有的生命张力。小学生的生活相对比较单调，教师要有意识地让他们学会发现生活，特别是培养他们具有从那些司空见惯的生活琐事中发现写作素材的能力。伟大的艺术家罗丹说过：“美是到处都有的。对于我们的眼睛，不是缺少美，而是缺少发现。”其实，相对写作而言，生活素材也是随处可见的，关键是有没有一双发现素材的慧眼。

在强调关注生活的同时，还要张扬学生的想象力。在某种意义上说，每一个孩子都是诗人。然而，有些家长或教师非但不鼓励孩子想象，反而有意无意地将这种天才的想象力扼杀了。《百灵之声》一书中收入的二年级学生王奕众的《比、金、娃历险记》就是一篇想象作文。比、金、娃经历的险境，虽然带着孩子的天真，可是又不乏合理的成分，还有一波三折的故事情节，甚至可以称之为小说的细节描写。除了他超越常人的大量阅读之外，家长与教师对他想象力的保护和鼓励也很重要。

书中的习作与评语还构成了一种相得益彰之美。教师所评有的放矢且要言不烦，对指导学生写好作文往往有点石成金的作用。学生的评语则从同龄人的视角，审视他人的作文，有不同看法，也有心向往之的欣赏。比如，五年级学生庄杉的习作《无声的沟通》，写得真实具体又栩栩如生，他的两封信竟然使得原本剑拔弩张的父母终于化干戈为玉帛。在这篇习作评改中，既有作者自评，也有同学评，还有教师评。三方面的评改各有特色，让读者从不同的侧面对这篇习作的意蕴有了更深的理解。

为什么会有如此优秀的作文集呢？据潘玉堂校长讲，《百灵之声》是学校“小学生自主习作能力培养的研究”课题的一项研究成果。在整个研究过程中，充分体现了学生的自主意识。在学生的心里，蕴藏着巨大的写作潜能，而发挥这个潜能的动力之一就是自主。而写作上的自主，带来的不只是学生写作水平的提升，还会辐射到学生学习及生活的各个方面。我相信学生还会在这一基础上进一步探索，取得更大的成绩。

2008 年 11 月 20 日

（原载于《百灵之声》，潘玉堂主编，中国广播电视出版社，2008 年 11 月，有删改）

有治校之道，更有做人之道

——写在《朴实中的深刻——一个中学校长的读书治校之道》出版之际

在我的记者生涯中，有一些令我深感愧对的采访对象，那就是虽然采访了而没有为之写成作品的人。武际成校长，便是其中一个。

几年前，我就到他所任职的山东省潍坊第八中学采访过他。可是，时至今天，这篇采访的稿子还是没有完成。不是他的事迹不足以成文，而是我自己一直“文债高筑”，而且“催债、逼债”者总是往来不断。他却一直在一言不发地等待着，从来没有催讨过一次。我这个人总是谁催得急，就先完成谁的，以至有不少虽已采访而至今尚未完稿的遗憾，如果突然忆起，就会顿生愧疚之心。可是，随后又被“逼债”者催讨，便又忙于应付这些事了。

2008 年月 12 月 20 日，在山东莱西召开的首届全国儒家文化普及教育研讨会上，我与武际成校长又一次相见。这个时候我才知道，转眼之间，他已快到内退之年。顿时，我产生了一种负罪的感觉。可是，他依然非常憨厚地笑着，非但没有半点儿抱怨，反而送给我一本即将付印的书稿清样，希望我能为他写个序言。我毫不犹豫地答应了下来，心想也算作一种补偿吧。其实，这一段时间是我几年来最忙的时候。但是，在读过他的书稿之后，我确实感到为其写序有着很大的价值与意义。

我采访武际成校长的时候，印象最深的就是他是一个读书人。他办公室里的书架上，放满了颇有品位的书籍。随便翻阅，竟然多有他随手写下的读书感想和选编的美文集锦，甚至如我者所写的作品，他也几乎都一一做了批注，而且深得其中的要旨。于是，与其说是采访，还不如说我们在交流读书的体会。我感觉，自己遇到了一个文友，一个可以共同谈论文化的志同道合者。

他和我一样，都喜欢《论语》，而且对《论语》都有一定的研究。我一直认为，学习《论语》，如果仅停留在解说层面，就等于没学。只有学到孔子思想的精髓，而且将其融化在自己的心里，且有了切实的行动，才是真正地学好了。武际成校长的做人，很多是深得孔子思想之要义的。他的低调，他的勤勉，他的好学，他的真诚，他的信实，等等，都在他的一言一行中自然地流露出来，彰显出当今校长少有的一种儒者风范。

他也和我一样，当过农民，是典型的“农转非”者。这些年来，我特别关注如我一样进城的农民，发现他们进城之后，不少人很快成了地地道道的城市人。而这些人往往将农民最美好的品质也丢掉了，讳言自己的农民经历，甚至对现在的农民不屑一顾。于是，这种人即使有点“成绩”，大多也没有太大出息。在与武际成校长的交往中，我感到他的血液里流淌着的仍然是农民的生命之水，他完好地保存了农民的美好品质，去除了愚昧与狭隘，将开阔与豁达吸纳进来。这也许就是我特别喜欢他的一个潜在原因吧。

有着这种特别经历的人，就与没有这种经历的人不一样。武际成校长特别珍惜来之不易的从教机会，甚至将教育事业当成自己生命的全部。所以，在他的教育经历中，我们可以清晰地看到一个兢兢业业而又不断奋进者的形象。他完成了一次又一次的生命飞跃，创造了一个又一个奇迹，给教师们开辟了一个又一个施展才能的空间，给学生们创造了一个又一个走向美好未来的条件。

有的校长已经不再听课，更不写论文了。他们将校长当成了“官”，而且用“官气”来提升自己的威信。其实，这种异化了的校长，并没有思考过：一旦自己从职位上退下来的时候，留下的还有什么呢？我感觉，武际成校长即使内退了，他还有自己的学问，还有自己的思想，还有属于自己的那些精神产品——文章。而这些，正是一个人不朽的存在。他内退之后，将会开始新的生活，那也许是生命的另一个开端，甚至是超越现在状态的一种生命形式。从这个意义上说，他是幸福的。他的办学理念是“诚信恒远”，我想这也是他人格的写照——因为诚信，才能久远，才有意义。

出书是文化人的一种向往，武际成校长也不例外。但是，每个人所出的书品位不一，结果也就大相径庭。有的人出书是为了出名，有的人出书是为了评职称，武际成校长则不然。他留下了的是他的教育经历的记录，特别是他生命成长的记录。更重要的是，武际成校长的这些文字，会给更多的校长，更多的教师，甚至教育之外的人，以人生的启迪。之所以这样说，是因为这本书中，有治校之道，更有做人之道。

2008 年 12 月 3 日

（原载于《朴实中的深刻——一个中学校长的读书治校之道》，武际成著，人民日报出版社，2008 年 12 月，有删改）

在爱中扎下明天的根

——《生命因爱而精彩——威海市塔山小学特色专集》序

与周玲校长的第一次谈话，是在从容的状态下进行的。她自然的微笑里，弥漫着的全是真诚与善良。与她交流，使我有一种发自心底的快乐与幸福。

2008年10月17日上午，我到她所在的学校里采访，这是与她的第二次交流。她对教师们的欣赏，使我突然感到，她从心底爱着学校的教师们，所以才有了这么多发自内心的激赏之语。我在想，一个经常在校长爱的沐浴下工作生活的教师，一定特别幸福。可是，周玲校长说，她更加幸福，因为教师们更爱她。

我们两个谈了一个多小时的时候，一些教师主动地加入我们的交流之中。他们愉快地交谈，谈他们的教学和生活，也谈周玲校长对他们的关爱。特别是谈到学校的发展时，他们的那份自信与自豪，让我特别羡慕。

我发现，这个团队在爱的阳光的沐浴下，是那么快乐与幸福！

《生命因爱而精彩——威海市塔山小学特色专集》，就是这个团队幸福地工作与生活的真实写照，是一曲流动着爱的旋律的乐章。

我特别欣赏他们的教师行动准则：爱学生——奉献大爱，爱事业——追求更好，爱自己——享受快乐；学生行动准则：爱自己——学会负责和自主，爱他人——学会尊重和感恩，爱环境——学会欣赏和珍惜。在这两大准则中，都有“爱自己”。这是不是有些“自私”呢？绝对不是。一个连自己也不爱的人，就不可能真正地抵达爱他人、爱事业的大爱境界之中。

多年来，人们所倡导的教师的“蜡烛精神”，多是以牺牲教师的身体甚至生命为代价的。这看起来非常高尚——为了学生，可以牺牲一切。可是，这种对教师身体与生命的漠视，既不人道，也使教师本应享受的人间之爱消失不见。况且，教师爱自己，也包括爱自己的精神生命。教师不应是只在教材和教学参考书上下功夫的“匠人”，也不应成为半夜不眠而备课和批改作业的“苦人”，而应当有实现自身发展和生命价值的权利。教师走出“教书匠”桎梏的重要途径，就是要有一个更大的文化生存空间，不断地通过阅读经典文化，提升自己的品位；甚至走出校门，接受更高层次的教育。而教师思想和文化水平不断提升的过程，也是他们精神生命飞跃的过程。而学生，则会在教师的发展中，享受更加优质的教育。所以，教师爱自己，就会在自己的精神领域里，获取一个又一个丰硕的成果，并以自己的生命发展来唤醒学生的生命发展。

目前，独生子女的增多，使得好多孩子从小娇生惯养，遇到一点儿波折就会出现一系列的问题，甚至离家出走以至自杀。他们没有考虑父母在自己身上所寄托的希望，而只考虑自己一时的感受。他们对自己身体和行为的不负责任，就是不爱自己的表现。一个知道珍爱自己身体的孩子，是绝对不会自杀的；一个深爱父母且负责任的孩子，是不会用践踏自己的身体来惩罚自己的父母的。况且，爱自己的深层内涵，还在于关注自己的成长，这包括思想素质与文化素质两个层面。爱自己，就要使自己成为一个品格高尚的人，一个学习成绩优秀的人。如果整天拉帮结派或者沉溺于网络游戏场所，就不是爱自己的表现。

看来，不管是教师还是学生的“爱自己”，都是有点高尚情结的。过滤了高尚，就不成其为爱。而一个爱自己的人，也往往能爱他人、爱集体。

所以，周玲校长说，爱自己是人本关怀的基础，是每个人生命成长的原动力与生发点，是实施爱的教育、培养大爱情感的根本。如果每一个“爱的主体”都能够成为乐观、负责、自主的人，爱的教育就很容易落到实处了。

爱还是一个磁场，可以凝聚人心。而身处其中的人，会因为这种爱的弥漫而快乐、幸福。

人们常说，累并快乐着。而要达到这种境界，就必须有爱。没有爱，就不可能快乐，即使不累也不快乐。那些得病特别是得大病的人，更多的是心里不快乐；而不快乐的重要原因，就是缺少了爱的滋养。

爱是不假雕琢的，是自然的。所以，我特别欣赏周玲校长的座右铭：

"崇尚自然，尊重生命。"因为爱的真谛，是真情流露。而真正的爱，也必然是尊重生命的。这与学校的教师行动准则与学生行动准则是相契合的。

两个准则中都用"行动"做定语，这是十分必要的。因为现在的新提法越来越多，有些学校甚至有意猎奇，以显示自己的特色或自己的高明之处。可是，再高明的提法，一旦离开了行动，就一文不值。所以，王阳明提倡"知行合一"，而且特别强调"行"。爱太好了，可是如果没有行动，就不成其为爱。

"生命因爱而精彩"，爱因行动而美丽。

2009 年 1 月 4 日于济南

（原载于《生命因爱而精彩——威海市塔山小学特色专集》，周玲主编，山东教育出版社，2010 年 7 月，有删改）

绿化心田，用生命栽植风景

——《让读书成为时尚》跋

对于山东省文登市实验小学，我有一种特殊的感情：一是撰写过关于侯溪萍校长的两篇通讯报道；二是为全校教师做过两次报告；三是与其中的不少教师进行过面对面的交流。

所以，当侯溪萍校长将《让读书成为时尚》这本即将付梓的书稿发至我的邮箱里，并请我为之写跋的时候，尽管我正处于“超忙”状态，还是立即答应了下来。但是，我没有按时完成任务，直到春节将至的今天，才勉强抽出时间，写下一点自己的感想。

文登市实验小学的“读书热”，首先是在教师层面扩散开来的，随后蔓延到学生及家长之中。在人们日趋浮躁的时代，有这么一群喜好读书的人，真的十分难得。

读书是需要心灵安宁的，我曾经写过一篇文章，题目就是《读书，使我驶进一个宁静的心灵港湾》。在我接触的文登实验小学的教师中，已经感受到了这种宁静的心灵之美；与他们交流的时候，也可以感知文化外化出来的那种从容与优雅；在他们所写的文章中，更是涌动着走向精神高贵的追求与幸福。我一直认为，读书是与个体生命的一生幸福维系在一起的，特别是“取法乎上”地阅读乃至背诵，更可以实现生命的一次又一次飞跃。

心灵宁静的前提，就是要有一个和谐的环境。在采访文登市实验小学教师、学生与家长的时候，我的突出感受就是和谐。为了构建这一环境，侯溪萍校长可谓费尽心思。这点在我的报道中已经做过详细的叙说。在这个和谐的环境中，自然就有了更多的读书人；读书者的增多，又使人们的心灵更趋宁静。这就形成了一种良性循环。这样，学校就会因为群体文化品位的提升，而持续快速地发展起来。

众所周知，著名教育家蔡元培先生为北京大学的发展倾注了巨大的精力，特别是他所营造的学校文化，一直延亘不衰，以至成为北京大学的精神象征，成为一道永远闪烁着光辉的文化风景。可是，这位中国最知名高等学府的校长，却因此牺牲了大量的学术研究时间，所以，在就任北京大学校长期间，他自己的学术水平却没有显著的提升。对于他自己而言，他失去了很多；对于学校而言，却又得到了很多。在某种意义上说，他的学术牺牲精神，超越了他个人的学术价值。所以，我称他为精神贵族。

侯溪萍校长当然是不能与蔡元培先生相提并论的，可是他们之间有着一个共同点，那就是自我牺牲精神。侯溪萍校长在获得了一系列的荣誉称号之后，本可以在教育教学科研领域有更大发展，她的素养与品格为其实现更高的生命飞跃奠定了精神基础。可是，为了全校教师和学生的发展，她牺牲了很多自己发展的时间。因为在她看来，群体的持续发展才是学校发展的根本动力，而只有群体的"读书成为时尚"之后，学校才能产生质的飞跃。所以，我感到，她更多的是在为教师和学生铺路，自己却奔波于群体发展的忙碌之中。这种精神，在她看来，比自己发展更加可贵。

不过，我也有一个期待，那就是侯溪萍校长在关注群体发展的时候，也多多关注自己的发展。因为她是一位很有发展潜质的校长，她富有灵性，综合素养很高，这是很多人可遇而不可求的。相信若干年后，再次与她相见的时候，我是在与一位堪称有研究水平的教育专家在交流，而不只是与一位优秀的校长在谈话。

2009 年 1 月 22 日于济南

（原载于《让读书成为时尚》，侯溪萍主编，山东科学技术出版社，2009 年 4 月，有删改）

智者，在技巧中前进

——《“零”作业下的教学改革与实践》序

当下学生负担过重，已经成为一个热点话题。所以，就有了一次又一次的“减负运动”。可是，常常是“雷声大雨点小”，甚至反其道而行之。有的家长还要在学校布置的课外作业基础上层层加码，认为只有这样，孩子才能考出好的成绩，考入理想的学校。

李志欣校长的“零”作业改革，将课外作业“扫地出门”，为应试教育弹奏了一曲悲壮的挽歌。“零”作业改革实施几年来，学生成绩非但没有下降，反而在全乡乃至全县名列前茅。这其中有何玄妙，只有入乎其内者才能探其真谛。而《“零”作业下的教学改革与实践》，则从理论与实践两个层面阐释了“零”的突破。

我与李志欣校长是文友，我也不止一次地到他所任职的山东省东营市利津县北宋镇一中采访过，所以对于“零”作业有一定的了解。但是，我不想对本书的内容进行归纳与梳理，只想就这个问题谈点个人的看法。

每一个家长与教师都希望学生取得好成绩，但是，学生成绩的好坏与作业的多寡构不成充分条件关系，关键是学习效率的高下。如果学生在课堂上的学习效率很高，课下即使没有作业，照样可以取得好的成绩。效率不只在于技巧，更在于情感高效与质量上乘。如果学生一上课就快乐无比，兴趣盎然，自然会有高效率。因为一个人在精神亢奋状态下学习，往往可以抵达巅峰状态，有事半功倍之效。如果只在技巧或时间上下功夫，就会步入缘木求鱼的怪圈却浑然不知。

我并不是说从此一律不要让教师布置作业了，而是强调一定要提高作业的质量，研究与之相关的非智力因素在学生学习中的作用。李志欣校长所在的学校也不是没有作业，只是学生当堂完成而已。如果教师布置的作业没有价值，对于学生而言，浪费的就不只是时间，还会让他们感受到作业的淡然无味甚至由此产生抵触情绪，从而对学习产生厌烦。相反，如果布置的作业少而精，能调动学生的兴趣，学生就会在做作业的时候乐此不疲，甚至进入主动探寻的学习状态之中。

不但作业要高质量，课堂教学也要高效率，这样教学的时间就会缩短，从而为学生在课上做作业留出时间。当堂高质量地完成作业，往往更能起到“温故而知新”的效果。于是，学生就争得了休息和锻炼身体的时间，从而获得身心的健康与情感的愉悦。学习增效就在这良性互动中实现了。我采访的很多优秀学生，大多都是会休息、会锻炼又会学习的人，从而拥有了“鱼和熊掌”“得兼”的妙道。

这样，既可以取得好的成绩，又可以有一个好的身体，何乐而不为？

可是，人们对于“零”作业的认识不可能一步到位，而且李志欣校长的改革也不是一蹴而就的。它经历了一个相当长的过程，特别是教师与家长心理认可的过程。这需要决心，也需要胆识，更需要责任感。所以，当我看到李志欣校长那笑中常常隐藏着一丝丝苦涩的时候，就从心底为他虽难犹搏的精神而感动。他排除了各种各样的困难，才有了今天的这道风景。其中的酸甜苦辣，只有身处其中的人，才能体悟。

“苦尽甘来”是古来就有的道理，李志欣校长之苦大多已经淡去，他与教师们在看到解放了的学生笑得那么灿烂的时候，自然也就有了同样灿烂的笑容。

2009 年 9 月 4 日于济南

（原载于《“零”作业下的教学改革与实践》，李志欣著，天津教育出版社，2009 年 12 月，有删改）

情怀与思想演绎人生

——《我的教育情缘》序

从认识潘玉堂校长的第一天起，我就感受到了他对教育的特殊情怀。这本书书名为《我的教育情缘》，可谓名副其实。

在今年“齐鲁名校长”人选激烈的角逐中，潘玉堂校长榜上有名，成为济南市获得这一殊荣的三位小学校长之一。于是，不少人开始关注这位一直颇为低调的山东省济南市长清区实验小学的校长。

其实，潘玉堂校长默默无闻的背后，是有着深厚的教育积淀的。谈起教育教学，他如数家珍，不时闪现真知灼见；向更宽的教育领域拓展，他也能够侃侃而谈，而且切中肯綮，多有警策之语。

读了这本书，我觉得他的教育情缘中，还有着常人没有的生命感悟。加缪说，自己没有经历的就形不成经验。是的，道听途说的东西不可能深入人的心灵之中。而这本书的全部内容，都与潘玉堂校长的经历有关，其中有他所经历的教育教学的过程，也有在这一过程中的生命历练。古人说“文如其人”，整本书中没有故弄玄虚的华丽篇章，而是自然如实地写来，让人在追索他的笔迹行走之地的同时感悟他的平凡而又过人之处。

为什么说“厚德载物”？因为“坤也者，地也”，“万物皆致养焉”。其实，文章的生命力也是与“地”紧紧联系在一起的。不过，这个“地”，就是教育教学实践。潘玉堂校长每年听课200节，可以即兴评点课堂教学，经常与教师们讨论教育问题。正是因为始终如一地扎根于“大地”之中，才有了属于他自己的教育教学话语权，才有了被教师认可甚至佩服的专家型校长形象。另外，他持之以恒地阅读教育理论著作及其他文化经典，从中汲取了丰富的理论素养。所以，当他评说教育实践性问题的时候，也多有理论的光华在闪烁。可以说，他的这本书既具实践价值又有一定的理论高度。

校长之忙人所共知，潘玉堂校长如此钟情于教育教学，显然是要占用很多时间的。有的校长总是说工作太过紧张，无暇进入课堂。潘玉堂校长也忙，但他为什么就有那么多时间呢？我认为，关键是校长的取舍观。是打点关系、忙于事务，还是提升自己、关注学校发展？这是两种迥然不同的人生观。天地运行大道的规则是有得就有失，有失就有得。所以，当有的校长整天行走于官场与酒场之上时，尽管得到了为官者的青睐与朋友们的好评，却失去了对教育教学的真实感知，特别是失去了教师们的敬仰。校长不是官员，何况官员也要取信于民。如果校长的根不是扎在教师与学生的心里，也还是会因为没有根基而在风雨来临的时候摇摇欲坠甚至毁于一旦。

政府官员关注政绩，校长亦然。校长如果没有为学校的发展倾尽全力，如果不具备指导教育教学的水平，就不可能办好学校。所以，我觉得，从这本书里，我们还可以看到潘玉堂校长那心系学校，一心为师生的良知。

潘玉堂校长具备向更高层面进军的潜质，期盼更上一层楼的他，定然在做着新的努力。我觉得，“功夫在诗外”是很有道理的，要想实现生命的飞跃，就要在关注教育的同时，从教育之外的高层著述与高端论坛汲取更加优质的思想与智慧。这样的他一定会从齐鲁名校长的层面，走向全国名校长的殿堂之上。

2009 年 9 月 5 日于济南

（原载于《我的教育情缘》，潘玉堂著，现代教育出版社，2010 年 5 月，有删改）

打开向往，选择注定结果

——《自主学习型高效课堂建设研究与实践》序

我小时候学习历史，便惊叹于埃及奴隶在建造金字塔时的巨大创造力与艺术匠心。数千年来，对于奴隶创造这一亘古奇迹没有多少人怀疑过，但瑞士的一个钟表匠从自身的体验中对此产生了怀疑。因为，在自由的状态下，他可以将钟表制作的误差减少到零；可在监狱里不管如何努力，也不能消除误差。所以，他不相信一个在不自由状态下的奴隶群体可以创造出如此伟大的世界文明。于是，他断言：金字塔建造者肯定不是失去自由的奴隶们，而是一批虔诚的自由人。

事实证明，这种思考是正确的。一个行动与心灵都不自由的人，不可能完成一项壮美的事业。因为，这需要的不只有技术，更有心态，特别是审美观照。审美必须在物我两忘的境界中完成，而且必须有一个前提，那就是心灵的自由与愉悦。一个被囚禁起来失去了自由与快乐的人，是无法再去进行审美性创造的。

2003 年，埃及向世界宣布：金字塔是由一群欢快的自由人建造的。

这令我想到了我们现在经常谈到的高效课堂。其实，课堂教学之所以能够高效，一个重要的因素就是心灵的自由与和谐。教师如果怒气冲天或牢骚满腹，不但教不好课，还会将这种负面能量传递给学生，让学生原本舒展的心灵紧张甚至恐慌起来，非但不能高效，就是正常的学习效率也不可能达到。所以，和谐是高效课堂的必要条件。

看来，高效课堂中还有一个重要的因素，那就是情感的高效。孔子说："知之者不如好知者，好知者不如乐知者。"著名美学家李泽厚先生认为，这句话中的"知"讲的是知识，"好"在道德层面，"乐"则在审美层面，审美是最高的。孔子在《周易·系辞》中说："君子居则观其象而玩其辞，动则观其变而玩其占。"《周易》够难了吧，孔子却说"玩"。在他看来，学习超级快乐。因此才有了他的自道之说："其为人也，发愤忘食，乐于忘忧，不知老之将至云尔。”他说，我这个人啊，天天发愤忘食地学习，快乐得都不知道忧愁了，甚至连老都不知道了。他还说：“饭疏食饮水，曲肱而枕之，乐亦在其中矣。”他吃粗饭，喝凉水，把胳膊一弯往地下一枕就睡了，却快乐无比！如果学习进入这样一种状态和境界，想不学都不可能了。

张广利校长工作繁忙，可是，百忙之中，他结合自身的实践撰写了大量的教育教学及家庭教育的文章，而且有的已经结集出书了。在一般人看来，他一定异常辛苦。其实，我觉得，他在做这些事情的时候，由于爱之所至，反而乐此不疲了。他甚至从中感受到了趣之所在、乐之所在、美之所在，抵达生命飞跃之后的至高境界了。

目前，研究高效课堂的书多了起来，可是，这方面的书更多的是关注技法层面，并没有从根本上参透和谐高效的本质内涵。读张广利校长主编的《自主学习型高效课堂建设研究与实践》书稿，我感到其中很多理念与真正意义上的高效课堂有着本质上的联系。我们发现，学生之所以对学习不感兴趣，是因为没有从中发现俯拾即是的美。所以，张广利校长提出要让学生及教师享受学习、享受生活。

和谐高效的另一个必备条件就是自主。不是被动地学习，而是主动地学习。主动与被动虽一字之差，其结果却是大相径庭的。学生有着自我学习的巨大潜力，只是有的时候，这种潜能被教师过多之讲扼杀了。人们往往低估了学生的学习潜能，甚至将教材的少与浅作为减轻学生负担的方法。其实，学生的负担过重，不是因为教材内容的深与难，而是教师讲授的重复与练习的过滥，特别是没能给予学生自主学习的权利，更没有开发内蕴于学生之中的巨大潜能。

既然学生具有如此大的自我学习的潜能，我们就应当将讲堂变成学堂。中国第一部教育学书就叫《学记》，而不是《教记》。学习本应是生命个体追求未知的幸福的文化之旅，现在的“讲堂”却将其异化为令人心力交瘁的一场苦役。

读留美博士黄全愈先生的《素质教育在美国》时，我很感慨，他在美国读二年级的儿子，可以独自到附近几家图书馆去查阅资料，还要自己写出一篇论文。为什么我国现在的学生达不到这个水平呢？是谁压抑了他们的学习兴趣，是谁扼杀了他们的学习能力？恰恰是最爱他们的教师。这是我们现代教育的悲剧。我们应当让学生由“奴隶”变成“主人”，让学习由无味变成有趣。教师可以教学生，学生也可以教学生，学生也可以教教师。结果，学生在学习中，尊严、自由、自主、自动等意识发展起来了。我常想，学生有那么大的学习潜力，为什么没有自信呢？因为教师一以贯之的讲授，使学生成了接收知识的容器，使学生形成了一种负能量的思维方式，这种思维方式向学生传递了一个信息——没有老师，我是学不会的。而且这种认识还不只是停留于当下，还会延伸到其生命的终点。从这个意义上说，讲堂是教师对学生生命成长的一种长久性的戕害。有历史担当与责任感的教师，都应当下定决心，让学生走上属于他们自己的学习舞台。

所以，我欣赏张广利校长所倡导与实践的自主性学习。因为在这种学习状态下，学生学习已经不是一种心力交瘁的苦役，而是成了一种快乐的文化追寻之旅。

2009 年 11 月 27 日于济南

(原载于《自主学习型高效课堂建设研究与实践》，张广利主编，天津教育出版社，2009 年 12 月，有删改)

悟得此“道”，即可入门

——《小学和谐高效教学探索研究》序

关于高效课堂研究方面的文章与书籍日渐多了起来，这是教学研究中一个很好的现象，是教育教学改革的一个必然结果。可是，什么是高效课堂？怎样才能让师生更快地进入高效教与学的状态之中？这是值得深入探讨的一个话题。无疑，李翠兰校长主编的《小学和谐高效教学探索研究》一书，给这一研究提供了有效的借鉴。

刘勰说：“缀文者，情动而辞发。”学习亦然。只有在高度愉悦之时，才有学习的待“发”之势。所以，高效与情感有着直接的联系。情绪低落特别是怒气冲天者，不可能进入高效教与学的状态之中。只有心理愉悦，甚至精神亢奋时，才能抵达教与学的巅峰状态。这个时候，思维活跃，灵感闪现，效率极高。这便是“功夫在诗外”的“情感高效”带来的意外收获。所以，研究高效课堂，不能不研究情感高效的问题。《小学和谐高效教学探索研究》一书中所谈的“和谐”内容之中，已经触及了这个高效学习的敏感部位。

和谐还与合作有着内在的联系。课堂教学之中，有师生和谐，也有生生和谐，还有师生与所学内容的和谐，甚至与作者的心灵和谐。合作才能共赢，共赢才能高效。人人都有合作意识，高效就会应运而生。如果只是教师慷慨激昂地讲解，学生进入不了激情学习的状态，那就无法达到高效；如果只有某些学生进入了高效学习的状态，而大部分学生处于看客或听客的状态，那也不是真正意义上的高效。所以，合作意识应当贯穿师生之间，贯穿整个教学过程之中。这样形成的高效，才有持久的动力。

正是基于这样一种思考，我提出了一个“道德高效”的命题。如果只关注自己的学习，对于别人学好学坏置若罔闻，也会得到同样的回应，即别人对你学好学坏也漠不关心。一个关心他人的人，也会得到他人的关心；一个乐于无私帮助他人的人，也会得到别人的无私帮助。这是一种看不见的规则，也是一种道德规则。课堂上，自己高效学习的时候，也希望别人学习高效，甚至帮助别人进入高效状态的学生的人数越多，整个班级的学习效率就越高。课堂教学不仅仅是让学生学会知识，也不只是让其拥有学习能力，还要让其学会合作，学会做人。这种内含着道德因素的高效，才是更高层次的高效，才是促使学生一生发展的高效学习。

将教材教好学好，算不算高效教学呢？我认为不算。因为“教材只是一个例子”，教材文本之外，还有一个更大的文化背景，这个背景不只是固化了的文字内容，还有生活文本，以及在这些文本学习之中生成的生命体验。现在不少课堂中，学生学得热火朝天，可是，他们只是就教材学教材，为考试而努力。从表面看来，有高效的态势；其实，那只是另一种应付升学考试的技法而已，而不是为了学生终生的发展而形成的真正意义上的高效教学。将学习的目标定位在升学考试上，还是定位在学生一生发展上，会形成两种迥然不同的高效路径，当然，也会结出两种不同的“果实”。

谈高效教学，不能不谈到自主学习。如果不是在教师的强制管理下，而是自主学习且又高效的话，就会在学生的心里播下一颗自主学习与探索的种子，其后就会生根、发芽、开花和结果。其实，学生都拥有自主学习的欲望与能力，只不过在传统的课堂教学中，教师“一讲统天下”，限制了学生自主学习的权利，甚至扼杀了其自主学习的兴趣。我们应当还学习的权利于学生，应当让学生享受自主学习的乐趣。教师教学，不但要教会，还要会教，即在相同的时段之内，生成更高的学习效率。而这个会教，不是教师大讲特讲，而是让学生自主学习，从而让他们不但学会，还会学，特别是自己会学，且乐此不疲地学。这样，高效就是一件唾手可得之事了。而且，学生有了这种意识与能力之后，还会奠定一生发展的基础。

不过，高效教学的问题远不止我谈的以上问题，还有更加丰富的内涵，《小学和谐高效教学探索研究》中就有不少很有价值的问题值得我们学习与探究。所以，相信这本书出版之后，会给当今正在进行高效教学研究的专家特别是一线的教师以很好的借鉴与很大的启示。

2009 年 12 月 15 日于济南

（原载于《小学和谐高效教学探索研究》，李翠兰主编，天津教育出版社，2009 年 12 月，有删改）

用梦完美人生，用心“经营”教育

——《校长管理艺术——好思想成就好校长》序

陈松信校长的《校长管理艺术——好思想成就好校长》，是他几年来校长管理艺术的一个结集，每篇文章都明显地打上了实践的烙印。同时，它又不是简单的事例的陈列，而是都有着属于他的理性剖析。于是，让人感到鲜活而又富有一定的理论色彩。书中流淌着这位校长成功的喜悦，也有着某些失败的遗憾。正因为如此，读者才能感受到他的可爱与真诚，以及一步步战胜困难的生命历程。

校长是一校之长，可谓大权在握。可是，有权就应当有责，而不是有了功劳归于自己，有了问题推给别人。所以，责任与担当意识，是一位好校长必备的品质。但担当也有一个度，是不是中层干部出现了问题，校长也一定要承担责任呢？这要分辨事实真伪，有些属于中层干部的责任，就应当让他们承担。因为这不但不会让中层干部在教师中失去威信，反而会为他们的声誉增值。陈松信校长正是领悟了这其中的奥妙，才有了与之相应的行动，从而提升了自己与中层干部在教师中的信赖度与美誉度。

孔子说：“不在其位，不谋其政。”当下不少校长却往往谋了副校长甚至中层干部的“政”。这并不是说这些校长不负责任，而是说其越权行事。由此带来的是副校长与中层干部权力的消解，以及进而生成了对校长的依赖性，甚至是抵触感。陈松信校长提出“校长要学会放权”，可谓智慧之言。放权带给人们的是更多的信任，是群体积极性的提升。而且，校长的“有所为有所不为”还凝聚了人心，让团体更加和谐。在和谐的氛围里，人们心情舒畅，工作效率提高。而且，教师还会由此将正能量传递给学生，让他们也拥有心灵的和谐。这些恰恰是教学与学习高效的本质内核，是生命优化的动力支持。

陈松信校长关于“打造学校特色”的述说与实践，给更多的学校以启发。没有特色，就形不成品牌，而品牌是一种无形资产，是形成学校生命张力的重要指标。所以，几乎所有的名校长，都在这个方面深入探索。不同的学校条件千差万别，特色构建也要因“校”制宜。所以，打造特色，就要认真研究学校形成品牌的“点”究竟在什么地方。而且，品牌还需要有思想的含金量，还需要校长文化品格的支撑，不然，就不可能“立”起来。看来，陈松信校长不但有不同于一般校长的积极追求，还有与之相适应的文化底蕴。

对于教师，陈松信校长有着更多的信任与支持。他不希望教师唯唯诺诺，明确提出教师要敢于说“不”。在欣赏教育盛行与“以人为本”的口号越来越响的时候，有的人曲解了它们的本义，认为既使学生为所欲为、无法无天，教师也不能批评，更不能惩罚。其实，没有惩戒的教育，是不完整的教育。陈松信校长对于当下这个敏感问题一针见血地提出了自己的观点，不但给教师教育学生以有力的精神支持，也体现了对犯了错误的学生的高度责任感。

陈松信校长是从乡下“移民”而来的，因此对于“移民”教师，他有太多的了解，也有太多的宽容。只有身在其中，才能了解他们的生命状况。“移民”担心成为“游民”，想有一个稳定的安身之校，可是，不少正常需求却被校长忽略了。从这个意义上说，善待教师，关心教师，包容教师，让教师的心定下来，是一个民办学校校长的重要任务。同时，陈松信校长也认为，仅此还是不够的，还要让教师有不成为“游民”的资本。为此，就要让他们努力工作的时候，还要不断地发展与成就自身。从这点来看，陈松信又是一位有“成人之美”之心的校长。

学校不是一座孤岛，它几乎天天都会受到来自家庭的挑战。所以，一个优秀的校长，不可能不研究家庭教育。于是，就有了“校长任免，不能让家长缺席”，以及“让家长成为有效的教育资源”的经典话语。在陈松信校长看来，家长一旦成为一种有效资源，特别是与学校教育形成合力之后，学生的生命成长就会出现奇迹。

以上所谈，只是陈松信校长这本书中的几个点，有更多的精彩之处还有待读者自己去寻觅。而且，在寻觅的过程中，你不会感到学习的压力，因为他的文字如行云流水，有一种“清水出芙蓉，天然去雕饰”的从容与美丽。所以，读这本书，不但可以学习他的治校之道，还可以享受其文字自然与形象的审美快感。

2010 年 1 月 22 日于济南

(原载于《校长管理艺术——好思想成就好校长》，陈松信著，吉林大学出版社，2011 年 6 月，有删改)

脚步汇成诗篇，大爱走成辉煌

——《行走着的教育思维》序

我最初认识王秀芹校长，是因为阅读了她的一些参评资料。先后做过三所学校校长的她，对教育有着独到的见解，许多做法让人感到耳目一新。真正领略王秀芹的风采，是后来走进她所任职的学校，目睹她那扎实有效的工作，与她进行关于教育理想的交流。捧读她的新书《行走着的教育思维》，又让人从另一个层面走进她的行与知、思与悟的世界里。

如果没有刻骨铭心的感受，没有遭遇困难而又克服困难的亲身经历，就不会有书中那些生动感人的故事。任何写作高手，没有这份生命经历，都无法虚构出回荡其中的真诚与感动。书中每一编中的每一个小的章节都有一个让你动容的故事，有的时候还会让你潸然泪下，为之良久地感动。这不但需要亲身经历其中的甘苦，还需要作者的一份真诚与爱心。如果舍弃了这些美好的东西，故事本身就没有了生气与可爱。古人说："文如其人。"我觉得，其中的要义，更重要的不在于文风，而在于流淌其中的精神与感情。读过这本书，你就会有一种深切的感受，那就是王秀芹校长对于教育的热爱是那么真诚与感人，她挚爱学生，珍爱教师，关爱家长。这份对教育事业的热爱成了一股不竭的源头活水，让她的教育管理智慧汩汩而来。

她是那么爱她的学生，如同春晖之于花草。"一切为了学生的发展"是她所有工作的出发点与落脚点，她于无声处不断地用关心与呵护滋润学生的心田，而这份爱又是如此美妙地拨动了学生的心弦，演奏着一曲爱的和声。

她是那么爱她的教师团队，如同江河接纳溪流。"让教师的高度提升学生的高度"是她始终坚持的一种教育方式，所以她总是乐此不疲地引领教师快速成长。点点滴滴总关情，教师们的工作、生活无不放在她的心上。"润物细无声"的思想交流，凝聚人心的精神文明建设，人文与制度的均衡，关爱与原则的把握，环环相扣，细致入微，很好地锻造出了一支有活力的教师队伍，为学校发展奠定了厚实的基础。

她是那么关爱她的那些家长朋友们，就像和风拂过水面。承担起“引领家长，引领社会”的责任，是她自觉的行动。“关注八类特殊群体”“牵手两代人，亲子共成长”，这些实实在在的工作，为学校教育注入了更多的活力。

一个校长心中充满着爱，他也必将会被爱包围，他的生命就会生成巨大的能量，就会更加强烈地感受到生命的意义所在。有爱，就有了责任、智慧和勇气。所以，教育就是爱。责任、智慧、成长、行动、关怀就成了这本书的六个方面的主体内容。

从王阳明到陶行知，都倡导知行合一；当然，孔子也是一贯主张“讷于言而敏于行”的。王秀芹校长的历程，不但有思想，更多的是行动。她坚信，只要行动，就有结果。即使一时有困难，最终也能成功。校长不能做一个空想者，而应做一个践行者。当然，这个“行”有的时候并不顺畅，但当她遇到困难时，总是积极面对，保持快乐的心境。这种精神与心境，在无意识中传递给教师与学生，并在他们中得到回应。时间一长，在全校师生那里就生成了一种积极向上的人生价值观。于是，学校的快速发展也就有了一种必然之势。

在叙说自己所亲历的每个故事的时候，王秀芹校长都在前后分别加了一个“题记”与“感悟”，这是与中间的故事内容有着内在联系的思想话语，而且有的堪称格言。比如，“如果说人生是一个圆，那么回到原点就意味着新生”“无论一个人的交流技巧有多好，坦诚依然是最大的智慧”“追查责任的时候，枪口往往是向外的。尝试追究自己的责任，才是真正的负责任”“‘死角’常常是在自己认为最熟悉、最近的地方，灯下黑便是证明”“摘下面具，卸掉盔甲，让我们真诚面对，释放心灵，体会心与心的交流，生命的活力因此而爆发，学校因此而成为真诚相拥的乐园”“美丽是一种心情，美是一种品位，品位的高下取决于我们每天的行为”……这么多的妙语，不但需要语言上的功夫，更需要生命经历，然后才能生成生命感悟。孔子为什么有那么多的精彩语段？其遭受的生命磨难是一个必备条件。王秀芹校长也是在磨难中逐渐积淀成这些格言警句的。有没有这种生命感悟是大不一样的，它不但是心有所感，而且是一种生命的升华，是一种彻悟人生之后的美妙。有了这种感觉，就进入了管理的“道”的层面，就会有另一番常人难以领略的风景。

2010年5月31日于济南

（原载于《行走着的教育思维》，王秀芹著，青岛出版社，2011年3月，有删改）

尺度在热血中沸腾

——《孩子心目中的理想父母》序

谈及家庭教育，人们往往认为孩子是受教育者，他们理应接受教育。就是在这种看似理所当然的推论中，家长成了天经地义的主宰者。所以，家长教育孩子的时候，往往认为自己是一贯正确的，即使意识到自己错了，也是不允许孩子反驳的。

正是在这种思想的支配下，父母在教育子女的过程中出现了种种问题。

家长之于孩子，有着不容推卸的抚养权与教育义务，可是，这并不等于说孩子就要对家长唯命是从。有些家长，往往有一种强势的话语权，甚至握有打骂权。于是，孩子作为家庭中的弱势一方，就没有了话语，没有了尊严，也失去了自由。在这种状态下，孩子的某些成长权，就被最爱他们的父母"名正言顺"地剥夺了。

另外一种情况是，家长对孩子太过溺爱，对孩子有求必应，即使是不合理的要求，甚至是有害的要求，也一一答应。于是，孩子就成了家中的"小皇帝""小公主"，为所欲为，父母则是他们的"臣民"。时间一长，孩子在家庭中就形成了一种唯我独尊的思想。而且这些思想还会向学校与社会等层面扩展，孩子以我为中心，缺失合作意识。可是，别人并不承认他是中心，也不会主动与之合作。于是，孩子四处碰壁，屡屡失败。

出现以上两种情况，并不是说家长不爱孩子，相反，都是从心底里爱。可是，由于爱的方式错了，所以，结出来的果子都是苦涩的，有时还会结出坏果子。

孩子能干的事情，有的父母也越俎代庖，这在无形之中束缚了孩子的手脚，扼杀了其自我成长的能力。一只小鸟，只有冲出鸟巢，才能到蓝天上飞翔。孩子亦然。如果他们一直在父母的庇护与包办下生活，就永远享受不到自我成长的快乐。而且，这样做的结果，还会在孩子心里形成一种定式，即家长就应当去做这些事情，父母的所有付出都是理所当然的，甚至都是必须的。那么，感恩与回报父母，都会在这种包办中烟消云散。一个不知道感恩父母的孩子，长大之后，也不可能感恩社会。而不知道感恩社会的人，自然也不会得到社会的容纳与认可。

有的家长认为孩子太小，只能享受父母之爱。但是，他们不知道，父母也应当享受来自孩子的爱。孩子也想给予父母爱，也想给予父母力所能及的帮助。这个时候，父母就应当在深感欣慰的同时，将这些爱全然收下。父母不但要教会孩子从小爱自己的家人，还应当教育他们爱家人之外的更多的人。一个知道爱他人的孩子，长大之后，就会爱更多的人。当然，他也必然会收获更多人的爱。爱有着无穷的伟力，没有爱，人几乎无法生存于世。而有了爱，就会感到生命的意义，就会一生幸福。

有的孩子从日常生活中，感受到家长为自己付出得太多，太过劳累，所以，他们希望父母也能休息一下，也能放松一下，也能享受一下现代生活。当家长看到这样的信、听到这样的话时，怎能不潸然泪下呢？的确，家长也需要幸福生活。生命对于任何人来说，都只有一次。关爱自己，在某种意义上来说，也是关爱孩子。拥有健康体魄的父母，对于孩子来说，是最好的礼物。

成长之于生命来说，都是异常重要的。可是，有的家长认为，自己木已成舟，孩子前途不可限量，所以，只要孩子成长了，自己裹足不前甚至退步都无所谓。其实，每一个家长都有着无限发展的空间，冰心老人甚至说“人生从八十岁开始”，她在八十岁之后，又写出了很多优秀的作品。而仅有三四十岁的家长，就更应当好好地发展自身。自身发展了，对于孩子来说，也是一个榜样。而且，当家长与孩子共同成长的时候，彼此之间还会形成一种心理默契，从而增加孩子持久的学习动力。

以上所谈的问题，并不是我个人的创造，而是从张广利校长主编的《孩子心目中的理想父母》一书中感悟出来的。在进行家庭教育的时候，人们更多关注的是家长如何想、如何做，很少问问孩子是怎么想的、如何做的。而这些恰恰是家庭教育中极其重要的问题。张广利是一位对家庭教育颇有研究的校长，他深知孩子在家庭教育中的重要地位，也知道孩子的心声的重要价值。于是，他独具匠心地采取了让孩子给父母写信的办法，让他们吐露自己的心声。结果，其中就有了让父母惊叹不已的精彩内容。其实，每一个孩子都有自己的思想、自己的判断，家长如果取而代之，甚至强行剥夺，久而久之，他们就会失去这种能力，就会对家长逆来顺受，或者形成逆反心理。看来，家长在爱孩子的时候，首先要弄明白这种爱是不是真正意义上的爱，即使是真正的爱，还要研究如何让孩子感受到这种爱，让孩子呼应这种爱，让孩子在这种爱中享受到幸福，迅速成长。我想，这些，当是张广利校长主编这本书的要义吧。

2010 年 8 月 13 日于济南

（原载于《孩子心目中的理想父母》，张广利主编，陕西人民教育出版社，2011 年 1 月，有删改）

“道”在心灵、在人格

——《春风化雨集》序

仲崇波先生对教育真谛的把握，是一般教育工作者难以企及的。读一读他的《春风化雨集》，方知此言不谬。

当今教育教学上的异化，让教师之教与学生之学定格在了学习知识这个单一的层面上，鲜有研究教育教学的本质规律在哪里，也少有知晓教学高效的品质在何方，甚至连人格的培育都可以抛之九霄云外。剩下的只是学知，只是分数。

仲崇波先生是邹城市第二中学的副校长。他也关注学生的分数，可是他更关注分数背后的更有价值的东西。他研究教学技巧，更关注超越技巧之上的“道”。

“道”在哪里？在心灵，在人格。

一个心灵不健康的学生，一个不和谐的课堂，不管教师如何尽心尽力，学生如何努力学习，都不会抵达高效的境界。因为情感高效才是高效课堂之本。本的问题解决不好，末的问题就无从谈起。而有了愉悦的情感，高效教学就不求自得。

中国最伟大的教育家孔子的课堂就是高效的。遗憾的是，现在很少有人研究这个问题，仲崇波先生可谓先行者。在某种意义上说，孔子是一位心灵大师。他本人的心灵就是异常和谐的，他的“发愤忘食，乐而忘忧，不知老之将至云尔”的“乐感”精神，正是其学习高效且持久的内在力量。而由孔子所营造的“乐感”场，则成了他的学生高效学习的精神圣地。

仲崇波先生不但研究了孔子的高效课堂与心灵走向，而且也在“学而时习之”。从书中不少地方，我们都可以窥见他那种“乐感”与高效相融的和谐之美。而且，他的这种心灵力量，也在传递给其他教师与他的学生，从而让他们也有了健康的心态与高效的学习，进而拥有幸福的人生。

他的研究还不囿于课堂高效，还在于为学生打点幸福人生。因为一个心灵健康的学生，会在生活等各个方面呈现出一种阳光的态势，会向他所处的环境辐射一种正向能量，会很好地融入其所在的团体之中。而绝大多数时间生活在和谐与快乐的环境中者，也就会有比较高的生命质量。

人格高下似乎与学习好坏没有多大联系，其实不然。一个心地善良的人，工作与学习起来会“不忧不惧”。而由此生成的情绪，就是自然平和的，也就有了高效。当下一些谈高效课堂者，往往只谈模式、说方法，可是，一个意志品质不佳、道德意识不强的学生，所谓的学习高效也是短暂的，甚至是畸形的。相反，如果品格高尚，加之以高远的志向，就会有源源不绝的动力，这就是所谓的道德高效。得高效课堂之要旨者，几乎无一不是走了一条道德高效的路子。

健全的人格之于人生，还不只是作用于学习方面，还在整个人生。读《论语》与《学记》时我们发现，教学的本质要义并不在求知上，而是修身做人上。所以，缺失了人格的教育，是不完整的教育，是失败的教育。仲崇波先生就特别强调学生人格的培植。他谈孔子，谈子路，谈王选，谈父亲，谈学生，谈自己，都没有离开人格这个核心。我深深地感到，他有一种忧患意识，也有一种使命感。这些对于那些一心盯着分数与高考的人来说，当是一种警示。

还需要说明的是，仲崇波先生是一个很有文化品位的人。他在“载道”的时候，几乎了无痕迹。让你感到是在享受文化大餐，不忍释怀，割舍不下；同时，也在不知不觉中受到了精神的洗礼。

以上所谈，只是仲崇波先生书中丰富内涵的冰山一角，只有亲临其中，才能得其“众妙之门”。

2010 年 11 月 22 日于济南

(原载于《春风化雨集》，仲崇波著，中国言实出版社，2010 年 12 月，有删改)

美丽的愿景就在前方

——写在《发展性教育探索》出版之际

发展性教育的核心是人的发展，而濮阳市油田第一小学的理论研究与教育实践，正是循着这条路径走的。

一所学校的快速发展，离不开校长的持续发展。马新功校长就是一位发展性的校长。他不但对教育情有独钟，而且对教育也有深入研究，并有着独特的教育智慧。阅读大量的上乘之作，让他有了从未曾谋面的大师那里汲取生命成长必需营养的“上天”机遇；深入教学研究之中，又让他有了扎根于教育“大地”之中的厚重积淀。两者的合一，使他成为一个有思想、有文化、有研究能力的校长。所以，每次听马新功校长演讲，总感到其中有鲜活的思想活水在汩汩流淌，让人们对教育有了新的认识，且感受到他独具一格的思想风采。

“已欲立而立人，已欲达而达人。”马新功校长在自己发展的时候，也迫切地希望教师们都发展起来。我参加过他们学校的几次教师论坛，每每让我感叹不已。近乎即兴发言，可是，个个都口若悬河，而且有一种“天然去雕饰”的美感。更重要的是，教师没有丝毫倦怠情绪，取而代之的是成长的快乐与幸福。其实，教师们的工作是非常紧张的，可是，在他们看来，那是最好的休闲活动。教师的这种“乐而忘忧”的情怀，使得学校有了一种阳光普照的温暖与和谐。在这种氛围里工作，高效也就有了水到渠成之势。因为任何高效离开了情感的愉悦都不可能实现。而这种正向的能量又“于无声处”传播到学生那里，让这些天真烂漫的学生也有了生命的喜悦与成长的快乐。

发展不仅在教与学层面，还有与之相辅相成的人格的塑造与习惯的养成。“好学”不仅是喜欢学习科学文化知识，更应当“择其善者而从之，其不善者而改之”。也就是说，学生发展的关键在于做人。学校由此而开展的一系列活动，让学生乐在其中，又潜移默化地受到教育，不知不觉地成长起来。同时，德育巧妙地渗透于课堂之中，让各科教学又有了别样的生命张力。我一直认为，在人们谈论课堂教学高效的时候，忽略了一个重要的因素，那就是道德高效。因为有了道德人格，才会生成持之以恒的学习动力，才会向着良性发展的轨道行进。这样的高效，不是一般意义上的高效率，而是高效益，而且是长久的高效益。

濮阳市油田第一小学教师与学生的发展，还不断地向家庭延伸，以至很多家长也成了学生生命发展共同体中的重要分子。家长与教师的和谐，不但让教学有了“1＋1＞2”的成效，而且让学生成为和谐发展的人。家长一旦懂得了与教师共同教育学生可以起到事半功倍的作用，也就有了“不令而行”的高度热情与积极参与。于是，学生在家长与教师共同引领下，走出了校门，走向了自然与社会。古人认为，人要真正发展起来，不但要读万卷书，还要行万里路。可是，当下安全问题让很多学校的学生与行万里路无缘。而濮阳市油田第一小学的学生是幸福的，他们可以完全安全地去行万里路，去不断地发展自己。如果少了这一课，就等于生命中少了关键链条，从而成为终生的遗憾，甚至成为一种永远无法弥补的缺失。

由此观之，发展性教育不只是进行理论的研究，而更多应当在实践层面；也不只在学生层面，而且是在校长、教师、家长和学生的和谐发展层面。没有这种和谐，发展就是畸形的；有了这种和谐，发展才是全面的、良性的。

发展永无止境，马新功校长还想更上一层楼；学校的教师、学生及家长，也在向着新的更高的目标前进。美丽的愿景就在前方，而美丽期待化成现实还会远吗？

2011年3月24日于济南

（原载于《发展性教育探索》，马新功编著，河南人民出版社，2011年6月，有删改）

“精神特区”成长的内在密码

——温州市第二十二中学不断超越的思想力量

提起温州，人们就会立即想到它的经济发达，想到这是一个商业城市。甚至有人说，那里的学校里，也有着挥之不去的商业味。

可是，温州市第二十二中学，似乎成了另一个“精神特区”。从校长到教师，从教师到学生，更多关注的是精神的提升，关注的是中国传统文化的继承与发扬。

第一次见季慰祖校长，给我留下深刻印象的是他的坚韧与刚强，犹如有着钢铁般意志的将军，指挥千军万马，纵然有千难万险，也一往无前，而且可以出奇制胜，获取令人意想不到的成功。

事实印证了我的第一印象。他，就是无坚不摧的将军，就是勇于担当责任、敢于挑战极限的校长。

《热土雄心》这本书稿的书名，则是对季慰祖校长精神与性格的一种形象化的浓缩。

季慰祖校长的精神并没有只是停留在他自己身上，而是在学校里有意无意地传递着这种精神，从而让更多的教师与学生也有了这种意志与精神。精神的力量是巨大的，近年来，这所学校由薄弱变得优质，由不被人关注变成了教育上的一个品牌。

要办好一所学校，不但需要精神，也需要思想。用什么样的思想来凝聚人心，用什么样的思想来促人向善？季慰祖校长想到了儒家思想。若干年前，他来电话说，让我给他们教师做一场“跟孔子学做老师”的报告。当时我想，他们的老师对这能感兴趣吗？我的课件文字只有《论语》等经典的原文，没有翻译，只是在讲的时候做些解说而已。我甚至想，他们能听懂吗？可是，他们听得那么认真，理解得那么深入。此后，还有几位教师与我进行了专门的交流。由此，我对他们多了几分敬重。

这是一个另类的“精神特区”！

这就是季慰祖校长的高妙之处！

看了这本《热土雄心》书稿，我更加感到，季慰祖校长何止是一般地学习儒家思想！他不只是在研究，而是在付诸实践！

全书共有四章，第一、第二两章，看似与儒家思想的关系不大，可是，当你读过书稿之后就会发现，其中有着很多儒家经典的引文，而且用得恰到好处。即使没有引文的地方，也渗透着儒家思想。特别是第二部谈校训、校风、学风和教风的时候，不少都是从儒家文化里汲取了非常有益的营养。

第三、第四两章，则是《论语》选读与《弟子规》解读，前者是经典撷英，后者系处世之道。于是，儒家思想中的仁、义、礼、智、信等思想，都一一呈示了出来。

儒家思想，特别是孔子的思想，已经在中国这片土地上畅行了两千多年，而且已经走向了世界。其中的经典要义，无疑可以成为学校发展的精神食粮。但是，不少学校对此置若罔闻，甚至有的采取排斥的态度。于是，美好的东西被摈弃，糟粕的东西悄然登堂入室。季慰祖校长也许已经考虑到这个问题，所以才大张旗鼓地在学校进行了儒家思想的教育，并且由此开启了人们的心智，特别是让师生更好地走向了真善美。

这些年温州市第二十二中学的教育教学质量为什么越来越高？关键是师生的思想境界提高了。当人们在孜孜以求所谓高效课堂的时候，季慰祖校长却启动了“道德高效”的航船。我坚信，当一个人有了正确的思想，有了明确的目标，有了为这个目标而矢志不移的决心与行动之后，学生学习成绩的提升就成了必然。

这也许就是温州市第二十二中学成功的内在密码吧！

这也许就是季慰祖校长能够不断超越自我的精神源泉吧！

2011年7月30日于济南

(原载于《热土雄心》，季慰祖主编，漓江出版社，2011年9月，有删改)

爱的魅力与能量

——写在《爱的述说》出版前夕

刘勰在《文心雕龙》中说："夫缀文者，情动而辞发。"意在说明，写文必须有情，不然，就不可能写出打动人的文辞。教育亦然，没有情感的教育，非但是缺位的，也是可怕的。而情感最重要的元素是爱。可以说，没有爱，就没有教育。看来，李先启校长提出的"教育就是播种爱"的理念，抓住了教育的关键。

一个人只有自身拥有，才能向外散发，自己本身没有怎么能给别人呢？爱也是这样。教师要想播种爱，首先自己要有爱。不然，播种下的就不是爱的种子，甚至有可能是恨的种子。学生的心灵是纯净的，正是"绘事后素"的最佳时段，如果这个时候不在其心灵深处播种下爱的种子，以后再行播种，种子就难以"成活"，更难以长成参天大树。有位教师对我说，他已经教了22年书了，我问他："你用心教了多少年书？"他却一脸茫然。我又问他："你用心爱了学生多少年？"对方无语。我进一步问："你在学生的心里播种了多少爱的种子？"他不知所措。其实，这位教师并非个案。有的人总是说自己辛辛苦苦教了多少年书，可是，如果其间爱的链条断裂了，还有什么值得炫耀的？其实，真正爱学生与教育事业的教师，尽管会十分忙碌，可是，他的心是不忙的，甚至是甜的。

这不能不让我谈起本书的主编李先启校长。他忙吗？太忙了！他累吗？太累了！可是，他苦吗？我认为不苦。因为他心存大爱，爱教师，爱学生，爱教育，所以他身忙心不忙。他将生命投注于工作之中，将爱浇灌到教师与学生身上，所以，他拥有特殊的愉悦感。他所任职的深圳市南山实验学校由小到大、由弱到强，特别是师生在精神层面展现出来的光芒，让在这个过程中用心最多的李先启校长越来越感到爱的能量和爱的魅力。他为自己提出"教育就是播种爱"这个口号而欣慰，更为在这个口号下成长的师生而自豪。

爱的形式有时候是不一样的，母爱温暖如春，父爱呢？则往往展示出无言的形态与如山的重量。从外在形态看，李先启校长一脸的冷峻，似乎与爱无缘。可是，如果剥开外在之“冷”的外衣，就会惊奇地发现，其内心竟然蕴藏着那么厚重的爱！他可以不要名誉，可以不要奖金，可以不要官位，但是他一定要自己的学校，要学校里的师生。在他的心里，学校及师生就是他的整个生命。正是这种无言甚至冷峻之爱里，才有了超越常人的力量，有了爱的博大与精深，有了鼓舞师生精神奋进的巨大能量。

李先启校长是一位智者。在他看来，爱不只是一个理念与口号，也不是空洞的，而应当付诸行动中，结出美丽的果实。为此，不仅要施爱，还要让接受爱者感受到爱，并生成新的爱。有的母亲非常爱自己的孩子，可是，孩子一点儿也不领情，甚至产生抵触情绪。究其原因，就是有爱而不会爱。李先启校长的高明之处，就是他一直在研究如何去爱，如何让对方感受到这种爱。这本《爱的述说》是“教育就是播种爱”讲述会实录，大多闪烁着爱与会爱的智慧之光。我在他们学校参加过一次这样的讲述会，讲者动情，听者动容，使人情不自禁地产生“择其善者而从之”的心理趋向。讲述过程中，有主持人，有讲故事者，也有李先启校长，他大多是要言不烦地进行点评。他不做浮泛的夸夸其谈，而是语之不出，出则一语中的，令人敬佩不已。他何以能具备如此高的即兴点评的水平呢？因为他对这所学校、这些教师、这些家长太熟悉了，所以“言必有中”。更重要的是，他太爱他们了，他是在爱中听的，也是在爱中评的。所以，也就有了爱的述说。同时，他有着很高的文学水平与理论素养，这与其几十年来的学习与研究息息相关，也与其特殊的智慧分不开。所以，他的点评就有了画龙点睛之妙，有了爱与智慧交融的美丽。

这种讲述会只是其“教育就是播种爱”的一种呈现方式，但这种形式已足以让我们感受到了“教育就是播种爱”的魅力。

李先启校长所说的爱，非狭义之爱，而有着博大的特质。如爱人、爱大自然、爱学习、爱生命、爱梦想、爱真、爱善、爱美等，都属于这一爱的范畴，对此，他都进行过精辟的释述。当然要爱人，孔子也说“仁者爱人”，而且，这里的“爱人”是一个多元的概念，具备以人为本且有容乃大的特点。也要爱大自然，因为它是人类的朋友，没有大自然，就没有人类的存在。学习不应当是令学生心力交瘁的一场又一场苦役，而应当成为生命个体探索未知走向幸福的文化之旅，当然也要爱了。生命有人之生命，也有动物与植物及其他的生命，从某种意义上说，生命在整个宇宙范围内都是平等的，能不爱吗？梦想还要爱吗？也要爱。人小时候往往有很多梦想，这正是孩子生命的一种向往，一种处于萌芽状态的理想，有时候还会激励孩子更好地走向未来，更应当爱了，陶行知先生说："千教万教，教人求真；千学万学，学做真人。"对于这个真，休说不能不爱，爱之不深都不行啊！善呢？也要爱。一个善良的教师，可以教出一批又一批善良的学生；一个不善良的教师，则有可能将其不善的心念传递给学生。学生有了善，就有了立身之本；无善，即使有了文化，也不会对社会做出贡献。美呢？同样重要。让学生从小有一双发现美与创造美的眼睛，他们心中就有了美，生命就有了别样的色彩。以上所谈，只是掠其爱之一端，难以囊括李先启校长之爱的博大精深。如果真正走进李先启的大爱里，就会发现，那是一个辉煌的殿堂，有着无限的宝藏。这不仅因为爱是无限广阔的，也因为李先启校长的爱是悠远与光明的。

这本书为我们触摸"教育就是播种爱"的真谛提供了文本载体，让我们感受到爱是那么美，那么富有意义。而且，这种富有创意的诉说形式，也会让读者从不同的视野感受爱之美丽。不过，要想真正领略李先启校长"教育就是播种爱"的奇妙，就应当走进他的生命世界里，走进他一生挚爱的学校里，走进与他心魄相系的师生及家长中。那样，就会发现，播种爱者已不是李先启校长一个人，教师、学生、家长都成了爱的播种者。可以说，爱的种子一直在播种，这些种子也一直在发芽、开花与结果。一个个爱的"神话"在诞生，人们也每天为这些"神话"所感动着。我相信，这些爱的种子也会在广大读者的心里扎根、开花与结果，并通过这些读者，再去其他地方播种爱。

爱的种子是多么神奇又多么重要啊！有播种，就有收获；有收获，就有幸福。

2012 年 2 月 7 日于济南

（原载于《爱的述说》，李先启主编，福建教育出版社，2013 年 1 月，有删改）

让师生的生命升值

——写在《教育，为了每一个生命的激扬》出版之际

孙先亮校长不是一般意义上的行政型校长，而是一位具有深邃思想与学理思考的教育专家。与他交谈，你会惊诧于他那超越常人的哲思妙语与宏阔视野。他谈教育，也谈哲学；谈人生，也谈生命。而且新意迭出，意蕴悠长。

孙先亮校长，生而知者乎？

非也。学而知之者也。

非学不能致远，非学不能为心灵定位。

孙先亮校长之学，并非一般意义上的学。他读教育类的书，更读高品位的哲学、文学、美学、经济、政治等方面的书。一位校长，自然需要学习教育理论，可是，如果只是学习教育理论，就会如苏东坡所言“不识庐山真面目，只缘身在此山中”；相反，如果再读一些与教育无关的高品位的书，就会拥有“横看成岭侧成峰，远近高低各不同”的视野。这些看似“无用”之书，却有着“无用之大用”的奇妙。因为“无用”之中有“道”，而“道不可须臾离也”。正是在“道”的层面的追索，让孙先亮校长有了独特的潇洒与大气，有了透过纷繁万象观照真相的智慧。

因其“道”之所在，才有了大师的横空出世，才有了“质诸鬼神而无疑”的大智。所以，要想提升人生品位，就要多读世界大师的作品。每天置身其中，就等于天天听大师讲课，与这些大师进行心灵对话。久而久之，大师的思想与语言，也就走进了自己的生命世界里。而有了大师的思想，也就有了人生的境界，有了属于自己的语系。

有了“道”的引领，孙先亮校长的教育行动也就有了特有的果敢与智慧。比如，应试教育甚嚣尘上之际，全省高中学校周六、周日上课，教师加班加点已经习以为常。然而，孙先亮校长却终始守卫着学生的健康与自由，让教师和学生周六、周日去玩，去休息，去锻炼，去丰盈自己的生

命。这种有悖“常理”的“执拗”，一时让他身处内外夹击之中，以至受到来自诸多方面的“口诛笔伐”。教师与学生为他担心的时候，他却“岿然不动”，保持着一个有良知、有思想的教育者的韧性与顽强。因为在他看来，教师不是工作的机器，学生不是学习的机器，而是值得敬畏的生命。为了这些鲜活的生命的成长，他理应无所畏惧，一往无前。现在，反观孙先亮校长当日的“冒险”举动，该是何等的气魄，又是何等的高尚！

孙先亮校长之所以有这样的思想与行动，还有一个深层的原因，那就是父亲的教育与影响。他的父亲之于他，是真正意义上的启蒙教师。这个教师不是一般意义上的教书先生，而是人生导师。父亲的话自然而质朴，其间却有着无穷的奥妙与深刻的哲理。他让孙先亮校长从小懂得了生命的意义，懂得了一个人之所以为人的道理。直到今天，父亲的思想依然在，父亲的影响依然在。而这些让他在看待学生的时候，多了一些质朴，一些天真，一些生命的本然，一些流淌在心底的爱。当然，对学生也就少了很多限制，学生也就多了几分自由，少了很多抵触。

孙先亮校长认为，孩子永远是孩子，他们不可能不犯错误，这一点儿也不可怕，因为他们具有修复与完善的功能。在教师的引导下，他们完全可以改正错误；即使没有教师的帮助，他们也可以自我实现生命的超越。有了这种认识，学生犯错误的时候，就不会大惊小怪，而是视作自然。况且，大人不也时常犯错误吗？孙先亮校长目睹学生的自我完善行为，就有了无限的喜悦。而学生也正是在这种修复与完善过程中，拥有了“不贰过”的品质。

尽管《中庸》中说：“喜怒哀乐之未发谓之中，发而皆中节谓之和。”可是，抵达这样的一种中和的境界，往往不是学生能够做到的。所以，学生有了喜怒哀乐，自然会在适当的时候爆发出来，有的时候还会做出过激行为，以至有人还将其视为道德品质问题。孙先亮校长不这么认为，“天命之谓性，率性之谓道，修道之谓教”。那么，学生的喜怒哀乐是不是性？是不是道？所以，孙先亮校长认为，要依道而行，给学生一个宣泄的机会，一个释放的渠道。当然，教师也并不能对此一点儿不问，还要“修道”，不然就不是“教”了。

加缪认为，没有经历，形不成经验。教师将现成的知识传递给学生的时候，并不能使他们形成属于自己的有价值的经验。正是基于这样一种思考，孙先亮校长特别重视学生生命的经历、自我经验的积累。学生是可以自己长大的，学校要为他们提供一个自由成长的舞台，让他们自由自在地翱翔。既然如此，很多事情，不是教师教会了学生再去做，而是由学生自己去尝试，甚至自己去品尝失败的味道，然后再去领略成功的喜悦。所以，诸如办运动会等事情，孙先亮校长就大胆地交由学生自己来办。第一次学生自己办运动会失败了。可是，孙先亮校长对学生给予了巨大的鼓励，让他们在失败中总结教训，再去追寻新的成功。结果，第二年大获成功。学生的突出表现，给全校教师带来了一个巨大的惊喜。原来，学生竟然是如此出类拔萃！所以，在孙先亮校长所任职的青岛第二中学，很多事情，甚至很多大事，都是由学生自己来办的。于是，学生就有了越来越强的冒险精神和探索欲望，就有了战胜自我、走向成功的可能。

孙先亮校长发现，学校管理的高层境界，不是校长与教师管得如何细致、管得如何专业，而是让学生成为学校管理的主人，让他们学会管理自己、管理学校，甚至管理教师。这样，学校管理就会变得易如反掌。

学生就是学生，他们的思维方式有的时候与大人是不一样的。所以，“出格”的事情也时有发生。比如“半月谈”的建议，“啤酒女神”的诞生等，是耶？非耶？在有争议的时候，孙先亮校长毫不犹豫地站在了学生一边，为他们鼓掌欢呼。其实，每一个学生都有巨大的创造潜能，只不过这种潜能却被最爱他的教师在无意间扼杀了。如果能给予支持与鼓励，这种潜能就会如泉涌一样喷薄而出。青岛第二中学的学生之所以奇招频出、新事不断，与“放任”这种潜能的释放不无关系。潜能被无限释放，出类拔萃的学生也就越来越多，走出山东，以至走出国门的学生也就不再是个案，而是有了“批量”的奇观。

孙先亮校长认为，学生的成功是与教师的发展联系在一起的。所以，提升教师的思想与文化品位，也就成了孙先亮校长一直关注的问题。他提出一个很有价值的观点：“实现生命价值的升值。”当不少人想方设法多到银行存款，以求金钱升值的时候，他却力主让教师的生命价值升值。在他看来，这比多挣一些钱，要重要不知多少倍。很多教师教了一辈子书，到头来还是“教书匠”一个。整天埋头苦干，兢兢业业，可是，由于没有思想的提升，没有文化的升值，只是就教材教教材，眼睛只盯着升学考试，所以，体验不到一个为师者的快乐，只能将生命锁定在心力交瘁的苦役上。其实，每一个教师都有追求幸福的权利，都有实现生命价值升值的需求。这并不是说让教师不关注学生取得好的成绩了，恰恰相反，如果从学生长远的生命需求出发，关注他们一生的发展，给他们送去必需的精神营养，他们是完全可以考出好的成绩来的。更重要的是，他们还有了一生发展的潜力，还有了“更上一层楼”的可能。非常可贵的是，青岛第二中学的教师在关注学生当下学习的时候，还有瞩目未来的胸怀。为此，他们不断地更新教育观念，也不断“取法乎上”地学习。有了这种品位之后，人生变得不再毫无意义，而是感到生命原本如此丰富，教学也就有了走向幸福之旅的美丽。于是，孙先亮校长期待的让教师从高原走向高峰，也就逐渐变成了现实。

我曾不止一次采访过孙先亮校长，每一次采访，对我而言，都是一次学习。这次阅读他写的《教育，为了每一个生命的激扬》这本书稿，则有了另外一种感受：原来他还是一个写作的高品位者。书中有很多经典的案例，读来令人为之一震、兴奋不已的同时，还会惊奇于他何以拥有如此的神来之笔。我想，一个重要的原因就是这些事例都来自鲜活的生活之中，源于他的亲身经历，或者耳闻目睹，而不是随意从别处“拿来”，不加改造地“据为已有”的。因为有了真实，有了亲历，文字才有了生命的张力。而且，孙先亮校长还不只是将案例直白地叙说出来，他还加进入了两个写作的核心元素。一是“道法自然”。他没有着意追求文字的华丽，而是信笔写来，率性而为，所以，总可以从这些文字的表层，听到如山涧泉水一样的叮咚作响之声，有一种“清水出芙蓉”的美感。这当是写作的高层境界。二是用真情写真文。读这本书，总感到有一种感情之水在缓缓流淌，让人游弋其中，随着他的感情波动而波动。让人感到，孙先亮校长是一个真性情者，是一个用真情言说者。于是，就有了“披文以入情”的美感享受。此外，孙先亮校长还不只是有情有味地叙说故事，其中还有恰到好处的理论话语。这些文字总量虽然不多，可是，它们总能适时为作品增添理性的亮色，让你感到眼前一束跳跃着的美丽的亮光，绚丽而有质感，让你佩服他的学理思考。

很久没有读过如此高质量的书了，也很少如此感动了，所以，我几乎是不假思索地写了这么多文字，可未及之妙处太多太多。如果想走进青岛第二中学，走近孙先亮校长，非得好好阅读这本书不可。所以，我所留下的遗憾，广大读者还可以到书中去弥补，去品味，去感悟。

2012 年 2 月 16 日于济南

(原载于《教育，为了每一个生命的激扬》，孙先亮著，北京师范大学出版社，2012 年 5 月，有删改)

用书信连接情感

——为《书信感动心灵》而感动

现在，写信者已经越来越少，给师生写信的校长更是凤毛麟角。可是，山东省聊城市经济开发区顾官屯联校的许德刚校长，近年来却一直用书信与师生进行着情感交流。

我曾经几次到这所学校采访与讲课，与教师、学生在一起的时候，总是被他们感动着。这里的教师，年龄相对较大，学历相对较低，可是，他们有着一种积极向上的精神，有着比较丰富的文化知识，对学生有着深深的爱。而学生也意气风发，自主学习且幸福成长着。

是谁激发了师生积极向上的动力？是谁开启了师生的心灵之窗？

是许德刚校长，是他用书信这种载体连接了他与师生之间的情感。

“感人心者，莫先乎情。”许德刚校长的信之所以让师生们感动，关键是他深爱着师生们，他希望师生们能够更好地发展。这珍贵的情感，不但在他的心里流淌，也流向了教师与学生。于是，师生们也就在爱的滋养里，有了爱的传递，有了爱的生成，有了持续的发展。

有的校长也爱教师与学生，可是，师生有时感受不到这种爱。原因之一，就是缺少与师生之间的沟通。许德刚校长不但爱学校的师生，还让他们适时地感受到了这种爱。书信，则成了这种彼此感受爱的最佳载体。

在一些学校，校长与教师，甚至与学生，有的时候会有一些摩擦甚至矛盾，有的是深层次的，有的则是一些误会，如果没有心灵的交流，这种矛盾和误会就会不断加深，甚至造成更大的矛盾，以至形成对立甚至敌对关系。许德刚校长经常通过书信，与师生进行有效的心灵沟通，不但及时化解一些矛盾，也减少了很多误会。而校长与师生的这种心灵和谐，则有了“不令而行”的学校管理中的特殊景观。

许德刚校长给师生写过很多信，收入本书的47封信，只是其所写书信的一部分。但是，读者可以从中感受到许德刚校长的爱心及教育智慧。相信校长们读了这本书，在敬佩不已的同时，也会学习到他的教育智慧，以至开始自己的书信之旅，走进教育管理的高层境界。

2012年3月3日于济南

(原载于《书信感动心灵》，许德刚著，福建教育出版社，2012年4月，有删改)

思考盘旋于梦的深处

——《行者有疆》序

我认识李志猛校长时间不长，他留给我的印象却非常深。他是一位很有思想的校长，他不管是率性而谈，还是在大会上的发言，都可以让人感到他的话语不是在堆砌文字，而是有着思想的流动。而且，他不是一个人云亦云者。他也学习书上的理论，可是他的思想里更多的是属于他自己的思考，而且是结合实践的思考，所以就有了生命的张力。

今年五月我到李志猛校长所在的山东省聊城市实验中学采访时，他谈到学校进行的考试改革，真的是很有气魄。比如，取消教师监场，学生自主命题，学生自己阅卷，甚至尝试着逐步取消学校和年级组的统一考试，而由学科组，甚至某个老师自行安排考试的时间和内容。改革力度之大，可见一斑。不过，他的这些改革并不是一时心血来潮，而是经过了认真的调查研究，经历了深入的思考之后，才逐渐形成这一思路并付诸实施的。而且，每一步的改革，都有着理论的建构与学理的思考。非有深厚的理论功底与坚实的实践基础，是不可能进行如此改革的。而且，他的改革取得了可喜的成绩，得到了普遍的认同。由此让教师之教与学生之学，进入了一个自主自觉的境界里。

收入本书的文章，除了我们两人的对话类文章较长之外，绝大多数文章都比较短小。可是，这犹如听李志猛校长的谈话一样，总是给人以一种言简意丰的感觉。读过之后，总会留给读者一定的思考，并让读者迫不及待地去读下一篇文章。

这些文章之所以如此吸引读者，是因为李志猛校长不是为写这些文章而写文章，而都是有感而发的。他不是凭空发表议论，而是因事而发，因情而发，因理而发，加之他的独特思考，就有了特殊的文味。

古人说，文如其人。是的，从这本书的文字中，读者可以读出李志猛校长的人品、思想乃至于性格。然后，对他顿生敬意，且会情不自禁地去向他学习。

期待这本书的出版，期待能有更多的读者喜欢它。

2012年9月24日于济南

(原载于《行者有疆》，李志猛著，青岛出版社，2013年7月，有删改)

扎实做人，诚实做事

——《教坛耕耘录》序

真正优秀的校长，一定是脚踏“大地”的教育行者。杨成秋当属于这类校长。他很少夸夸其谈，这令我想到孔子说的一句话：“君子欲讷于言而敏于行。”也许就是这样一种思想性格，使得他一直扎根于教育教学一线，认真研究教育与教学。所以，他的话语，不是悬在天空的浮云，而是扎根于沃土之中的含苞欲放的花朵。《教坛耕耘录》中收录的他的几篇文章，就让我感到了厚重与扎实，即使在理论的述说中，也有一种与实践相系的厚重感。

但是，目前不少教育工作者并没有沉在下层，而是在社会的浮躁之气浸染下漂浮起来了。而一个没有给自己心灵定位的人，是不可能真正置身于教育教学一线的。有的教师稍微有了一点儿名气，就忘乎所以；有的教师刚刚教学，就想成为青年名师。当然，青年教师积极进取的精神是可嘉的，可是，千万不要急功近利。孔子说：“无欲速，无见小利；欲速则不达，见小利则大事不成。”我非常赞成杨成秋校长的观点，要给青年教师“蹲苗”。什么是蹲苗呢？就是农民在种庄稼的时候，一开始不让其疯长起来。而要抑制一下，甚至通过移苗而让其暂时枯萎些。这样，玉米的根就会往地的深层扎下去。其后一旦有了生长的充分条件，就会茁壮成长，虽然不高，但是，粗壮而结实，玉米棒也格外大。我当农民的时候，对自己家自留地的玉米全部采取了蹲苗的方式，一度成为全村农民参观和学习的典范。杨成秋校长希望青年教师也要“蹲苗”，把根往深处扎下去，而不提前出名。这就是所谓的积淀，厚积才能薄发嘛！而且所有速成的名师，往往都是昙花一现者；而大器晚成者，才能笑到最后。所以，他主张青年教师要沉下心来，在课堂教学上下一番真功夫，同时不断地通过阅读高层次的作品来提升自己的理论素养。时间一长，名师便会不求自得。

其实，杨成秋校长也一直在“蹲苗”。如果走进他任职的学校，与他及教师们交流之后，你就会发现他是一位很有思想底蕴且有工作实践经验的校长。可是，他不事张扬，似乎这些经验还不足以传播，似乎他的思想尚未成熟。其实，如果深入研究就会发现，这只是一种表象，他是有意在“蹲苗”，待到根深叶茂时，才想露出其本然的面目。在当今时代，能如此沉住气者，还真的是“几希矣”。

校长的思想与性格，有时候会有意无意间传递给学校的教师，本书中第二部分的班级管理类文章与第三部分的教学教研类文章，都是学校教师所写。朴实的文风，丰富的内容，让人感到那是一个有思想、有追求、有研究精神的教师群体。他们不追逐名利，而是为了学生的生命成长，辛苦且快乐地工作着。杨成秋校长认为，自己所任职的禹城市实验小学之所以在老百姓中好评如潮，就是因为有一批敬业爱生、业务精湛的教师队伍。而这些文章虽然只是部分教师的部分文章的集萃，却可以让我们窥斑见豹，体会到这所学校的不同凡响之处。

收入本书的三篇报道类文章，多是我安排他的文友采访而写成的。这些文章也如杨成秋校长一样，厚重而有文味。如果细细品味，读者是会从中感受到杨成秋校长的品格及学校的风采的。

我期待这本书的出版，正如期待再次见到杨成秋校长一样。而且，用不了太长时间，我会再次走进这所学校采访杨成秋校长，并希望能够较快形成一篇反映他的思想与办学水平的对话类文章。

2012 年 9 月 27 日于济南

(原载于《教坛耕耘录》，杨成秋主编，中国文史出版社，2012 年 11 月，有删改)

双飞共进，完成使命

——《师生成长共同体构建与实践探索》序

我与许崇文校长相识的时间并不久，可是，在我的心里，他是我的一位文友。在学校文化建设及相关的问题上，我们有着共同的话语；在很多学理方面的思考，我们有着心灵相通的感觉。2009 年 7 月，我就与他进行了一场关于“构建师生共同成长的精神家园”的对话，并形成文章发表在《中国教育报》上。三年多过去了，其中的文味与意蕴，迄今依然留在我的心里。适值他所任职的山东省日照第一中学主持的教育部规划课题“‘师生成长共同体’构建与实施策略研究”即将顺利结题之际，在由衷地表示祝贺的时候，也情不自禁地对许崇文校长多了一份特别的怀想。

如果解读一下《师生成长共同体构建与实践探索》一书，就会感到，许崇文校长和他所带领的这所学校并没有在平面上缓慢地滑行，而是有着质的飞跃；学校的发展之好之快，给我们带来一个巨大的惊喜。他们对于师生成长共同体的认识与思考，以及在实践方面的探索，都有了丰硕的收获。

山东省日照第一中学的师生成长共同体，吸纳了最新的研究成果，也进行了非常有益的实践探索，形成了学校的个性特色。

教育的终极目的，不仅是让学生掌握丰富的知识，更在于使其形成高尚的人格。《大学》开篇即言：“大学之道，在明明德，在亲民，在止于至善。”《学记》开篇则说：“发虑宪，求善良，足以謏闻，不足以动众。就贤体远，足以动众，未足以化民。君子如欲化民成俗，其必由学乎!”看来，学习者不但要“修己”，还要“修己以安百姓”。有了这种学习上的认识与追索，才能成为真正意义上的人。这正如《周易》所言：“立人之道，曰仁与义。”否则，所谓的“治国平天下”就会成为天上浮云、空中楼阁。

于是，教师就有了一种特殊的历史担当，即要培养有德之人，即“君子先慎乎德”，因为“德者本也”。这样，在其教育教学的过程中，就会将自己之德于无声处传递给学生，从而让他们也有了生命之根，有了立身之本。

当然，教师也应当是有智慧的文化者。文化的要义，就是以文“化”人，即通过高品位的文化，来“化”天下之英才。为此，教师就要不断地学习，丰富自己，实现文化升值。而且，大凡学识渊博的教师，学生对其也多有一种高山仰止的感觉，也多能“信其道”。

在师生成长共同体中，学生并非被动的接受者，而是自觉的自律者、主动的求知者，是教育者、奉献者，更是受教者、受益者。其实，学生有着巨大的学习潜能，不管是在思想道德层面，还是在知识与智慧领域，他们都有着不可想象的潜力。所以，学生要在教师引领下，成为学习的主人，因为教会与学会不一样，学会与会学也不在一个层次上。教师如果忽略了学生的这种潜能，特别是压抑了这种潜能，就有可能让这些潜能长期处于沉睡状态，甚至归于死寂。从这个意义上说，师生成长共同体中的任何成员，包括教师本人，都是学习者，都应当在团队成员的相互激励、启迪、督促、辅助中挖掘内蕴于身的潜能。这样，才能不断地超越自己，创造一个又一个奇迹。

日照第一中学的师生成长共同体，还有一个和谐的理念。它包括师生之间学习上的和谐，也内含着彼此之间人格上的平等。师生同在学校，教师不能做“人上人”，也不能做“人下人”，而应做“人中人”，与学生同心、同学、同行、同乐。《周易》有言：“二人同心，其利断金；同心之言，其臭如兰。”师生同心同德，就会生成巨大的生命能量，不但可以大大提升教育教学的效率，也会让教师与学生处于一种乐在其中、美在其中的生命状态。

2012 年 10 月 11 日于济南

（原载于《师生成长共同体构建与实践探索》，许崇文主编，山东友谊出版社，2014 年 8 月，有删改）

用民心拷问灵魂

——《打开信箱谈教育》序

认识王少辉校长，始于2012年3月19日，就在他任校长的山东省济南市长清区第一中学。我是应一位朋友的推荐前去采访的，因为这个朋友就是一位很有思想与品位的名校长。

没有寒暄，没有客套，刚一见面，就拉开了采访的序幕。

王少辉校长的语言简洁，但内涵相当丰富，很快我就被深深地吸引了，且有了相见恨晚的感觉。

一个上午的采访，王少辉校长的形象在我的心里渐渐丰满起来。他是一位颇有思想与智慧的校长，他的很多思路常常给人耳目一新的感觉。比如，初来学校，将工作的切入点放在了“听民声”上，而“听民声”最有效有手段是“畅言路”。于是，“三位一体”式的校长信箱（实体信箱、校园网信箱和手机短信相结合）应运而生。四年来，他收到的信件（息）不下2万封（条），繁简长短不一，褒奖针砭有异，他都认真阅读，逐一回复。于是，“言路”畅了，“民心”顺了，很快，学校有了快速的发展。

作为领导，在任何单位要想做好工作，首先要关注民心。“水可载舟，亦可覆舟”，自古如此，在学校里关注民心尤其重要。教师是知识分子，学校领导如果高高在上，不尊重他们，他们虽然口头上不一定反对，心里却已经与领导对立起来。这种对立情绪越大，校长就越没有权威，学校就越不能很好地发展，甚至连稳定都不可能。相反，学校领导，特别是校长，如果尊重教师，虚心听取他们的意见、建议，他们就会越发敬重校长，越发努力工作。中国古代就有“士为知己者死”的说法，其实，现在的教师也是如此。校长尊重教师，教师就会“投之以桃，报之以李”，甚至加倍努力，再苦再累也心甘情愿。这样，教育教学的质量不就自然提升了吗？学生不就受到优质教育了吗？学校不也就更好更快地发展起来了吗？

做任何事情都要抓住“本”，本立才能道生。民心，则是学校工作之本，有了民心，学校就有了持续发展的内在动力。

由此看来，这本以听纳师生心声且智慧地回应这些心声的《打开信箱谈教育》，就不只是一个方法技巧的汇总了，而是有了智慧的含量，有了使学校真正成功的内在密码。

能够四年如一日地阅读师生来信，并不是一件轻而易举的事情。首先需要耗费大量的时间，值吗？王少辉校长认为，太值了！一个校长，不可能眼观六路、耳听八方，可是，校长信箱让他可以看到与听到了更多。打仗需要“知己知彼”，不然就不可能“百战不殆”，管理学校也是这样。如果校长不知道师生在干什么、心里在想什么，管理就会出现问题。王少辉校长高招迭出的智慧来源，恰恰来自师生源源不断的信件和短信，其实，这些信的内容有的比较和缓，有的则相对激烈，甚至有误解、不满及强烈的批评声音。这不但需要一颗宽容之心，还需要一种正确的态度。在王少辉校长看来，不管什么内容，不管什么态度，都要把它视作宝贵的财富。在这种状态下的回复，不但是柔和的、中肯的，还是能够打动人心的。于是，有意见者没有了，批评者变成了赞成者，提建议者有了更大的积极性。所以，再做决策的时候，不但少了失误，也提高了速度与质量。

从这个意义上说，王少辉校长的这本书，不应当成为长清区第一中学这一所学校的独家精神财产，还应当让更多的校长分享，从而让他们也想方设法听取师生的心声，让自己的学校也快速发展起来。

所以，我期待这本书的出版，也期待更多的校长从中获取生命的能量。

2013年1月2日于济南

(原载于《打开信箱谈教育》，王少辉著，明天出版社，2013年7月，有删改)

“容·雅”非凡的图像

——《叩响学校心灵的琴弦》序

非常欣赏“容·雅”这一具有高格的文化，因为它不但有着丰富的内涵，也将潍坊第一中学的精神品质展现出来了。

一个“容”字，有着太为丰富的内涵。培植容纳、包容、宽容之心，让正能量不断地扩展，进而形成一种优质的能量场，才能让学校很好地发展起来。

那么，如何才能形成一种优质的精神文化场呢？显然，校长是一个关键性的人物。孔子说：“君子之德风，小人之德草。草上之风，必偃。”校长首先要有“厚德载物”的君子之风，才能让教师努力发展。我认为，于允锋校长就是一位很有宽容之心的校长，他希望教师更加优秀，如果有哪个教师脱颖而出，名气越来越大，以至超过了自己，他会由衷地高兴，并为其庆功祝贺。在于允锋校长看来，一位校长的心胸越大，学校里的名师就越多。名师之所以成为名师，往往需要一个比较漫长的过程。在这个过程中，他们可能会走一段弯路，甚至会犯一些错误，出现一些失误，这都是正常的，不但可以容忍，还要帮助这样的教师走向正确的轨道，尽快走向成功。正是因为这种优质的正能量场，潍坊第一中学才会名师辈出。

当然，教师也应当参透这种“容”文化的内涵，即不但不成人之恶，而且要成人之美。对学生，要有更大的耐心。学生犯了错误，即使是比较严重的错误，也要耐心帮助其改正。在帮助学困生及问题学生走向成功的过程中，往往会遇到这样那样的困难，他们还会出现这样那样的反复，教师要有包容之心，要有等待意识，要有信任精神。正是在这个过程中，教师的意志得到了锻炼，教师的人格得到了提升，教师的境界得到了升华。而一个能够包容学生的教师，也一定会受到学生的拥戴，从而出现“亲其师”而“信其道”的景观。这些年来，潍坊第一中学的学生越来越优秀的原因固然很多，与这种“容”文化是有着不可分割的很大关系的。

对于“雅”的诠释，于允锋校长说得非常透彻，即正雅、高雅、儒雅。也就是说，这里的“雅”，既有内在的人格之善，也有外在的君子之美。雅者，一定是有文化者；可有文化者，不一定是雅者。它必须“文质彬彬”，然后才能成为“君子”。学校是一个文化圣地，从校长到教师，都应当是有文化的人，特别是要通过对经典文化的了解，不断地提高自己的文化品位。同时，还应当形成一种正向场域，即优质的精神文化。优质的文化一旦内化到师生的心里，外化出来就是一道又一道绚丽的风景。

潍坊第一中学是一所远近闻名的品牌学校，这不仅因为其每年有着很高的升学率，更主要的是因为这里有一批文雅的教师，以及培养了一批又一批的有文化味的学生。他们不是应试的机器，而是全面发展、有着巨大的发展潜能的人。他们不仅在潍坊第一中学相当优秀，到了大学乃至走入社会，他们也非常优秀。因为“雅”已经根植到了他们的心里，随着时间的推移，就会结出更多更好的果子。

“容”与“雅”融合为一，形成了一种学校文化。文化者，以文化人也。它不断地“化”着师生，师生也在不断地丰富着“容·雅”文化。于是，潍坊第一中学也就有了越来越高的品位。

于允锋校长在深感荣幸的同时，也有了更强的使命感与责任感。他将与全校教师及学生，更好地践行、丰富“容·雅”文化，从而让“容·雅”文化更富品位。

不过，“容·雅”文化远不是以上所谈可以囊括其丰厚内涵的，它是更为精彩的，不但可以让我们领略于允锋校长对潍坊第一中学的精神解说，还可以让我们看到“容·雅”文化的丰富实践，从中汲取其精华，可以悦心，可以明志，也可以提升人生审美境界。

2013 年 1 月 3 日

（原载于《叩响学校心灵的琴弦》，于允锋著，山东人民出版社，2013 年 9 月，有删改）

灵魂升华所急需的营养

——《中外名人论读书》序

关于读书的论述，可谓汗牛充栋，可是真想编辑一本荟萃古今中外名家之论者，并不多见。武际成先生集十年之功，以语录体的形式，编辑此书，可谓意义非常。

编辑这样的书，编者至少需要三个必备的要素：一是饱读诗书；二是研究读书；三是有一种舍我其谁的责任感。武际成先生三者兼具，所以才有了这本书的问世。

为什么读书？可谓众说纷纭，而且各有道理。我认为，读书是可以积淀文化的，而文化具有巨大的能量，是可以以文“化”人的，读书可以改变人的话语方式、思维走向、生命状态、心灵境界、幸福指数。

生命绝不只有生存这一个层次，还有一个超越生存的更高的层次，即人的精神体。而精神体就像人的物质体一样，需要一定的营养才能成长。这种营养就是人的情感体验、道德修为、智慧生成。而精神体的成长目标，就是认识自己、认识世界、追索真理，这个过程会伴随着心灵的极大的愉悦和幸福感。那些只是活在生存层次上的人，因为精神体极度缺乏营养不能成长甚至已经夭亡，便根本不能感受到人性中这一至高层面的喜悦，便只能经常性地陷入空虚、缺乏、求不得之苦中。

读书学习是帮助人的精神体成长的最佳途径，好书则是最好的营养品。所以像呼吸一样地读书，像吃饭一样地学习，就会为我们的精神体不断地补充营养。那么，我们的精神生命就可以茁壮成长，可以不断体验到活着的丰富和美好，而这也是现代人一直追求的幸福感之所在。而此时，即使吃最简单的饭食，住最粗陋的居室，这种幸福感依然不会有所降低。

读书不但能提升我们的人生境界，还能使我们增长智慧。有了智慧之后，我们就可以从一块石头里面发现一道美妙风景，从一个茶杯里发现灵魂所系，领悟到“一花一世界，一叶一菩提”的境界，就能在这个喧嚣的社会里保持内心的淡定，就能做到“不被物碍，不被法缚”，使生命始终处于一种安定的状态中。所以，读书不仅仅在于获取知识，更主要的是通过这个媒介来提升人的智慧。

读书，特别是诵读经典，是可以形成优质语感的。优质语感更像是内在习惯，就像品性，虽率性而发，却自然天成，写起文章来自然可以一泻千里，下笔如有神助。你不管说什么，根本不用考虑语法、逻辑、修辞，就像孔子说的，即可以进入“随心所欲，不逾矩”的境界。技巧的学习是有长度的，语感的形成却是没有底线的。过度的技巧培养会让人囿于无意义的规矩之中，当语感培养出来之后，阅读的兴趣就会大大提升，对于书籍就有了难言的情愫。

怎样读书？虽然有一定的通理，可也往往因人而异。孔子、陶渊明、王阳明等大师的读书方法，有相同之处，也有相异之处。武际成先生则从不同的名人读书方法中，给我们提供了一种多元的参照，从而让读者各取所需，实现生命的成长。

当下之书，浩如烟海，如果不得其门而入，就有可能使人无所适从，甚至误入歧途。我认为，读书要将精读、博览与浏览结合起来，才能够专博兼得，收益多多。

精读的书，有一个严格的要求，即必须是中外公认的经典名著，必经反复诵读，深入把握。2000年，我精读的书是《论语》，《论语》凡20篇，共492章，我选了400章左右，熟练背诵，深得要义。在诵读中，不仅要发现他人之所发现，还要发现他人之未发现，在自己心中形成一个完整的思想体系，形成“横看成岭侧成峰”的多元审视，完成再认识的超越。2001年，我选老子的《道德经》作为精读书目。又过一两年，我则精读了《大学》《中庸》《学记》。精读这些书，就等于听大师讲课，时间长了，便有许多智慧进入你的心灵世界，使你发生脱胎换骨的蜕变。

博览不似精读，它既要不舍古今中外，书的内容也应奇彩多姿。既然是博，就要跳出行业的界限，走出“不识庐山真面目”的尴尬，去读与本行业有关甚至无关的书。这样，才能到达一个更高的境界。所以，不但要读教育方面的书，也要读文学、美学、哲学、历史、经济方面的书，如《美的历程》《在北大听讲座》《大自然的诗化哲学》《北京法源寺》《霜冷长河》《毛姆读书心得》《柏拉图对话录》等书。读后我感到思路开阔了许多，再看当今教育现象时，就有了更宏远的视角和更从容的把握。读这些书，一般不予背诵，但至少要认认真真地读一遍，有的还要读三四遍，特别好的内容要摘抄下来，此后，再将这些摘抄阅读几遍，这时候就会有一种回味无穷、思路又开的感觉。

天下可读的书太多太多，精读、博览不及的，只好浏览。人言目前是信息时代，新的信息是以几何级数递增的。认真阅读显然时间不够只好一目十行地看，有时还可跳读，对这些文章内容只求有个基本的了解，不用做深入的把握。浏览很少摘抄，不做笔记，看似不求甚解，却使人眼观六路、耳听八方，更多地了解世界。

读什么样的书？我不想在这里赘述，因为武际成先生主编的这本书中已经提供了很多的书目。

最后，需要说的是，读书不要太功利。书的作用往往不一定显现于当下，而是作用于一生的。

与武际成先生谈读书的时候，我们都有一个共同的感觉，就是读书就如吃饭、睡觉一样，成了我们生活的必需，成了我们精神生活的主体内容。工作之余，节假休息，捧读一本好书，很快便进入了一个宁静的港湾，不知老之将至，不知烦琐纷争，唯有将自己融入宇宙自然的洒脱与飘逸、从容与愉悦。

你想拥有这种特殊的精神享受吗？那就到《中外名人论读书》中去阅读吧！我相信，你一定会从中体验到读书的美好的。

2013年1月22日于济南

（原载于《中外名人论读书》，武际成编著，中国文化出版社，2013年11月，有删改）

梦想拴住他的一生

——《大道之情——姚文俊与人民大道小学》序

姚文俊先生在河南省安阳市人民大道小学担任校长期间，创造了很多奇迹。在学校成为全国关注的名校之时，他的大名也不胫而走。

对于他来说，这段生命经历已经成为过去。可是，再现那些教育的场景，记录那段奋斗的历程，不但对他本人是一种幸福的回响，而且可以启发更多的人去执着地探索，并在汲取其成功经验的基础上再去创造辉煌。

有人说，中国是一个“官本位”的社会，绝大多数的人对于当官都有一种渴望。有的人不但珍惜当官的机遇，而且不遗余力地去创造这种机遇。姚文俊先生也曾经有步入仕途的机会，而且在一般人看来很有发展前途。可是，他舍弃了，为了教育而舍弃了，而且舍弃得义无反顾。他太爱教育了，教育也太需要他了！在这片土地上，他可以尽情地挥洒自己的汗水，实现自己的人生追求，同时也可以让一批教育上的有志之士随他而行，不断地发展，实现一次又一次的生命飞跃。他的这个愿望真的实现了，尽管其间经历了数不尽的艰难，可是，正是这些艰难，锤炼了他的意志，并让他的同人也一起百炼成钢。

中国儒家先师孔子的教育，从本质意义上说，更多的是修身做人的教育。《大学》说得好：“自天子以至于庶人，壹是皆以修身为本。”所以，孔子的教学总纲“志于道，据于德，依于仁，游于艺”这12个字中，前面的9个字都与修身做人有关，最后的3个字也不是与修身做人全无关系。做人教育的重要性，几乎人人都明白，可是，相当长的一段时间里，人们只是将德育作为悬在空中的一面旗帜，实质上进行的却是扎扎实实的智育，甚至有的是地地道道的应试教育。这并不是说智育不重要，而是说没有德育或者忽视德育的智育，有时是会制造出“危害品”的。姚文俊先生就任人民大道小学校长之时，教育战线正大张旗鼓地求升学，使其不但成为天经地义之事，而且会受到社会的赞扬与鼓励。至于有无德育，搞得好与不好，似乎无关轻重。可是，就是在那个时代，姚文俊先生毅然扛起了德育的大旗，在培养出有人格、有道德的人上进行了卓有成效的实践与研究，并且取得了令人赞叹不已的成绩。

这种政治敏感与历史担当精神，是一般校长很难具备的。因为在姚文俊先生看来，学生的学习成绩固然重要，考试分数也不可轻视，可是更重要的是，要在学生的生命起始阶段，为他们的终生发展奠定良好品格的基础。没有这个奠基工程，以后再进行人格修炼，就会费很大的气力，甚至花了气力也很难奏效。而这个时候有了良好的品质与习惯，就可以成为一个有益于社会的人，一个自身也很幸福的人。令人惊喜的是，姚文俊先生当年的德育思考与构建，直到今天仍然有着很强的实践价值。

姚文俊先生获得了很多荣誉，头上有无数光环，可是，他一点儿也不骄傲。在他看来，每一个荣誉，不但是自己的，更是整个学校的，而且是自己与学校再次腾飞的一种鞭策与鼓励。于是，他又一次踏上征程，向着一个新的目标再次奋进。这种矢志不移的精神，感动着学校中所有的师生，也让他们一往无前地阔步向前。可以说，人民大道小学辉煌的历史，都有“姚文俊精神”在流淌。而很多教师、学生的生命成长史里，也烙印着姚文俊先生的期待与关怀。

姚文俊先生的能量还不只辐射向人民大道小学，退休也不是他生命的休止符，相反，他行走在教育路上的脚步更加有力。尤其是在他担任中国教育学会小学教育专业委员会理事长的20多年间，他的思想与精神，已经在更大的范围内产生了更大的影响。即使他今天不再担任理事长而被聘为荣誉理事长，他的大名依然在小学教育界持久地回响。看来，一个有思想境界与精神追求的人，即使“不在其位”，照样有着“风景这边独好”的美丽。

这让我们认识到，人在有限的生命里，应当追求人生价值的最大化。因为它不但可以成就自己，也能影响他人，成就一番大的事业。

2013年5月26日

（原载于《大道之情——姚文俊与人民大道小学》，姚文俊编著，福建教育出版社，2013年10月，有删改）

二十五字教育观

——写在《阳光下快乐成长——一个小学校长的二十五字教育观》出版之际

衡量一位校长是不是名校长的标准尽管非止一端，而有没有思想当是一个重要的因素。李克兴校长是一位比较有思想的校长。他提出的“二十五字教育观”来自教育实践，同时，他又从学理的层面对它进行了分析，从而构建了一个很有价值的教育理论系统。虽不能说其在理论上有重大突破，但至少有了属于他的研究成果。

“二十五字教育观”的简约表述是“爱心即教育，态度即能力，活动即成长，习惯即成绩，兴趣即动力”，其中蕴含着极其丰富的思想内涵。

为什么说“爱心即教育”呢？我们可以从孔子那里找到理论依据。孔子说：“仁者爱人。”而他的教育思想中，就一直贯穿着爱的情结。他第一个提出“有教无类”的教育思想，让中国的教育从学在官府一下子走到了学在民间，无论是贵族子弟，还是平民子弟，只要愿意到孔门学习，则“未尝无诲焉”。正是这种大爱之心与大爱之行，才有了弟子三千、贤者七十有二的民间大学校。

教师有爱心，才能教育出有爱心的学生；而学生的爱心，又会向社会传递。从这个意义上说，校园里有更多有爱心的教师，才能造就更多有爱心的学生，也才能让社会上充满更多的爱。社会上有了爱，就会和谐，人们才能幸福，社会才能持续发展。此之谓“修己以安百姓”也。

“态度即能力”这个逻辑关系能不能成立？从表面上，是不能成立的；可是，从本质上仔细分析一下，又觉得很有道理。教师刚刚参加工作不久，一般来说，能力不会太强。可是，如果认真研究教情与学情，不断丰富自己的智慧与思想，照样可以演绎出教学的精彩，照样可以受到学生的欢迎，渐渐地，教育教学的能力就会更强。如果态度不积极，对工作敷衍塞责，肯定不会有很好的教学效果，也不可能有效地提升自己的教学能力，也一定得不到学生的认可。综观当今中国真正意义上的名师，几乎没有一个不是终生努力者，他们对工作负责任的态度让我们感动不已。其实，并不是说他们天生就有成为名师的条件，而是他们持之以恒的努力，才结出了丰硕之果。教师在开始教学的时候，彼此之间大多没有太大的差别，后来之所以出现差异甚至有了天壤之别，更多就在于工作态度的好坏。可以说，有了好的工作态度，就一定会有好的工作能力。

“活动即成长”是很有道理的。学生的生命成长需要多种多样的营养，课堂之中的学习会让他们的知识丰富起来。可是，仅有知识是不够的，学生的交往能力、组织能力、合作意识、探究能力等，不少是在活动中形成的。特别是一些有着特殊爱好与特长的学生，在活动中更能一展风采，并由此生成特殊的自信心与自豪感。同时，丰富多彩的活动还会让学生感到学校生活不是单调与枯燥的，从而对学校更有归属感，更愿意来到学校。学校应当为学生留下美丽的童年，而好的活动往往是可以让学生终生铭记的。也许有的人会说这样会耽误一些正常的学习时间，可是，它并不会影响学生的学习成绩。因为心理愉悦与思维开放的学生，学习的时候，效率会更高，效果也更好。更重要的是，学生因有了多种生命营养，也就有了持续成长的可能。

“习惯即成绩”很有创意！叶圣陶先生说：“教育是什么？往简单方面说，就需一句话，形成良好习惯。”这堪称至理名言。因为有了好的学习习惯，取得好的成绩是必然的。当然，李克兴校长所说的成绩，还可以推而广之，即是整个人生的成绩。比如，有了锻炼身体的好习惯，就会有健康的体魄；有了文明礼貌的好习惯，就会文质彬彬，受到人们的尊敬；有了读书的好习惯，就会不断从书中汲取智慧与思想，从而提升人生境界。如此等等，好的习惯越多，人生就越有成就；相反，一个在很多方面养不成好习惯的人，不管其智商如何高，也不可能终生幸福。

为什么说“兴趣即动力”呢？因为不管干什么事情，如果没有兴趣都是不可能做好的。感兴趣的事情，干起来不但不累，反而会乐此不疲。更重要的是，有了兴趣，内心也就有了一种自主要求努力的内在力量。孔子之所以说“知之者不如好之者，好之者不好乐之者”，就是因为快乐状态下的学习，一定是特别高效的。

我经常宣讲的一个观点，我将之命名为情感高效。什么叫情感高效呢？就是说如果你真想有一个高效课堂，课堂的情绪氛围一定是愉悦的，学生一定是学有兴趣的。优秀的教师总善于调动学生的学习兴趣，让他们的精神亢奋起来，直至进入巅峰状态。什么是巅峰状态？我经常有这种感觉，尤其是在写作中，一旦进入巅峰状态，好多平时根本想不起来的语言文字，此时则如汩汩泉水般喷涌而出，灵感与智慧毫无阻滞地展现出来，根本无须考虑用什么词更合适、如何分段成章，文字就像是这些灵感和智慧的化身，以一种灵活的、生动的、有生命力的方式自然倾泻出来，一切都浑然天成。

关于李克兴校长的“二十五字教育观”，我们曾经面对面地交流过，并且通过网络进行过一次对话，还形成了一篇文章《一个小学校长的“二十五字教育观”——记河南省新乡市育才小学的育人之道》，发表在《中国教育报》上，并引起了比较大的反响。读者从这篇文章里，可以更好地感受我们对这个教育观的认识。不过，如果真想了解“二十五字教育观”的真正内涵及其具体的操作方略，还是需要认真阅读李克兴校长的《阳光下快乐成长——一个小学校长的二十五字教育观》这本著作。因为书中对这个教育观进行了系统的诠释，还有很多丰富多彩的实践案例。读者既可以从理论上进一步认识这个教育观的意义与价值，还可以将其成功的经验“拿来”为自己所用。

期待这本书的问世，相信“二十五字教育观”会在更广泛的教育层面产生更加深远的影响。

2013年8月1日于济南

（原载于《阳光下快乐成长——一个小学校长的二十五字教育观》，李克兴著，河南大学出版社，2013年10月，有删改）

有效的课堂教学改革

——《新课程理念的现实落脚点："自学·释疑·达标"课堂教学模式》序

当今对于课堂教学改革模式的探索很多，其品质优劣不一。而刘静校长的"自学·释疑·达标"课堂教学模式，因有相对深厚的课堂教学基础，则有着比较好的教育创新品质。

其实，学生大多有着比较强的自学能力，可是，传统的课堂教学忽略了学生的这种能力，教师之讲代替了学生之学，久而久之，学生的自学能力便渐渐消解。其实，学生消解的还不只是学习能力，还有探索问题的主动精神，以及质疑问难的能力。而课堂教学的至高境界，不是教师教得精彩，而是学生学得精彩。中国第一篇教学论著《学记》说："善学者师逸而功倍，又从而庸之；不善学者师勤而功半，又从而怨之。"当学生学会学习、善于学习之后，教师就会处于引领的位置，就会特别轻松，而学生学得既多又快，而且特别快乐，并感谢教师。评判一堂课的优劣，当然不止一条标准，而学生状态的好坏当是一个重要的标准。死气沉沉的课堂，学生的学习效率绝对是低下的；相反，学生学习状态好的时候，学习的效率是非常高的。其实，自学不只是一个开端，而且是整个学习中一以贯之的行为。没有自学，就没有真正意义上的高效率。刘静校长的智慧在于，不管是哪一个教学环节，都是在有意地培养学生自主学习与探究的能力，并逐渐让其成为一种意志品质，成为终生受用的能力。

任何人都是生活在群体之中的，学生亦然。所以，学生的学习除了自学之外，还要有交流。刘静校长特别关注学生的交流。学生与学生之间的交流，是没有任何心理阻隔的。他们可以毫无顾忌地畅谈自己的想法，即使错了，也不必担心。正是在这种交流中，他们的想法得到了表达，他们的疑问得到了解决。有时候，教师与学生之间也要交流，而不只是教与学的关系。在新型的课堂上，"弟子不必不如师，师不必贤于弟子"的情况是时有发生的。即使教师比学生更有知识、更有智慧，师生之间的交流依然可以撞击出思维的火花。刘静校长的妙道在于，不是让教师在与学生交流的时候呈现一种强者尊者的态势，而是更多地让位于学生，有时候还会故意后退一步，让学生占上风。这样，不管是生生之间的交流，还是师生之间的交流，都展现了思维的开放性。

刘静校长还知道一个道理，那就是几乎人人都有展示的欲望，尤其是有了某种见解的学生，更希望得到展示的机会。而“自学·释疑·达标”课堂教学模式，则为学生提供了展示的平台。小组之间的展示，不会有太大的问题，学生展示时没有多少心理障碍。可是，在整个班上展示就不一样了，不但有全班同学在听，而且有教师在场，有时候就会形成一定的心理压力。刘静校长则有效地破解了这个难题。他认为，课堂首先应当是学生心理安全的场所，为此，就要在学生展示得好时，全班同学给予鼓励；展示得不成功时，全班同学为之加油。教师的言行则应该让学生感到不管展示得如何，教师都高兴，都支持，都欣赏。当创设了一个安全的心理场后，学生的展示就会异彩纷呈，学生的自信心就会建立起来了。

“自学·释疑·达标”课堂教学模式还特别关注学生质疑问难能力的培养。“学贵有疑”这一古训是一个真理。没有质疑问难，就很难形成创新品质。即使对教材这样的权威性文本与教师，也应当敢于质疑。我非常欣赏亚里士多德的一句名言：“吾爱吾师，吾更爱真理。”当有了对真理的追求，有了不畏权威的精神之后，也就有了比较强的创新能力。当然，这里的创新品质不是背离科学精神而行的，相反，是与科学求索精神同属一个系统的不同分支而已。

与质疑问难精神同样重要的就是合作学习。《周易》有言：“二人同心，其利断金；同心之言，其臭如兰。”“自学·释疑·达标”课堂教学模式鼓励学生个性化发展的同时，也倡导合作精神的培养。学生学习之间的合作，是一种共赢。即使学优生帮助学困生，在很大程度上也是促进自己更好地学习。自己会了，不一定能讲出来；讲出来了，不一定能让听者听明白与学会。学优生教会学困生的过程，就是要让学困生听明白与学会的过程，也是自己对所学知识进一步深化与提升的过程。而且，这种模式大多采用捆绑式的评价方式，让小组中的每一个成员都有了“组兴我兴、组衰我耻”的集体荣誉感。即使是学困生，为小组争光之后，也多会产生一种积极向上的内趋力。

当课堂教学改革不断引向深入、学生学习越来越主动积极的时候，教师水平的高下是不是越来越不重要了呢？刘静校长认为，不但重要，而且更重要。因为这个时候的教师，不能只是一个听者，而应当是一个优秀的导演、一个将学习引向深入的引领者。这就要求教师不断地提升自己的教学能力，不断地优化自己的知识结构，甚至不断地向学生学习，从而让课堂教学步入一个更高的境界。有些一度走在课堂教学改革前沿的学校，后来之所以遭遇到了徘徊不前的尴尬，一个非常重要的因素就是教师没有太大的发展力，只是成了学生学习过程中一个无足轻重的局外人。刘静校长研究了他们失利的原因，制订了本校教师发展规划，让教师随着课堂教学改革的深入有了越来越大的发展。

2014 年 1 月 18 日于济南

（原载于《新课程理念的现实落脚点："自学·释疑·达标"课堂教学模式》，刘静编著，福建教育出版社，2014 年 6 月，有删改）

满怀明媚阳光是成为智者的哲理

——《幸福地行走》序

《幸福地行走》是一个书名，同时也是其作者邢毅丽生命历程的真实写照。不管是做一名语文教师，还是做教导处主任、副校长、校长，她都做得非常出色。尽管始终紧张地忙着，她却一直幸福着。这种生命状态，是一般人难以拥有的。邢毅丽认为，不管做什么工作，都应当有一种责任感与使命感，都不应当有负众望。兢兢业业的工作精神，与特有的聪明才智的叠加，让她一次又一次地取得了常人少有的成绩。在她看来，心中要有爱，不但爱学生，也爱教师；不但爱家，也爱更多的人。而有了爱，也就有了工作的动力，也就有了不断的发展。很多时候，她不是功利化地去争取多大的荣誉，可是，荣誉总是一次又一次地降临到她的头上。这并不奇怪，有种就有收，这是一个不变的生命规则。而邢毅丽，是这一规则的受益者。

如此紧张地忙碌，累吗？在一般人看来，肯定是累的。事实上，邢毅丽也累，可是，她是累并快乐着，甚至可以说，她一直是累并幸福着。从本质意义上说，幸福不是有更高的位置、有更多的钱财，也不是比一般人少干多少工作，它更多地折射在心理层面，是一种持久的快乐，且有着高尚的况味。当感觉自己的工作富有意义的时候，工作起来往往会乐此不疲。我每次见到邢毅丽，都能感受到她那来自心底的愉悦。即使接受了比较重的任务时，她依然从容地笑着，其自信外显于外，而心灵的强大被她的自信隐藏起来。所以，她是一个教师的时候，不但可以演绎语文教学的精彩，也可以将她的自信有意无意地传递给学生，让学生不但不感到学习是一种负担，反而有了一种特殊的轻松感，并自然而然地形成一种自信心，进而形成一种善学与乐学的能力。而且，这种良好的状态不只显现于当下，还会在学生未来的生命中不断地延绵，使其拥有一个幸福的人生。

2010年，邢毅丽当了校长，其幸福的心境依然如故，并用她的智慧与真诚营造了一个幸福的校园，让教师也有了快乐的心境。自觉自愿主动地工作，与被迫无奈痛苦地做工作，效果有着天壤之别。其实，幸福是可以传染的。校长幸福会直接影响教师的幸福指数；同时，教师幸福也自然地会影响着校长的幸福指数。这种良性的互动，让学校和谐，让教师持续发展。

邢毅丽在学校里是幸福的，在家庭里也是如此。她是一个幸福的使者，播撒幸福是她的使命。本书中收录了她的一些家庭生活片段，从中我感到，有一个其乐融融的家庭，与更好地工作，以及形成一种更优质的心境也是紧紧联系在一起的。我感到，一个人的幸福，是一种巨大的生命能量。

要想长久地拥有幸福，还需要一个元素，那就是不断地发展。发展永远是一个硬道理。不管在什么岗位上工作，邢毅丽都有一股追索的精神。而她的学习，几乎是无时不在的：既在学校里，也在家庭里；既在中国，也在外国。而且，她的学习不只是读书，也有教育教学实践。二者共同支撑，才能让一个人拥有更大的发展力量。每一个人都有巨大的发展潜能，可是，当不发展或发展得非常慢的时候，这种潜能就会逐渐消失；相反，当拥有强烈的发展愿望，并持之以恒前行的时候，生命的潜能也就被激发出来，让世人甚至自己都感到惊诧。邢毅丽的持续发展，就展示了这种潜能的美丽。

邢毅丽的幸福惠及了她的学生、学校与家庭，以及与之交往的人，让他们感受到了幸福是多么美好。不过，这种幸福还不应当只是流于这些层面，而应当向更大的范围扩展。这本书的出版，就可以让更多的读者去体悟她的幸福，获取其幸福的密码，自己也变得幸福起来。当更多的读者因这本书幸福起来的时候，邢毅丽也会因“己欲立而立人，己欲达而达人”而收获更多的幸福。

2014年1月20日于济南

（原载于《幸福地行走》，邢毅丽著，新华出版社，2014年4月，有删改）

天性·个性·灵性

——《三性教育》序

徐军民校长的“三性教育”已经从安丘走向了全国，并产生了比较大的影响。其生命力之所以如此强，是因为它是扎根于教育实践的沃土之中的，是符合儿童生命成长规律的。儒家经典《中庸》开篇就说：“天命之谓性，率性之谓道，修道之谓教。”是的，人的自然禀赋叫作“性”，顺着本性行事叫作“道”，按照“道”的原则修养叫作“教”。徐军民校长之“顺应天性”，当来源于《中庸》。不过，他不是简单地将其移植过来的，而是融入了自己的深邃思考与教育实践。中国有一句古话：“本性难移。”那么，因为难移，就不教育了吗？不是，要承认这种天性，顺其本性进行教育，才能产生良好的效果。比如，徐军民校长在培养学生的爱心与善良品质方面，就遵循了这一教育原则。孟子与王阳明都认为，良知是生而有之的。那么，为什么后来有的人会出现这样那样的问题，甚至会变坏呢？良知到底有没有呢？还是有的。这正如太阳每天都在，如果阳光明媚，我们可以看到；如果阴云密布，我们就看不到阳光，可是，这并不能说明太阳没有了，只是被乌云遮蔽了而已。那么，教育就要让其本然就有的良知不受污染，即使有时被遮蔽了，也要尽快让其露出来。这里一定要注意一个问题，那就是要顺应天性而行，而不是逆道而行。顺其天性而行，就会事半功倍；逆道而行，就会事倍功半。所以，徐军民校长的“顺其天性”，不是被动的，而是主动的，还是科学的。

还有一个问题，那就是自然赋予不同孩子的“性”是不一样的，如果用同一的模式进行教育，显然不会收到理想的效果，所以，还要研究不同孩子的个性特征。而且，不是压抑与磨平这种个性，是让这种个性向更好的方面发展。看来，徐军民校长的“顺其天性”还有另外一个重要的元素，那就是张扬个性，即对于那些有利于孩子生命成长的个性要更好地张扬，这样就会让其得到更好的发展。从这个意义上说，徐军民校长的“张扬个性”不是无目的而是有的放矢地张扬，而且是让孩子向更好的方向发展。

徐军民校长“三性教育”理论体系中还有一个重要的内容，那就是“激发灵性”。孩子有没有灵性呢？答案是肯定的。不过，更多的时候，灵性是处于隐蔽状态的。尤其是受应试教育的压迫，很多孩子的灵性受到了压抑。那么，如何才能激发孩子的灵性呢？徐军民校长对此进行了有益的探索。他不但寻到了很好的路径，而且收获了丰硕的成果。徐军民校长认为，内蕴于孩子之中的灵性，是需要特定的生命场域才能被激发出来的。比如，孩子要有一个自由的心灵，只有在这种状态下，灵性才能展示出来。但目前没有太大价值的课外作业负担太重，这成了抑制灵性喷发的一个杀手。那么，是不是不要布置作业了呢？不是的，是不布置意义不大甚至有害的作业，但布置意义很大与有益的作业，同时还不能形成心理的负担。为此，徐军民校长探索出了一条“轻负担，高质量”新路，推行减负增效的发展性作业改革，砍掉以往的家庭作业，设置了养成性作业（学生在家的四个“半小时”：半小时看电视、半小时做家务、半小时读书、半小时体育锻炼）和探究性作业。那么，学生在家里完成四个“半小时”作业会不会形成负担呢？当然不会。因为这些作业不会让他们觉得枯燥。其实，孩子有着巨大的发展潜力，我们的教育不应压抑这种潜力，而应有效地开发这种潜力。孔子说：“君子不器。”孩子不是“器”，而是有着生命灵性的人。而有了这种灵性，也就打开了潜力开发的大门，能让他们走向真正属于他们自己的未来。

有人说，徐军民校长是一个“草根教育家”，是的，他除了学习教育理论之外，其思想又是与“大地”紧紧联系在一起的，他的研究是“接地气”的，所以也就有了可行性，也就有了发展的潜力。

2014年2月14日于济南

（原载于《三性教育》，徐军民著，福建教育出版社，2014年6月，有删改）

一曲柳笛绿染大地

——《真情妙悟铸人文——一位“齐鲁名校长”的教育步伐》序言

十年前我就认识夏建娟校长，并对她进行过采访与报道。在我的心里，她是一位很有文化品位与人文情怀的校长。从主书名“真情妙悟铸人文”中，我们便可以触摸到其人生的品质与文化的妙道。而人文教育，则成了她向往与实践的一种教育，而且取得了丰硕的成果。

人文教育是将人文精神，通过教育活动、环境熏陶等方式和途径，内化为人的品格因素，实现对人的精神世界的全面塑造的一种教育。它是健康人格塑造、人性境界与人生理想提升以及个人社会价值实现等方面的教育，目标是培养人的精神素养。人文教育通过广博的文化知识滋养、高雅的文化氛围陶冶、优秀的文化传统熏染和深刻的人生实践体验等来实现。

夏建娟校长及其所任职的山东省威海市鲸园小学，则具有人文教育的本质属性。其中的课程构建与课堂教学，很好地起到了“化”人的作用。其传统文化课程、选修课程、微课程、活动课程、环境课程、德育课程等，不但有着浓郁的人文色彩，还烙印着鲸园小学的文化特色。教师不但是课程的实施者，也是积极的建设者、持续的完善者。于是，他们的课程就不只有国家提供的威权性文本，也有自己的创造，从而形成了属于自己的课程文化。

课堂是教师教与学生学的主阵地，生本善学课堂则为人文教育这个抽象的概念注入了生命的活水。“生本”者，以学生为本也。要想以学生为本，就要让课堂成为学生自由挥洒生命的地方。首先，课堂应当是一个安全的心理场，不然，学生就不可能拥有自由的心灵，也不可能实现学习上的高效。同时，教师在很多时候，要让位于学生，要让学生有话语权，有质疑的机会。这样，课堂就不再只是教师“一言堂”的教室，而更多是学生主动学习的“学堂”。“善学”的价值很大。中国第一篇教育学论著《学记》有言：“善学者师逸而功倍，又从而庸之；不善学者师勤而功半，又从而怨之。”善于学习的学生，使教师非常轻松，学习效果还非常好，且会感谢教师。相反，教师会费很大力气，学生还学不好，并且会抱怨教师。看来，学生善学与否，决定了教与学的成败与优劣。生本与善学的和谐，不但有效地提高了教与学的效率，也具有了真正意义上的人文性。

校长的人格修为，与其在教师中的权威是成正比的。一个校长的权威，是建立在官位与霸权上，还是建立在思想与文化上，是绝对不一样的。夏建娟无疑是一位很有权威的校长，可她在教师中的话语权，更多是建立在她的人格魅力与人文情调上的。有的校长也有权威，他让教师们服从他、惧怕他，可是这只是一种表面现象，教师们从内心里却是反对他，甚至诅咒他的。建立在这种基础上的权威是假权威，说不定哪一个时刻，因为哪一件事，这种权威就会轰然倒下。夏建娟校长在教师中建立起来的权威却不是这样，她是走进了教师和学生的心里的。她并不是有意地讨好，也不是无原则地纵容，而是与他们进行心灵的沟通，用爱与他们的心进行生命的连接，从而让他们感到——校长就是教师中的一员，就是可以交心的好朋友。这就是人文管理，而且有着“随风潜入夜，润物细无声”的特质。

以上所谈，只是读了这本书之后的一些断想而已。如果想真正地了解夏建娟校长与鲸园小学，还需要静下心来，到这本书中去领略其更加丰富的人文之美。所以，期待这本书的出版，并祝愿夏建娟校长能够更上一层楼。

2014年2月17日

（原载于《真情妙语铸人文——一位“齐鲁名校长”的教育步伐》，夏建娟著，光明日报出版社，2014年6月，有删改）

生命的意义在于拼搏

——《行者常至——追索教育真谛的精神之旅》序

读张世华校长的《行者常至——追索教育真谛的精神之旅》，你会看到一位教育行者在不断的挣扎中起飞，其中尽管有困难、有痛苦，可是，因为有一种不息的精神，不时让人看到一束束闪光的亮色。

我建议读者先读读本书的引子《追寻永恒的精神之旅》，写得很美，也很悲壮，其中内蕴着生命的哲理，折射出张世华校长倔强的性格，以及他对教育的一往情深。只有真正读懂他的人，才能从字里行间发现其人生的奥妙。

张世华校长曲折与丰富的经历，让他对教学研究，特别是学校管理有了常人少有的思考，以及常人未必敢于去做的冒险。当今有些校长习惯于明哲保身，可张世华校长不是这样，即使遭遇失败，他依然九死不悔地往前行走。他几乎不看前方有没有风险，只是一味地行走下去。这样做有的时候是要付出很大代价的，在一般人看来，可能有点儿太不识时务，或有些太不值得，然而，由此凝聚而成的生命感悟却成了他精神的瑰宝。就说本书的文字与内容吧，你会在他叙事间歇或叙事之后，感受到他灵魂的跳动，以及思想的飞扬。这又让我感到，上天是公平的，张世华校长在某个方面没有如愿以偿，在他生命与灵魂的深处却有了一道别样的风景。

他所走过的路上，都留下了他的足迹。有些也许已经被尘土掩盖，那足迹却会印在人们的心里，或镶嵌在学校的历史画卷里。其中未必有张世华校长的影像，可那些深层思想的流动，反而有了一种“于无声处听惊雷”的力量。

正因如此，要想读懂这本书，要想读懂张世华校长，就要透过文字，去做一次又一次的精神叩问，才能解透其内在的意蕴。古人说“书不尽言，言不尽意”，然则张世华校长之意，“岂不可见乎”？

在多所学校当过校长之后，张世华校长现又于潍坊高新区志远小学走马上任。虽然上任还不到一年的时间，我却感到，他寻到了属于他的“理想国”。三十年的风风雨雨，一次又一次的成功与失败，为他今天的一展宏图积蓄了足够的精神资本。于是，我便有了一个美好的期待，我想，他亦如是。

一本好书除了其内在的精神内容之外，形式有时也会起到锦上添花的作用。不管是书名，还是书内的所有标题，都能看出张世华校长是极用心的。它让你读出了文化，也读出了思想。

相信这本书会以其深厚的内容，在社会上引起一定反响。

2014 年 5 月 24 日于济南

(原载于《行者常至——追索教育真谛的精神之旅》，张世华著，现代教育出版社，2014 年 5 月，有删改)

他打开通往春天的路

——《叩问教育之“道”》序

喜欢本书的书名，因为做好教育需要关注“术”，更需要关注“道”。所有的大教育家，几乎没有不关注“道”的。中国伟大的教育家孔子说“吾道以一贯之”，其弟子曾参解释说“忠恕而已”，即一个忠道，一个恕道。所谓忠道，就是“己欲立而立人，己欲达而达人”；所谓恕道，就是“己所不欲，勿施于人”。孔子的一生，就是遵道而行、弘道而教的。他的教学总纲只有十二个字：“志于道，据于德，依于仁，游于艺。”足见“道”的重要性。儒家的经典之作《大学》开篇就说：“大学之道，在明明德，在亲民，在止于至善。”另一经典之作《中庸》开篇则说“道”是“须臾不可离也”。为什么要如此重视“道”呢？许崇文校长说得好：“‘道’是万物运行的规律，是‘根’或‘本源’。”是的，“其本乱而末治者否矣，其所厚者薄，而其所薄者厚，未之有也。”许崇文校长的治校之道，因有“根”，也就使学校有了根深叶茂的景象。

可现在不少教育工作者并没有意识到“道”的重要性。比如，研究高效教学的时候，往往只关注方法与技巧、流程与模式，可是，如果对高效的内在品质不研究的话，这种高效就有可能是短命的，是没有生命潜力的。而许崇文校长有“道”在胸，再研究高效教学的时候，就不只是关注模式与技巧，还关注支撑高效的道德品质、自由心灵、生命积淀，乃至身体健康等。同是高效教学，有的可能只是指向当下的高考，而许崇文校长在关注学生高考的同时，也为学生储备终生发展的精神能量。非心中有道者不可能如此而为，非有良知与使命感者也不可能如此而为。

许崇文还是一位有思想与智慧的校长，他的教育观、学校观、德育观、课程观、教学观、文化观等，有些是站在哲学的高度，从学理的角度来思考与剖析的。他给我们展示了更加宏大的教育画卷，也向我们打开了通向更高视点的大门，让我们更深入地去思考教育的本质属性。正是在这种“道”的引领下，才有了“启智励学、诲人不倦”的教风，“尚真求实、学而不厌”的学风。这些从孔子那里汲取的教育智慧，并与学校的教育教学实践相融合，就有了传承与创新合二为一的景观。

我曾两次在网上通过QQ与许崇文校长对话，并形成了两篇有着一定文化品位的文章。当时我就很感慨于这位校长的文化品质，及其高超的以文“化”人的智慧与艺术。今天捧读他的这一即将出版的著作，更让我领略到了文化之于一位校长的无穷魄力。拜读其对于“人文日新，和谐发展”的办学思想的诠释，以及“和·容”文化的构建与实施方面的理性思索与实践探求，更让我感到他的文化内涵。学校，应当是一个文化的圣地；校长，应当是文化的引路人。可是，有的校长与文化已经渐行渐远，可没有文化，学校还算是学校吗？许崇文校长的可贵处在于，他不但用文化来提升自己的生命境界，还通过文化来改变师生的精神风貌。文化，从本质意义上说，是学校发展的魂兮所系。正是因为有了文化，许崇文校长的“办名校、聚名师、育英才”的教育梦才有了实现的可能。

2014年5月24日于济南

（载于《叩问教育之“道”》，许崇文著，山东友谊出版社，2014年8月，有删改）

一个完整的快乐教育系统

——《快乐：我们的教育梦想》序

《快乐：我们的教育梦想》是王建丰校长及其所任职的山东省胶州市振华小学实施“快乐教育”的一个结晶，其中记录了他们艰难而又快乐的探索之路，凝聚了他们独特的思考与感悟，形成了相对完整的一个“快乐教育”系统。

教师教学与学生学习，本应当是一件其乐无穷的事情，可是，在很多时候，已经演绎成一场又一场令人心力交瘁的苦役。如何让教师与学生从这种精神桎梏中挣脱出来，走进乐教乐学的境地呢？王建丰及学校教师在教育教学实践中总结出了一个行之有效的方法。当然，还不止于方法，其中也有理性的思考，有超越“术”之上的“道”的呈示。

中国最伟大的教育家孔子就是一个典型的快乐教育者，他说：“知之者不如好之者，好之者不如乐之者。”看来，快乐之教与快乐之学，在孔子那里已经升华为一种审美境界。他说自己“发愤忘食，乐而忘忧，不知老之将至云尔”。因为他从教学与学习中，感受到了生命的一次又一次飞跃。于是，非但不苦不累，反而其乐无穷。在这种状态下的教与学，当然就收获了甜美的果实。更重要的是，它还会在教者与学者心里积淀下积极的思维，升华人生境界，增加智慧。于是，教与学就变成了一次又一次人格提升与文化升值的幸福之旅。

教师教学与学生学习的主要阵地是课堂，王建丰校长及学校教师就在构建“快乐课堂”上下了一番很大的功夫。而要想快乐，课堂就要是一个安全的教学场，而教师是这个场的主导者，尊重学生，相信学生，激励学生，让学生的心灵自由地飞舞，就有了快乐的学习场，也有了快乐的教学场。他们的“快乐 5+1”教学模式，不但让学生有了快乐与自由，还体现了以生为本，自主、合作、探究的教学理念。

学生的生命成长需要更丰富的精神营养，若只有课堂学习，很难满足其多层次的需要，“快乐阅读”则可以让这种精神需求得到满足。当然，阅读也是要有选择性的，最好要“取法乎上”地阅读，因为取法乎上，得乎其中；取法乎中，得乎其下。我们阅读世界大师的作品，一时很难抵达大师的生命境界，却可以达到中等的水平。那么，阅读这样的书能快乐吗？答案是肯定的。当学生阅读很多高品质的作品后，就会为其未来积累精神成长的资本，就会使其在未来真正快乐幸福起来。

我欣赏王建丰校长及学校教师关于“快乐作业”的探索与研究。因为当下学生做作业之苦，已经达到了让人难以容忍的程度，由此酿成的悲剧也时有耳闻。有人做了一首《作业歌》：“无边落木萧萧下，不尽作业滚滚来。君子坦荡荡，小人写作业。商女不知亡国恨，隔江尤在写作业。举头望明月，低头写作业。洛阳亲友如相问，就说我在写作业。少壮不努力，老大写作业。垂死病中惊坐起，今天还没写作业？生当作人杰，死亦写作业。人生自古谁无死，来世继续写作业。众里寻他千百度，蓦然回首，那人还在灯下写作业。”这首《作业歌》在网上广为流传，让很多学生惊呼“绝唱”。其实，布置一定的作业是正常的，不正常的是作业量太大，作业质量不高。王建丰校长及学校教师的“快乐作业”，就有效地解决了这个问题。一是量比较适中；二是质量比较高；三是富有情趣。因为他们以快乐、自主、体验、实践为原则，所以作业变得鲜活、有意义。希望他们的这个经验得到更大范围的推广，从而让“快乐作业”走进更多的学校，让更多的学生在做作业的时候也快乐起来。

“快乐活动”不但可以丰富学生的学校生活，还可以让他们沐浴在快乐之中。在活动中，学生的心理比较放松，而且给具有不同特点的学生提供了一个各展才思的机会，进而使其自信心与自豪感得到了增强。大凡活动搞得比较多的学校，学生的学习成绩非但不会下降，而且多有上升。因为活动中有快乐，快乐中有高效。学校也就有了心灵快乐与优秀成绩双丰收的奇观。

“快乐军营”是振华小学的一个特色，它不但让学生拥有快乐，也让学生在这种军事化的管理与活动中，学到了军人那种坚忍不拔的意志、勇往直前的精神、团结向上的品质。这样的快乐，因有了特殊的精神内涵，给予学生的就不只是当下的收获，还有可能绵延到未来，让其终身受益。

当然，“军营”之中也会有苦与累，可是，这恰恰是快乐的内在能量。这样的快乐，回味起来会更加意蕴悠长，对生命的成长产生更大的作用。

“快乐家庭”是“快乐教育”的重要组成部分，即使学生在学校里非常快乐，可如果家庭之中没有快乐的话，学生也不可能真正快乐起来。要想构建快乐家庭，就要让家长也走进“快乐教育”之中，不但要让他们认可“快乐家庭”的理念，还要让他们学会“快乐家庭”的方略。家长都希望自己的孩子幸福，可是，对于如何让孩子真正幸福起来，不少家长并不清楚。而“快乐家庭”让更多的家长带领孩子走进了快乐的领地。

这本书的可贵之处还在于，它更多的是他们自己实践的结果，而且并非经验的一般化总结，还有理论的探索与升华。所以，它有“根”，也有“果”。它让振华小学有了“快乐教育”，让学校的师生走进了“快乐教育”的幸福殿堂。

2014 年 5 月 26 日

（原载于《快乐：我们的教育梦想》，王建丰著，福建教育出版社，2014 年 8 月，有删改）

命中注定完美

——《改变教育的经典案例——一所中学的教育叙事》序

山东省青岛经济技术开发区实验初级中学的李素香校长将《改变教育的经典案例——一所中学的教育叙事》的电子稿发来后，正值我特别忙碌之际，可是，我还是决定挤出一点时间翻阅一下。这一看，就再也停不住了，教师们的故事是那么感人，让我情不自禁地惊叹于为人师者的崇高与伟大。

无疑，教师们是非常劳累的，可是，他们表现出来的，却是特别的快乐与幸福。因为他们的内心都有一种“内省不疚，无恶于志”的良知，都有一种无处不在的责任感。为了学生的成长，他们舍弃了很多，同时也收获了很多。“仁爱尽责，追求卓越”这一校训，已经不是一个理念性的标记，而是内化到了教师们的心里，且外化成了一道人文风景。正是因为有了“仁爱尽责”，教师们才有了“追求卓越”的动力与行动。

不到三年的时间，这所学校竟然书写了如此瑰丽的传奇。这说明，每个人的身上都蕴藏着巨大的能量，只不过有的时候，这种能量被压抑了而已。而李素香校长，是教师生命能量的引爆者。即使忙得天翻地覆，她也总是朝气蓬勃、意气风发。她的生命词典里，从来就没有“累”这个字，也从来就没有“服输”这个词。她所追求的“完美教育”，在一般人看来，只不过是一个美好的梦想而已，她却时时在努力着让它变成现实。她的这种追求，与教师们积极向上的精神聚合起来，就有一个又一个“完美”的结晶。当然，她与教师们付出了比一般人不知道多多少的努力，同时也收获了比一般人不知道多多少的成就。大凡到过这所学校的人，几乎都惊叹于学校的外在之美；而学校内在的生命气质更闪烁出耀眼的光芒，让人们感佩于这里的教师何以会有如此不息的志趣与无穷的创意。

学生在课堂上的状态，在很大程度上决定了其在学校里的幸福指数。“问题导学，学本课堂”的理论研究与教学实践，让学生拥有了一个美丽的童年。在课堂上，教师不再是高高在上的传道者，而是与学生人格平等的同道人。学生在这里受到了最大化的尊重，并生成了特殊的自信，收获了学习的喜悦。更加可贵的是，学生学到的不只有知识，有时还会生成智慧，还会形成合作精神，还会实现人生境界的升华。这恰恰是一所学校之所以成为名校的必备要素，因为作为学习主体的学生成长与幸福了，学校也就自然而然地发展起来了。

这本书记录了发生在校园里的一个又一个有趣的故事，是这所年轻学校历史行程中一串串的印记。同时，它不只属于这所学校，因其内蕴着丰富的精神与可学的方略，会对更多的学校与教师产生积极的影响，从而让他们也实现生命的蜕变与飞跃。

期待这本书早日问世，期待能有更多的读者喜欢它。

2014 年 5 月 29 日于济南

(原载于《改变教育的经典案例——一所中学的教育叙事》，李素香主编，福建教育出版社，2014 年 8 月，有删改)

让学校成为孩子们游戏的天堂

——《幸福校园——小学学科游戏课程》序

儿童喜爱游戏出于天性，游戏中的很多元素与儿童天真活泼的性情是和谐为一的。儿童在游戏时的身体活动与心灵愉悦，自然而然地促进了他们身心的健康。同时，儿童在游戏中忘我的精神投入，又会在无形中推动其有意注意力品质的形成。而这种品质有着无时不在的迁移特点，使儿童在学习知识与做其他事的时候，也往往会拥有这一有意注意品质。无疑，这对提高他们的学习成绩，做好其他事情，也会起到很大的作用。此外，好的游戏活动，还能有效地培养儿童的合作精神、竞争意识等，这些会为其未来生命成长奠定良好的基础。

学校不仅是儿童学习的地方，也应当成为他们游戏的天堂。遗憾的是，不少学校并不重视游戏活动，只是让儿童在应试教育的怪圈里挣扎。而没有游戏，生命就会失去很多本然的精彩。也许有的学校并不知道游戏的重要性，也许有的学校太看重学生的考试成绩……可不管怎样，当儿童天性得不到舒展、生命不再快乐的时候，学习的效率就会降低。

浙江省海宁市紫微小学高度重视儿童游戏活动，探索并开发了小学学科游戏校本课程，从课程理论到课程内容再到课程评价，形成了一个特色独具的课程系统。于是，游戏就不只是课外活动的小打小闹，而是堂而皇之地走进了课程与课堂。同时，它与其他学科也有了内在的连接，形成了学科思维类游戏与学科拓展类游戏。还开发了健身类游戏、团队类游戏、主题性游戏与参考类游戏。这种近乎全覆盖式的游戏课程与活动，让孩子体验到了无处不在的游戏之乐、学习之乐、身心健康之乐、人格形成之乐等。在此，游戏的意义已经不只是玩，而是形成了一个丰富的精神构建系统。孩子在这个系统中，汲取到了各种各样的营养，快快乐乐地成长起来了。

当下的课程构建与课堂教学改革中，有效评价多是一个比较难解的问题。紫微小学知难而进，在游戏课程构建与课堂教学中，进行了评价方面的探索，并形成了科学的评价体系。这为游戏课程的有效实施，提供了很好的保证。

不经历这种尝试与改革，是无法体会到其中的艰难的。紫微小学十多年来坚持不懈地探索，遭遇过很多波折，也经历过失败的考验，可是，他们一点儿也不气馁，反而愈挫愈勇。当然，他们也在这个过程中不断地收获着喜悦与成果，这让他们看到了希望的曙光，从而更好地完善了这个游戏课程体系。因为在他们看来，学校不能只是学习的地方，更应当成为孩子生命成长的乐园。

呈现在我面前的《幸福校园——小学学科游戏课程》是一个丰硕的精神成果，它是紫微小学的，又不只是紫微小学的。因为紫微小学有着“己欲立而立人，己欲达而达人”的“忠道”情怀，他们希望将这一成果奉献给更多的学校，让更多的教师与学生受益。所以，我在敬仰紫微小学这一高尚品质的同时，也特别期待本书能够早日出版，希望更多的孩子能走向快乐与幸福。

2014 年 5 月 30 日于济南

（原载于《幸福校园——小学学科游戏课程》，徐晓良主编，中国石油大学出版社，2015 年 5 月，有删改）

打破作文的神秘感

——《读写彩虹桥——小学生语文读写迁移与鉴赏指导》序

如何有效地指导学生写作，是当下一些语文教师的一个“痛”点，而《读写彩虹桥——小学生语文读写迁移与鉴赏指导》丛书，则为教师们打开了心结，从而照亮了他们写作教学的行进之路。

“在生活中玩语文”似乎说得有些简单，其实却大有道理。毋庸讳言，学生的生活并不丰富，可是，这并不能说他们没有生活，关键是他们如何将生活经历转换为有趣的文字。小学生都会说话，有的说起来还头头是道。那么，将这种说“录制”成文字，不就是一篇篇作文了吗？明白了这种转换与迁移的道理，写作文的神秘感也就自然被打破了。因为写作就是写自己的生活，写自己想象的事情，写自己要说的话。当然，这些“录制品”未必流畅，有的顺序还会颠倒，这是正常的。教师要因材施教，给学生指出症结所在，鼓励其继续写作。稍有亮点，就要“夸张”地表扬，从而让学生树立起写好作文的信心。有了信心，也有就有了写作的兴趣；有了兴趣，才能写出比较多的作文；写得多了，才能熟能生巧，写出比较好的作文。

同时，一定要引导学生多读书、读好书。“读书破万卷，下笔如有神”是一个不变的规则。同样的生活经历，书读得多、读得好的学生，写起来就会得心应手，有的还能写得生动有趣。目前小学生写长篇小说与系列故事已不是什么新闻，而探究其中的奥妙，没有一个不是大量阅读甚至大量背诵好书者。相反，书读得不多的学生，写起作文来往往是痛苦不堪。

需要强调的是，教师不是学生作文训练的看客，也不只是评价者，还应当是“下水”者。叶圣陶先生之所以主张教师写“下水文”，是因为只有自己“下水”写作了，才能知晓“水”的深浅，在指导学生写作时才能做到有的放矢，以至点石成金。

2014 年 8 月 8 日于济南

（原载于《读写彩虹桥——小学生语文读写迁移与鉴赏指导》，闫丰坡编著，济南出版社，2014 年 8 月，有删改）

为孩子埋下一颗幸福的种子

——《叩问教育的幸福》序

读孟夏校长的《叩问教育的幸福》，我有一种特别的感动。在当今这个喧嚣的社会里，他依然保留了属于他自己的那份宁静与恬淡。对于一般人来说，步入仕途，似乎前途一片光明。孟夏校长曾多次拥有步入仕途的机遇，可他最终还是选择了教育。这缘于他对教育的深爱，也缘于他认为教育是可以缔造幸福的。

对于什么是幸福，孟夏校长从不同层次进行了诠释，从中让我们感受到他对孩子的那份真情、那份期待。孩子只有一个童年，这个时段幸福与否，不但会直接显现于当下，还会持续不断地作用于未来。为此，要为孩子埋下一颗幸福的种子，让它在孩子成长的生命历程中，生根、发芽、开花与结果。

这颗幸福的种子，是做人与求知的和谐体，是孩子优质成长的必需。绝大多数独生子女，却缺少相应的精神支持。即使深爱孩子的家长，有时也在无意中用溺爱阻碍这颗幸福种子的植入与生长，所以，学校就有了更加艰巨的任务。在如何让孩子成人成才方面，孟夏校长进行了有效的探索，他不是进行空洞的说教，而是让德育与求知融入日常生活与课程课堂之中，悄无声息地走进学生心灵之中。为此，他大胆而又充满智慧地进行了课程与课堂改革，形成了极具特色的课程体系与课堂板块，丰富而鲜活，让孩子感到，学习并非一场苦役，而是乐在其中、学在其中、成长在其中的幸福之旅。我去他们学校采访的时候，就看到了孩子这种幸福的生命状态。

如果细细阅读《叩问教育的幸福》，你就会发现，孟夏校长不但是一位有责任感的校长，而且是一位有心人。他将平日学校里发生的故事，甚至某些生活细节，都记录整理成文，所以，总能给人以身临其境的真实感，让人读来特别亲切。同时，孟夏校长是满怀着深情去写的，真真正正是“情动而辞发”。所以，你可以通过文字的表层，“披文以入情”，去感受那种怦然心动的真情流泻。《中庸》有言：“诚者，天之道也；诚之者，人之道也。”还说：“不诚无物。”孟夏校长的真诚真情，让这本书有了特殊的生命张力。同时，孟夏校长还不是一般意义上的行政型校长，还是一位有思想的校长。校长的思想，来自于学习，更来自于实践。一位优秀的校长，是需要不断学习理论的，有时还需要将“它山之石”很好地为己所用。可是，如果没有实践，没有内化成自己的东西，没有创生出独具的理论语系，就不可能拥有更强的生命能量。孟夏校长在这本书中有意无意流露出来的理性光华，让读者眼睛一亮，感叹其神来之笔与理论功底。没有移植，亦非“拿来”，却如此鲜活，如此诱人，让人有一种回味无穷的感觉。

期待这本书的出版，期待有更多的读者从中汲取能量与智慧，从而提升自己的生命品位，并让自己学校的学生也幸福起来。

2014 年 9 月 3 日于济南

（原载于《叩问教育的幸福》，孟夏著，北京师范大学出版社，2014 年 10 月，有删改）

交给世人一份明净的纯真

——《幸福密码——胶州市香港路小学幸福教育纪实》序

幸福不是挂在口上的，而是存之于心的美好感受，而且有着高尚的况味，所以，就有了各种各样关于幸福教育的研究。山东省胶州市香港路小学当是这个研究大军中的一支劲旅，在“上下而求索”中，他们寻找到了属于自己的幸福密码。

在与张淑红校长多次接触的过程中，我感到她本人就是一个很有幸福感的人。她的笑里，传递的不只是温情，还有无处不在的真诚与友善。在学校里，她没有将自己当成高高在上的领导，而是作为与教师、学生人格平等的一个普通人。这并不是说她在师生当中没有权威性，相反，她被所有师生接纳与认可，因为她与师生是心灵相通的。所以，她的话语，就有了幸福的根基。

那么，如何让学生在学校里真正感到幸福呢？张淑红校长所谈的三大理念揭示了其中的奥妙。

理念一是拥有好习惯的学生最幸福。叶圣陶先生说：“教育是什么？往简单方面说，只有一句话，就是养成良好习惯。”一个人能否成就一番事业，与其智力有一定关系，而关系更大的是情商，习惯则是情商的核心要素。小学是习惯养成的最佳时段。小学生如果拥有了良好的习惯，不但当下会有幸福感，还会将这种幸福不断地延续下去。

理念二是会读书的学生最幸福。小时候如果喜欢上读书，并在实践中不断学习的话，就会感受到“学而时习之，不亦乐乎”的审美快感。同时，学生还会从中自觉不自觉地学到“明明德”的道理，做一个有道德品质的孩子。有了好的品质，也就等于为自己走向成功的“银行”里积蓄了一笔资本，随着时间的推移，还会不断地升值，从而让自己的精神生命更加丰盈。

理念三是写一手好字的学生最幸福。古人说，文如其人，其实有时候，字也会如其人的。写得一手好字，会让自己有一种愉悦感；同时，在写字的过程中，还会宁心静气。小学生有意注意力时间比较短，进行写字教育，则会增强其有意注意力。而有了这种注意力品质，提高学习成绩也就有了可能。很多学生成绩不佳，不是智力不高，也不是学习不努力，而是其注意力不够专注造成的。学生追求的终极目标并非成绩多么好，可是，成绩好可以让他们产生自信心与自豪感，从而生成幸福感。更重要的是，这种注意力品质具有很强的辐射作用，不只显现在学习上，还在其他很多方面产生作用。

学生能否构建自己的幸福殿堂，与教师的幸福指数有着直接的关系。香港路小学创新实施“幸福教育”四大工程，让教师拥有幸福的同时，也让学生的幸福指数“水涨船高”。

一是树立“以学生为核心”的教育理念，打造幸福校园。学生在学校里不只是被教育者，很多时候，他们还可以是教育者。他们有独立的人格，也有自我教育的能力。有的时候，他们还可以成为学校某些管理中的主人。这样，所谓的“以学生为核心”才不至于成为空洞的口号，而是变成实实在在的现实。事实上，学生在很多方面都有着很大的潜力，只不过被教师漠视了而已。开发这种潜能，往往会给教师一个又一个惊奇。

二是确立“以教师为本”的管理理念，建设幸福团队。张淑红校长认为，教师一生中最美好的时光都是在学校里度过的，在学校中是不是幸福在很大程度上决定了他们整个人生的幸福与否；同时，教师是不是幸福，又直接影响着学生的幸福。教师的幸福需要物质支撑，而更多的是精神的支持。创设公正、公平、公开的人文环境，让他们感到这是一个有正气、有正事、可信赖的校园，这样，他们就会心情舒畅地去工作，并将这种良好的情绪传递给学生。同时，教师还应当是学校管理的重要力量，从某种意义上说，教师是学校发展之本，本立而道生。

三是坚持终身发展的育人理念，培育幸福师生。一个教师是不是优秀，与其教学认真不认真有着很大关系，而与其是不是持续发展关系更大。有的教师工作也很努力，可是，他们只是照本宣科，没有自己的思想，也形不成自己的语系，教学效果自然不可能太好，学生听这样的教师讲课，就少了幸福感。一个有着强烈发展意识的教师则不然，他们知道研究教材与教学参考书的重要性，更知道不断地读书学习来完善与提高自身的重要性。他们不会在一个平面上滑移，而是不断地超越自己，从一个层面跃升到另一个更高的层面，实现更高层次的价值追求。这样，他们会因自身价值的提高而充满希望，也会因知识丰富与拥有智慧演绎生动的课堂，从而让学生感受到学习的美妙。

四是倡导和谐愉悦的教学理念，构建幸福课堂。学生学习效率的高下，与教师水平有关，同时也与是否能够创设一个和谐愉悦的教学环境有关。有爱心、有智慧的教师，多能创造一个心理安全的学习场。如果没有心理安全，不管采用多么好的教学模式，拥有多么高超的教学艺术，学生都很难走进快乐的学习场景之中。因为心灵自由具有巨大的生命能量，在和谐愉悦的环境中学习，不但可以大大提高学习的效率，还会打开思维大门，使灵感频频闪现。

以上所谈，只是拜读《幸福密码——胶州市香港路小学幸福教育纪实》之后的点滴感受，要想真正走进幸福的园地里，还需要好好地走进书中，细细品味，慢慢体会，从而让自己拥有更多的幸福。

2015 年 3 月 10 日于济南

(原载于《幸福密码——胶州市香港路小学幸福教育纪实》，张淑红主编，青岛出版社，2015 年 6 月，有删改)

生命内光的化身

——《杏坛情怀——一位基层校长的讲话选编》序

我的文友李升勇与李长海，多次向我推荐山东省禹城市齐鲁中学的校长丁志辉，说他是一位很有思想与创新意识的校长，希望我在方便的时候，能够对他进行一次深度采访。

2015年1月上旬，利用到齐鲁中学讲学的机会，我便想着开始这次的采访之旅。可意想不到的是，丁志辉校长非常谦虚，他认为采访为时过早，进行交流当是十分必要。

在我采访的几百位校长中，如此放弃被采访机会者，尚属凤毛麟角。不过，这使我对他多了几分敬意。

交流畅达而有新意。深埋于他心中的教育情怀，常常澎湃于看似率性的话语里，且时不时摇曳出理性的光华。看来，丁志辉校长真的如李升勇和李长海所言，并非一般的校长。

让我想象不到的是，最有意义的谈话最终锁定在了他在学校里的讲话上。

在一般人看来，这种讲话多有套路而少有新意，他也自谦地说“思想空乏，满篇套话”。毋庸讳言，连续六年，一次又一次的讲话中，人云亦云的套话在所难免。可是，在他反复删改之后呈现在我面前的讲话文本大不一样了，它烙印着丁志辉校长不同时段情感的跃动、思想的变迁，让人感到这位“上下而求索”的校长，不但有挥之不去的教育情怀，也有可以升华为经验的为师之道与治校之道。

第一辑“国旗下的讲话”面对的主要群体是学生。丁志辉校长的谆谆教诲，如一位父亲，又像一个朋友，将期待与希望春风化雨般地播撒在学生的心田。我突然想，这些讲话文本是不是也有推广的价值与意义？当今有的校长为写“国旗下的讲话”虽然“消得人憔悴”，可依然空洞无物，难有新意。如果将丁志辉校长的“国旗下的讲话”文本“拿来”，结合本校情况进行取舍，形成一篇适宜本校的“国旗下的讲话”，说不定还会产生某种“轰动效应”呢！即使试图在内容上翻新与重组，丁志辉校长的讲话仍然可以作为一种范式。从这个意义上说，本书出版之后，“国旗下的讲话”已经不只属于丁志辉校长一个人，也不只属于他这所学校，还有扩散的可能，从而生成更大的价值。

第二辑是“讲坛上的责任”。由于丁志辉校长所处的场所不同，面向的群体各异，讲话的风格与内容也需因时、因地、因人而变。这增加了讲话的难度，必须认真研究，才能做到有的放矢。丁志辉校长的高明之处在于，他用语言与内容的“变式”，完成一次又一次的“华丽转身”，让不同听者都能领略到他那“横看成岭侧成峰，远近高低各不同”的智慧。其实，这里还有一个非常重要的元素，那就是丁志辉校长对教师与学生一往情深的爱。如果没有这个最重要的东西做铺垫，所有的“转身”就都只是形式的流变，而少了内容的丰盈与情感的流动。

第三辑是“行走中的思考”，这是丁志辉校长多年来对教育深入思考的结晶，让读者看到他不只是一位有智慧的校长，还是一位有思想的校长。苏霍姆林斯基说：“校长对学校的领导，首先是教育思想的领导，其次才是行政的领导。”思想决定行动，思想也决定境界。没有思想，就不可能有站在泰山之巅“一览众山小”的视野，也不可能有正确的教育行动。而一般校长所缺少的，恰恰就是这种思想。这也是丁志辉校长超越一般校长的重要原因之一。

我所谈的这些内容，未必能够触摸到《杏坛情怀——一位基层校长的讲话选编》的本质要义，只不过是一些零星的感受而已。不过，大家仍然可以从拙文中窥斑见豹，去领略“风景这边独好”之美。

2015 年 3 月 10 日于济南

（原载于《杏坛情怀——一位基层校长的讲话选编》，丁志辉著，济南出版社 2015 年 6 月，有删改）

一个个生命在他的脉搏里走动

——《让阳光溢满校园》序

读韩爱民校长的《让阳光溢满校园》一书，让你犹如走进春天里，心里洒满阳光，触摸到阳光的温度，还会让你情不自禁地去体悟她那跃动不止的责任感。作为校长，她认为自己有责任、有义务让教师与学生都有一种阳光的心态，都有一个幸福的人生。

我非常欣赏韩爱民校长的教师观。

第一，她认为教师是播撒阳光的使者。教师的心理状态，会在有意无意间影响到学生的心理。心理阳光灿烂的教师，会在课堂上为学生构建一个安全自由的心理环境，并让学生在平时的活动中也能舒展心灵。学生当下的快乐，还会为其未来生命行程增加幸福的砝码。从某种意义说，教师是为学生创造幸福的使者。

第二，她认为教师是学生的精神领袖。大哲学家、教育家柏拉图说："一个民族只有最优秀的公民才有资格当老师。"因为教师的优秀与否，决定着孩子是不是优秀，而孩子是民族的未来，所以，教师是不是优秀，在很大程度上决定着民族的未来发展。我认为，这里所说的优秀，除了拥有渊博的知识与丰沛的智慧之外，还要有一个高尚的人格。学生，尤其是小学生，向师性特别强，教师境界的高下对学生有着直接的影响。可以这样说，教师的一言一行都在向学生传递精神信息。因此，优秀的教师应当是引领学生不断走向高尚的精神领袖。

第三，她认为老师也是成长中的人。人非圣贤，孰能无过？即使如孔子这样的至圣先师，也会有犯错的时候。所以，在要求教师成为精神领袖的同时，还要将他们还原成一个有血有肉的生命本体。他们有追求，有智慧，同时，有时候也会消沉，也会犯这样那样的错误。校长要有一颗包容之心，友善地帮助教师改正错误，消除倦怠，引领他们走上积极向上的正确之路。

这对校长就提出了一个很高的要求。首先，校长也会遇到这样那样不开心的事，可是，当其走到学校里见到师生的时候，一定要满面春风。因为正像教师面对学生一样，教师看到校长不好的脸色，有时也会产生不好的联想，甚至猜测是不是对自己不信任或有意见。同时，校长在出台政策与做事的时候，一定要尽可能地做到公正、公平与公开。学校里有各种各样关于教师评价方面的事情，每次评价都有教师上或下，奖励有或无。教师们只要感到公正、公平与公开了，即使有一点儿不舒服，也不会拍案而起，大动干戈。校长还要想方设法地促进教师的持续发展。一个持续发展着的教师，即使遇到某些问题，也不会计较太多。一个人的生命是有限的，与发展相悖的问题都是小问题。这样，他们就不会斤斤计较，而会坦荡大度。

韩爱民校长的学生观也有三条。

其一，学生是成长的主体。让学生更好地成长，是学校教育的重要责任。学生不但要学到知识，还要感到快乐；不但要感到快乐，还要养成良好的习惯与生成健康的人格。那么，学生的成长是不是就全部由教师代劳了呢？显然不是，学生是受教育者，同时也是自我教育者；他们是被管理者，有的时候，也可以成为管理者。教师工作的意义，更多是引领学生自我学习、自我成长。其实，学生在这方面是有巨大潜能的，只要充分相信他们，施以有效的引导，他们的主体成长就能变成现实。

其二，童年要有童年的样子。教师绝对不能用成年人的思维来框定学生的思维。比如，他们活泼好动，有的时候甚至会做出一些让成年人生气的行为。其实，这更多的是生理与心理问题，教师千万不要将其上升为思想品质问题。如果他们时时事事都循规蹈矩，那反而不正常了。因此，教师要允许学生犯这样那样的错误，有时候，还要容忍他们连续多次犯同样的错误。那么，他们为什么屡教不改？当站在学生的视角思考问题、研究问题的时候，我们就会感到，在成年人看来比较可笑甚至可气的行为，原本就有其合理的内核。这并不是说不对学生进行教育了，也不是不让他们养成好习惯了。相反，在进行学生成长规律研究的时候，我们发现，即使一个小小的好习惯的养成，都需要无数次的反复。

其三，每个学生都是一个独特的太阳。孔子的“因材施教”，就是根据学生个性各异的特点提出来的。同时，每一个学生也有如太阳一样可以发热发光，只不过所发的热与光不同而已。有的在这方面表现突出，有的在另一方面有出类拔萃的表现。所以，不能用单一的考试成绩来评定学生的优劣，而是要发现不同个体的不同特质。这样，就会发现每一个学生都是可爱的。

为了让学生更好地成长，韩爱民校长还在课程建设、多元评价等方面进行了有益的探索。令人欣喜的是，她的探索不但有一定的理论性，还有实践的意义。这不但让"阳光教育"在她所任职的学校有了落地生根的可能，还给更多的学校提供了学习的借鉴。

期待这本书的出版，希望教育的阳光照耀到更多师生的身上。

2015 年 3 月 22 日于济南

(原载于《让阳光溢满校园》，韩爱民著，济南出版社，2015 年 4 月，有删改)

命中的魂注定探索

——《走向适合教育》序

人各不同，用同一的模式进行教育，自然会出现问题。所以，孔子提出了著名的“因材施教”说，即通过因人而异的教育，让学生都能得到相应的发展。他还说：“中人以上，可以语上也；中人以下，不可以语上也。”可当下一些教师的教学，往往不管学生是“上”是“中”还是“下”，就用同一难度与语系对学生进行教学。于是，就出现了学优生吃不饱、学困生学不会的现象。对于习惯各不相同的学生，在实施教育的时候，也常常因为采取“一刀切”的教育方式而出现事倍功半的效果。杨金明校长所说的“适合教育”，遵循了因材施教的教育原则，让不同类型的学生都能找到适合自己发展的方位，都能率性地成长。

比如山东省滨州市沾化区第一实验小学的“一班一品牌，班班有特色”，就为个性爱好不同的学生提供了自我选择与才华展示的空间。自我选择，既是对学生的尊重，也遵循了学生发展的规律；才华展示，既可以让学生的潜能充分发挥出来，又可以由此增强他们的自信心与自豪感。其实，学生都有着巨大的发展潜能，只不过在“大一统”的教育下，很多潜能被压抑了而已。适合教育则恰恰相反，它极大地激发了学生内在的发展动力，让其潜在的能量喷发出来，为其未来更大的发展提供智慧储备。不过，这也会为学校增加负担，为教师增加工作量。可杨金明校长认为，没有这方面的负担，就不可能促使学生更好地成长。作为校长与教师，要有一种责任感与使命感，小学阶段为学生提供什么样的教育，在很大程度上，对其未来做出社会贡献的大小起着至关重要的作用。

“适合教育”还有一个突出的特点，就是它是以思维为前提的现代教育。传统的教育是以知识为前提的教育，学生更多学到的是知识，而且是被动学习的。适合教育也会让学生学到知识，还可能学到更多的知识；可更重要的是，它极大地拓展了学生的思维，尤其是激活了他们内在的创造力，从而让学生学习走向了自主与自动状态，进而形成创造性的思维品质，让学生感到学习是一件其乐无穷的事情。

杨金明校长所谈的“适合教育”，还不仅在于学习这一领域，而是一个全方位的系统。它不但涉及学校教育的方方面面，还辐射到了家庭教育与社会教育层面。所以，就有了家校合作与社会实践活动等一系列的教育活动。这是一种理念内化的过程，“适合教育”不但要根植于教师的心里，还要走进家长的心里，甚至向社区扩展。只有形成一种精神与行动上的合力，“适合教育”才能真正落地生根。

杨金明校长认为，“适合教育”在关注学生个性差异的同时，并没有排斥共通的要求，如要求所有学生都要好好读书。他认为，学生在读经典著作的时候，不但可以从中汲取丰富的智慧，还可以提升人生的境界。一个形不成读书习惯的学生，不管其个性如何张扬，也是没有生命底气的。因此，学校要用经典文化为学生的未来点燃亮色。当然，学生在读书的时候，也可以根据自己的爱好各取所需。看来，“共通”也不是一个绝对的概念，其中也还有一个“适合”的问题。

杨金明校长认为，在实施“适合教育”的时候，对学生的爱也是共通的要求；不过，爱的方式方法却要因人而异。爱也是一种智慧，也要适合才行。所以，他要求教师们爱学生，同时还要让每个学生都感受到爱，并让他们也根据自己的特点去爱教师、爱家长、爱同学。因为有了爱，才是真正意义上的教育。

杨金明校长“适合教育”的成果结集成书出版之后，会有更多的读者分享他的经验与成果，希望他们也能做好适合自己的教育，让更多的学生受益。

2015 年 5 月 3 日于济南

（原载于《走向适合教育》，杨金明著，山东人民出版社，2015 年 9 月，有删改）

让读书改变师生的行走方式

——《做扎根良知的教师》序

这几年，我曾不止一次地研读王阳明先生的《传习录》，他在其中谈到的良知说，对我影响甚大。而当看到李凯校长的《做扎根良知的教师》书稿的时候，我的第一感觉就是他是读过《传习录》的，甚至还有一定的研究。通读书稿，我才知道，何止于《传习录》，《论语》等中国传统文化经典，以至外国苏霍姆林斯基、雅斯贝尔斯等教育大家的著作中的经典语句，在书中也是随处可见，而且用得恰到好处。这让我对李凯校长多了几分敬仰。一位校长，如果不读一些经典著作，是没有文化与教育资本的。

正是这样一位爱读书的校长，才提出了“让读书改变师生的行走方式”的教育口号。当今一些教师，除了教材与教学参考书之外，所读的书，尤其经典著作已经愈来愈少了。而一个不读书的教师，是不可能胜任教书育人工作的。只有持续不断地读书，甚至背诵一些经典，才能形成属于自己的优质语言系统，并且提升自己的精神品位。这些“诗外功夫”，对于增强教师的教育教学水平，无疑起着至关重要的作用。

真正优秀的教师，不但要具备精神的高格，也应该有一片属于自己的心灵净土。李凯校长希望教师要“保持自己心灵广场的洁净”，当是一位智者之言。诸葛亮说：“非淡泊无以明志，非宁静无以致远。”一个心灵喧嚣的教师，是不可能有远大志向的，也是不可能教好学生的。相反，一个心灵安宁的教师，会在有形无形中向学生传递一种宁静致远的心灵信息，从而让学生的心灵安顿下来，专心致志地学习，矢志不移地追求更高的生命目标。

李凯校长是一位优秀的学校教育管理者，同时，他对教学也很有研究，而且思想观念很新。比如，他认为最好的课堂姓“学”不姓“教”。现在一些课堂之所以死气沉沉、了无生机，以至学生学得索然寡味，其中一个关键的因素就是教师讲得太多、太平庸，满堂灌的教学让学生闻而生厌，甚至闻而生怕。当学生学得很痛苦的时候，学习效率必然低下。中国第一篇教育学论著《学记》中就谈到教师要“其言也，约尔达，微而臧，罕譬而喻”，意思是说，教师的言语要简洁而通达，精微而完美，比喻少而意思明了。做到这些，固然可贵，可是，还要让学生善学，因为“善学者师逸而功倍，又从而庸之”，意思是说，善于学习的人，教师费力不大却可以达到事半功倍的效果，而且学生还会将自己的成功归功于教师。那么，如何才能让学生善于学习呢？就要让他们自己学。开始的时候，教师可以进行适当的引导，时间长了，学生就逐渐地会学了，再经过一段时间，他们就善学了。没有自己的尝试，甚至是失败的尝试，是不可能寻找到善学之路的。从这个意义上说，作为学生学习主阵地的课堂，应当成为学生自我探索的主战场，让学生在这个战场上享受“克敌制胜”的愉悦感。其实，每一个学生都具备一定的学习能力，只是有的时候，由于教师的过多之讲甚至全部之讲，使学生本然就有的学习能力渐渐消退以至于消失了。可是，一个只知道接受教师知识，而不能主动探索未知的学生，是不可能具备创造性思维品质的。而未来社会，需要的恰恰是这种极其可贵的品质。看来，李凯校长不只是关注了当下课堂的活与不活，还瞩目了学生未来发展的前景。

这本书还有一个可取之处，那就是李凯校长不是只讲道理，而是撷取了大量鲜活的事例，让读者不由自主地走进他的精神世界里，一方面饶有兴趣地去阅读这些故事，另一方面则从故事及李凯校长理性的点拨中，体悟到一些教育教学的道理甚至生命的哲理。他的拳拳用心，真的让人感动啊！

上面我所谈到的问题，只是书中很小一部分内容。如果试图走进李凯校长的教育世界，就应当全面地去阅读这本书。可以断言，每一个读者都会从中汲取一定的生命营养。

2015 年 6 月 10 日于济南

（原载于《做扎根良知的教师》，李凯、史丽华著，现代出版社，2015年 6 月，有删改）

一本为班主任准备的班会教程

——《班会课程化》序

班会是实施德育的重要载体，也是凝聚班级精神、提升班级文化、沟通班主任与学生心灵的一个重要平台。可当下有的班会内容无序、形式随意，没有生成更好的教育价值，这不能不说是一个遗憾。山大华特卧龙学校则构建了一套优质的班会课程，形成了一本班会课程化方面的著作，从而让“执教”班会的班主任有了科学的依据。

既然作为课程，构建过程中就不但需要具有课程意识，还要很好地了解学生的人格、心理、身体等特点。这不但需要时日，更需要学校领导与教师的责任感，以及相应的专业知识。如果不是真正关注学生的生命成长，就不可能“多此一举”。

山大华特卧龙学校不但有了这“一举”，而且是一举成功。

课程的设计不但科学，而且颇具特色。比如，教学目标、教学方式（表演、朗诵、演讲、辩论、音乐鉴赏等）、教学策略（信息技术演示、活动体验等）、教学过程（情境导入—思维碰撞—总结升华—成长体验—教师寄语—拓展延伸）和教学评价（个案评价、学生班会记录等），生动而有趣，让学生乐在其中，不知不觉受到教育的同时，也培养了思维的张力，并形成了相应的能力。

班会课程化不但有其内容上的序列，在时间上也有序列。在某个时段，开什么样的班会，如何开好班会，都有相应的内容与对策。有心的班主任在研读这本书之后，再结合本班学生的实际，就有了开好班会的可能。

这对于班主任，尤其是青年班主任来说，无疑是一件好事。它成了一本真正的班会教材，甚至可以说是一本班会教程。因为它不但有系统的教学内容，还有具体的实施方略。

从广义上说，教师与学生也是课程资源，所以，班会课程化在为教师提供便利的同时，更关注学生的自我成长。班主任是学生精神的导师，而绝非他们的保姆。这一理念深植于书中，所以，就有了更高的品质。学生是学习的主人，这是新课程改革中的一个重要理念，班会课程化的最终目的就是让学生成为主人。很多时候，班会上学生的自主性发挥得越好，效果也就越好；这样的班会开得越多，学生的自信心、自豪感，以及很多方面的能力就会得到相应的提升。

2011 年，我采访过这所学校，且与校长通过对话的形式，完成了一篇长篇对话文章《打造沂蒙基础教育第一品牌——记山大华特卧龙学校由弱变强的突破》，并刊登在《中国教育报》上，产生了很大的影响。在这篇对话文章中，就谈到学校“班会课程化”的问题。今天再看《班会课程化》书稿的时候，就有一种特殊的亲切感。

真心为学生成长办教育，就没有办不好的教育。班会课程化是山大华特卧龙学校真心办教育的一个结晶。它的出版，不但是这一所学校的成果，还会让其他学校更多的班主任有所收获。

期待本书的出版，也希望广大班主任喜欢它。

期待即将成为现实，希望也不会落空。

2015 年 9 月 16 日于济南

(原载于《班会课程化》，高英华主编，山东友谊出版社，2016 年 1 月，有删改)

为中学生而写的德育书

——《人生从这里起航》序

我特别欣赏山大华特卧龙学校从立足于学生生命成长的视角，精心编写的《人生从这里起航》这本书。一般来说，不管是初中还是高中，都特别关注学生的升学考试成绩，可是，高英华校长等人更加关注学生行为习惯、学习习惯的养成，以及学生生命的锻造。

《周易》有言："立人之道，曰仁与义。"看来，要想成为一个真正意义上的人，必须是一个品德端正者；不然，则枉称为人。所以，孔子的教育，更多的是做人的教育。他的教学总纲只有12个字："志于道，据于德，依于仁，游于艺。"前9个字都是直接谈如何做人的问题，最后3个字也不是与做人毫无关系。所以，儒家先师认为修身是生命之本，不然就不可能齐家、治国、平天下。而本书中的第二篇"行为习惯养成教育"，正是从如何做人的角度来组织编写的。孔子说："力行近乎仁。"只有口头之说的德育，是不可能产生良好教育效果的。如果只说不做，非但教育不好学生，还会把学生引向歧途。所以，孔子说："巧言令色，鲜矣仁。"从行为习惯入手，锻造学生的思想人格，才是德育的正道。这反映了编写者的思想品位，也昭示出一所学校的品质。

第三篇"学习习惯养成教育"既关注了学习习惯养成的方法，也触摸到学习习惯养成之道。学生学习成绩的优劣，当然与智商有关，可关系更大的是情商。综观成就大事业的人物，几乎都有着很高的情商。而良好的学习习惯，是情商的核心内容之一。中国第一篇教育学论著《学记》中说："善学者师逸而功倍，又从而庸之；不善学者师勤而功半，又从而怨之。"意思是说，善于学习的人，教师费力不大却可以达到事半功倍的效果，而且还会归功于教师；不善于学习的人，教师教得非常辛苦效果却是事倍功半，并且还会抱怨教师。看来，会学善学，才是提升学习质量、提高学习成绩的不二法门。本书的第三篇则为学生会学善学指出了一条明确的路径。其实，当学生会学善学之后，考试成绩也就自然“水涨船高”了。本书编写者不希望学生一心执着于考试成绩，而是从根本处进行点拨，于是，就有了“本立而道生”的奇效。山大华特卧龙学校连年来升学考试成绩居高不下，与此当有一定的关系。

第四篇是关于“生命教育”的内容，学校领导与教师对学生的拳拳爱心，读来让人感动。生命是可贵的，可是，有的风华正茂的学子不知道珍爱生命，从而做出令教师与家长遗憾终生的事情。之所以出现这样的问题，原因是多方面的，可有一点是肯定的，那就是学校对生命教育的重视度不够。尤其是青春萌动的中学生，有着积极向上的朝气与活力，也有着不计后果的感情冲动。《孝经》上说：“身体发肤，受之父母，不敢毁伤，孝之始也。”这些先贤对于父母所赐予的身体是多么珍惜！孔子高足曾子临死前叫来他的弟子说：“启予足，启予手。诗云：‘战战兢兢，如临深渊，如履薄冰。’而今而后，吾知免夫，小子！”意思是说：“看看我的脚，我的手（有没有损伤）！《诗经》上说：‘（要）小心谨慎呀，就好像站在深渊旁边，踩在薄冰上面。’弟子们，（从今以后）我知道该怎么避免不再受到损伤了！”所以，珍爱生命不只是自己的事，还关乎对父母是不是孝敬的问题。

当然，生命还不只身体方面，更在精神层面。任何人，尤其是青少年学生，其生命不应当长时间在同一个平面上滑移，而应当不断地实现生命的超越。同时，不应只为了实现自己的生命价值，还要胸怀国家、心系民族，为社会创造更加丰沛的精神财富。

这本书的可贵，还在于将德育道理如盐在水地融入于生动的案例之中，让学生在手不释卷的阅读中，“润物细无声”地受到教育。

老子说：“大音希声，大象无形。”我想，大的教育亦应如是。

2015 年 12 月 15 日于济南

（原载于《人生从这里起航》，高英华主编，山东友谊出版社，2016 年 3 月，有删改）

修己以安人

——《半部〈论语〉铸名校——“岔河现象”解码》序

2010年5月15日早晨，我在天津市蓟县下营镇一个农家院的一楼客厅里，与张斌利校长第一次对面而谈，就有一种相见恨晚的感觉。我觉得，似乎在很久之前，我们已经相遇，也许是真的见过面，也许是心灵早已融通在一起了。

这种心灵的相遇，《论语》在其中起到了一个关键性的作用。49岁那一年，我突发奇想，要将其中的绝大多数内容背诵下来，而且真的背诵了。让我想不到的是，它成了我生命的一次重大转折。原本浮躁喧嚣的心开始归于平静与淡然，写起作品来也恍若有了从容与自然。

从此，我与《论语》就结下了不解之缘。

张斌利校长也是因为与《论语》相遇而改变了人生的。不过，我觉得他的改变更有意义。如果说我更多还在“修己以敬”层面学习的话，他则有了“修己以安人”的责任感与担当精神。他在完成自身突围与超越的同时，也将原本薄弱的河北省唐山市岔河中学铸造成了一所响彻全国的名校。

张斌利校长是孔子“己欲立而立人，己欲达而达人”的真正践行者。其个人的成长固然重要，而让全校师生更好地发展，则成了他“舍我其谁”的历史使命。在一般人看来，一所农村初中的教师，不可能有大的发展前途，可张斌利校长打破了这个固化思维。在他的引领下，崔小英、张洪艳、胡大翠等一批教师脱颖而出，不但走出了唐山，还走向了全国，并产生了广泛的影响。

这其中的奥妙，当是张斌利校长通过《论语》，将孔子的思想播撒到教师心田的结晶。在他看来，每一个教师都有巨大的发展潜力，只不过很多时候，这种潜力被遮蔽甚至被压抑了而已。开发教师内在的潜力，就会给世人一个又一个巨大的惊喜。

在《论语》的光照下，张斌利校长与教师们的阅读逐渐向更宽的视野与更深的层次拓展。尤其是他首创的聊书会，从他所任职的学校，持续不断地向外蔓延，乃至成为全国性的活动并升华成一个品牌。

张斌利校长在铸造岔河中学的同时，也在更大的范围影响着更多的校长、教师及学校。

这让我想起了孔子高足曾子之言："士不可以不弘毅，任重而道远。仁以为己任，不亦重乎？死而后已，不亦远乎？"他学《论语》，不但关注属于"内圣"的修身，还特别关注建立教育功业的"外王"大事。可这种功业的建立，绝对不是轻而易举之事。不过，孔子所言的"知其不可而为之"的奋斗精神，已经渗透到他的血液里，变成了一种思维惯性与行动。有的时候，我认为他所追求的目标太过高远，实现的可能性微乎其微。可是，他仍是一往无前，绝不止步，且多能带领教师们抵达这个目标，创造不可思议的奇迹。

为此，张斌利校长付出了常人难以想象的代价，甚至不惜牺牲自己的身体健康，也要构建他心中的那个教育理想国。包括他学校的教师，也与他一样拼搏不已。郭玉梅老师便是一个典型，她在癌症后期甚至临终前夕，都在跟随张斌利校长去完成她的使命，真的是"死而后已，不亦远乎"？

当今中国教育界，能有这种以牺牲自身健康甚至生命而追索教育发展的奋斗精神者，真的是"几希矣"。不过，他们是中国教育的脊梁，少虽少矣，却照亮了教育的未来与生命的前程。

作为张斌利校长的知己与朋友，我还是很担心他的身体，每次与他通话或见面，我第一句话问的不是他的事业，而是其身体状况。为了事业，他的身体在好几个方面都出了问题，有的甚至还比较严重。我希望他在干教育大事的同时，能够珍重一下自己的身体。可是，当学校之事，甚至学校之外的教育之事来临的时候，他又忘却了自己的身体，在身体"亮起红灯"的时候，依然毫不退缩地"战斗"不止。

张斌利校长，无愧于一个教育的勇士！

不过，他绝非匹夫之勇，而是有着一般人不具备的智慧。在《半部〈论语〉铸名校——"岔河现象"解码》一书里，我们还认识到另一个张斌利校长。他的治校，更多的不是法制，而是德治。他深信孔子之言："道之以政，齐之以刑，民免而无耻；道之以德，齐之以礼，有耻且格。"事实上，他正是在"道之以德，齐之以礼"中，实现了教师们人格的升华与人心的凝聚。尽管他很少批评教师，可因有了"德不孤"的品质，也就有了"必有邻"的威望。

所以，读者在阅读这本书的时候，不但能够感受到张斌利校长的勇气与智慧，还会发现，有一位令人敬仰的仁者的形象已经矗立在面前。

期待这本书的早日问世，也期待张斌利校长的精神能够照耀在更多学校与教师的身上。

2016年7月24日于济南

（原载于《半部〈论语〉铸名校——"岔河现象"解码》，张斌利著，福建教育出版社，2017年1月，有删改）

诚于中，形于外

——《心悟——刘国前教育随笔》序

目前，校长著书者不多，书中内容不人云亦云而又有自己感悟者，更是凤毛麟角。刘国前校长不但出版了自己的著作《心悟——刘国前教育随笔》，而且其中还多流淌着充沛的感情，有着属于他自己的生命感悟。所以，初次与他面对面的交流，我感到自己已经在触摸书中的某些内核了。拜读完他的著作后，我更深一层地感到，他还是一位有理想追求、有文化品位、有仁爱之心的校长。

从当教师开始，他就有一个高远的追求目标。他深信孟子之言："人皆可以为尧舜。"教师因材施教，学生充满信心，就可以在某个方面异军突起，给人们一个巨大的惊喜。

基于这种思考，在任教师期间，他让一些自认为没有发展前途的学生找回了自信，并取得了令人欣慰的成绩。书中，有些内容很令人感动，他在改变学生心态的时候，也在创造高考的奇迹。他还认为，学生的品德比才能重要，能力比分数重要，发展比文凭重要。在提高学生成绩的同时，更应该注重学生的全面发展。教育的功能，不是压抑学生的潜能，而是激发其内在的动力。而且，这种潜能与动力，既显现于当下，更昭示于未来。人们常说的对学生的未来负责，在他那里，已经成了现实。

在担任校长期间，他相信教师潜能巨大。他始终坚持名师造就名校，打造名校首先必须打造名师。作为校长，除了相信与激励教师之外，他还千方百计地为教师提供培训学习、锻炼提高的机会，为教师搭建展示才华的平台，引领教师善做学问、争当学者，建设学习型、研究型、专家型名师队伍。因为在他看来，一所学校能不能更好地发展，在很大程度上取决于教师。所以，当教师的时候，他有一个观点：学生第一；当了校长之后，他又有一个观点：教师第一。当校长把教师当成第一的时候，就没有了高高在上的官本位思想，就有了与教师心灵相通的情感维系。同理，当教师把学生当成第一的时候，学生也才能真正“亲其师”而“信其道”。

那么，相信学生与教师，是否只是一个理念呢？不是的。通过深层研究，他发现，其中有一个最为重要的元素，那就是爱。孔子说“仁者”“爱人”。不然，所谓的爱都只是一种表演。仁爱之心“诚于中”，也就必然会有“形于外”之美。

说起当年所教的学生，他的眼里会立刻闪现光芒；说起他们学校的优秀教师，他也会瞬间神采飞扬。他认为，教师与校长最美好的品质就是爱；没有爱，就没有教育。当然，在爱的时候，也要讲究策略，因为会爱是一种智慧。当教师爱学生、校长爱教师的时候，不只是“发乎心”，还要让其“见乎行”。他认为，不管是当教师，还是当校长，一个重要的使命就是传递爱。当学校里充满爱之后，身在其中的教师与学生，就会有温馨感与幸福感。而校长，不只是要让教师更好地工作，不只是要让学生更好地学习，还要让他们更加幸福。苏霍姆林斯基说：“理想的教育是：培养真正的人，让每一个从自己手里培养出来的人都能幸福地度过一生。这就是教育应该追求的恒久性、终极性价值。”刘国前一直都在追求着这个恒久性与终极性的价值。

在这种追求中，他的管理就不只停留在行政管理的层面，而是升华至文化层次。在他看来，学校管理的要义是文化管理，通过文化来“化”人。教师是知识分子群体，单纯的行政管理尽管也可以产生作用，可如果不能解开教师的心结，不少行政管理就会失去效用。比如，学校里都有规章制度，校长经常强调制度的重要性，可是，当这些规章制度不被教师认可的时候，就成了一纸空文，了无用处。几乎所有的校长都会谈尊重教师，甚至还会说教师是学校的主人翁，可是如果连学校制度的产生教师都一无所知，还谈什么尊重，还是什么主人翁？有的校长也许会说，我们的规章制度也与教师们商量了，他们照样不遵守。其实，商量与商量不一样，关键是有没有文化之“化”的问题。刘国前校长认为，学校的规章制度不应当是校长一个人凭空想象出来的，也不应是学校几个领导商量之后制订出来的，而应当经由教师这个群体的共同参与，甚至有可能出现波折与反复、意见与矛盾，才达成相对的共识，进而形成规章制度。这个过程也许会长一些，但正是因为长，甚至发生了摩擦，才有了心理的认可。即使如此，还不能真正升华到文化管理的高层境界，此后教师们能不能一以贯之地执行这些规章制度，还要有对规章制度执行情况的监督与考核，还要有相应的评价机制。当教师们慢慢地习惯了学校的规章制度，以至敬畏规章制度的时候，学校的规章制度就成了人们常说的制度文化了。

规章制度的内化固然属于学校文化管理的重要内容，可并非其全部。管理的更高层次是自主管理，尤其是学生的自主管理。刘国前校长大胆相信学生的潜力，不只停留在学习方面，也辐射到了管理层面。在他看来，学生本然就具备自我管理的潜质，可是，学校领导及教师总认为他们是孩子，是被管理的对象，不但不让他们自我管理，反而对他们过度管束，让他们渐渐失去了自我管理的信心，让他们原有的潜力也悄然消失。当刘国前大胆将管理权交给学生，并通过活动来实现育人目标的时候，内聚于学生心中的那种管理潜质顿时勃然而发。尽管在自我管理中他们也会遇到这样那样的问题，甚至遭遇失败，但他们会在解决问题与超越失败中更好地成长，进而走进自我管理的园地里。这时候，不但学校管理的层次得到了升华，学生也感受到自身的潜力，以及成为学校主人的自信心与自豪感。有了这种生命感觉，就会学会快乐地生活与积极主动地学习，人们孜孜以求的好成绩，也就不求自得了。

谈起这些得意之“作”，刘国前校长的脸上洋溢起幸福的笑容。是的，无论是做教师，还是当校长，他都竭尽全力工作，自然就有了满满的收获。如果我们认真地读读这本书，我们的心里也会为刘国前校长及学校师生的幸福荡漾起幸福的涟漪。

不过，他也有力不从心之处，有时候还会产生一种悲怆感。尽管拼命努力，有时却事与愿违，这让他感伤不已。再往深层次探究一下，我们就会发现，他有点儿太过着急，教育本来就是一项不能速成的事业。其理想的追求，有的已经实现；那些尚未实现的，未来也有可能实现。对教育充满了全心之爱的刘国前校长，还要学会放下，不是放下不干，而是对干了而不能实现的事情能够释怀。也许有人说，他是一个完美主义者，可我要说的是，教育上永远没有完美。你可以去追求完美，但你同样还要认可缺陷。其实，有时候，缺陷也是一种美。

刘国前校长，一如先前地拼搏与追求着，他会遇到各种各样的困难，同时我坚信，他还会逐渐学会在一次又一次地破解困难的时候，享受解决困难的心灵愉悦。当然，他会取得更多的成功，收获更多的鲜花，这不会让他自鸣得意，相反，他会更加谦虚谨慎、奋力向前，去实现他生命的再次超越。

2016 年 7 月 25 日

（原载于《心悟——刘国前教育随笔》，刘国前著，福建教育出版社，2017 年 4 月，有删改）

以文“化”人，以人“化”文

——《素质至上——山东省昌乐外国语学校文化建设解码》管窥

翻阅吴功明校长的著作《素质至上——山东省昌乐外国语学校文化建设解码》，我突然眼前一亮，心中甚是惊喜。于是，手指在键盘上迅速“行走”，“开花的声音”就这样“穿插”于灵感之中，直到形成此文。

“化”而不同，素质至上

一个人或一所学校品质的高下，在很大程度上取决于其文化能量的大小。因为文化从本质意义上来说如同春风春雨，不仅可以“化”人，还能点亮人生。恰如荀子所说：“蓬生麻中，不扶自直。”作为学校文化主要元素的物质文化、制度文化与精神文化，好似春在枝头悄悄发芽，在有形与无形中作用于学校中的每一个成员，让他们在耳濡目染中，沾满花香，受到熏陶与影响，自觉不自觉地“化”入其中，将其内化成一种习惯，升华成一种品质，外化出一种行为与气度，染上绿光，燃烧激情。

古今中外，大凡名校都有其独特的精神气质和文化魅力，诚如美国教育理论家古德莱德所谈：“学校是具有文化品位和精神感召力的场所。”校长即是学校文化的塑造者，学校文化建设亦历来是学校发展规划中的根本追求。

可为什么有的学校呈现出蓬勃发展的趋势，有的学校不但出现“歉收”，还步入每况愈下的怪圈里呢？因为从广泛意义上讲文化即经验，文化哲学家恩斯特·卡西尔就认为文化是人们对无意义事实赋予意义并予以保存与传承下来的人类经验的有限部分。故而，经验有好坏之异，文化亦有高下优劣之别。美国学者罗伯特·欧文斯对这一问题做了详细阐述，他认为，一所优质的学校存在着一种组织文化和组织气候，它包含了与教师文化相同的基本因素，如价值观、思维方式、行为模式和人工环境等，能于无形之中在场域内形成一种潜移默化的影响力，其意义深远。如果构建的是非常低级甚至是劣质的学校文化，身处其中的师生就会受到不良的影响，就有可能出现“白沙在涅，与之俱黑”的结果。

鱼水融为一体，是一种化不开的情愫。从这个意义讲，所有校长都应当高度重视学校文化的建设，不然，就有可能让自己及全校师生反受其害。比如，某个校长不是任人唯贤，而是任人唯亲，形成了一个“同而不和”的小圈子文化，原本积极工作的教师便会看不到希望，甚至随波逐流；而学生也会成为受害者。

费孝通先生曾言，文化是人为的，更是为人的。研究校园文化，是为了创造一个美好的人文世界，不仅物质丰富，而且精神愉悦，可以让师生更幸福地生活。吴功明校长就是一位很有使命感与文化品位的校长。他所倡导的“和而不同”与“周而不比”的文化，传递着天然的“真气”，直达灵魂的中心地带。这种精神文化，让学校形成了一种和谐向上的氛围。

推开一扇窗，让星星装进梦想。人类学研究认为，文化是人创造的意义，但它也可以创造人的意义。它真实而富有生命力，是每一个人“以身体之，以心验之”的内在体验过程。的确，几乎每一位教师都有着巨大的发展潜力，不过，这种潜力只有在优质的文化土壤里才能生根、发芽、开花与结果。昌乐外国语学校的文化土壤，让一位又一位教师脱颖而出，让教师取得了一个又一个令人欣喜的成绩。这不但让他们体验到生命价值得以实现的幸福感，还让他们将这种幸福感延伸到学生的生命里，让学生也有了积极的追求与生命的动力。

所以，学校文化不管是对于教师还是学生，意义之大都是不言而喻的。

在积极构建学校文化的时候，吴功明校长提出了一个非常响亮的口号——“素质至上”，这也是本书的正标题。而素质的高低，恰与学校文化有着极其密切的关系。昌乐外国语学校的“文化建设”和“素质至上”和谐成一曲动人的乐章。

毋庸置疑，当下一些学校对应试教育的重视并没有因为素质教育的提出与实施而“退位”，反而进行着或明或暗的拼命对抗。在某些时候，还被冠以使学生考出好的成绩与升入好的学校为名，让学生承担本不是这个年龄段该负荷的压力，甚至让他们的身心受到了严重的伤害。

三效并进，各显其能

心底，另一种热烈在澎湃。吴功明校长认为，校长要有最起码的良知，那就是追求一种更合乎生存的本质，把学生当成正在成长中的生命来看，让他们保持火焰的初始形状。美国教育心理学家马斯洛曾力倡，更积极的教育应该是更多地关注孩子的成长和未来的自我实现，通过学校教育，让他们身体健康、心理愉悦、知识丰盈、人格健全……有了这些素养的学生，不但当下会有一种优秀的表现，还会持续延伸为其未来的生命点燃亮色。

为此，就要构建适宜学生优质成长的学校文化，让率性而生的所有生命，拥有美好的人生。

于是，昌乐外国语学校摇曳着创新文化的三效课堂、三效管理、卓越素质课程等就应运而生了。

所谓三效，即效能、效率与效果。但它又不同于一般意义上的三效之说，而是因学校文化的“契约”，让“素质至上”这个高远的目标有了实现的载体。

当今对于高效教学乃至高效教育的研究并不少见，有的也取得了一定的效果。可是，如果只是停留在“应试”层面，没有文化的含量，尽管有可能在当下显现出高效率，却未必能够持续拥有高效能与好效果。

很多学校都关注学生的考试成绩，但因出发点不一样，效能也各有不同。吴功明校长认为，学生有了高素质，考出好的成绩，那是顺理成章的事情。昌乐外国语学校没将重点放在学生的“应试”上，每年的升学考试却照样在全县名列前茅。用吴功明校长的话说，在这方面，“效能”功莫大焉。

在词典里，“效能”至少有三种含义，其中也包括效率之义。不过，在吴功明校长的词典里，它又有独特甚至更丰厚的内涵。他更多关注的是生命在学校文化中的自主能动、积极和谐、合作共进等优秀品质的形成，以及向未来生命时空延伸的意义。

吴功明校长在关注当下效率与效果的时候，更关注“未来时”的状态。在浮躁之风盛行的时候，他守持了一颗文化定心。他深信孔子之言："无欲速，无见小利；欲速则不达，见小利则大事不成。"对于当下风靡一时的高效课堂热，他采取的是既学习又批判的态度，形成了属于他的理念与话语系统的三效教育文化。诚如苏霍姆林斯基所说："一个人到学校上学，不仅是为了取得一份知识的行囊，而主要是获得聪明。因此，我们主要的努力就不应该仅用在记忆上，而应该用在思考上。所以真正的学校应是一个积极思考的王国，必须让学生生活在思考的世界里。"三效课堂是实施素质教育的主阵地，所致力的方向就是为学生的自主思考、自我觉醒和自我实现营造一个值得生活于其间的教育时空世界。

在三效管理中，他从孔子"不在其位，不谋其政"中受到启发，既不缺位，也不越位。他特别关注学校发展的顶层设计，谋划学校前途命运的大事情，以及更好更快地提升自己的文化品位。他深知，一个校长肩负着使教育繁荣的重任。而教育境界与文化品位，在很大程度上决定着整个学校的教育境界与文化品位。可以说，他将自己生命意义的提升与学校品质的升华早已联系在了一起。所以，不管外面的世界"精彩"到何种地步，他都不为乱象所迷，而是一如既往地折射出自己的睿智之火花，让自己的生命持续不断地飞跃。于是，昌乐外国语学校也就有了属于它的定力与境界。

挽弓的人，随时准备把自己当箭射出去。吴功明校长从自身发展的经历中悟到，每一个生命都有独特的价值，也有超越常人想象的潜力。学校需要为所有师生构建一个挥洒生命的平台，需要制度规范人的行为，更需要制度文化内化人的行为，这成为学校腾飞的充分必要条件。美国著名管理学家德鲁克曾断言："管理与制度是一种有着多重目的的机制，而在这多重机制中，人的因素是最重要的。"所以，伴随着吴功明校长所说的不越位，就有了大胆放权的自主管理体系构建，即以承包责任制为原则，构建了以级部为依托的教师管理与学生小组的自主管理体系。每一个级部就是一所小学校，每一位管理人员就是一个挽弓之人。级部拥有选聘教师、班主任，任命学科组长、学生生活教师等一系列有利于自主发展的人事权利。在每一个班级内，对学生进行了小组分类，并实行组长轮流制度，明确了学生自己的职责与权利。也就是说，在昌乐外国语学校里人人有飞行的目标，个个有心中的牵挂。

在这种机制中，学校中的每一个成员，都有了释放生命能量的平台。于是，效率、效能、效果便和谐共生出耀眼的奇光异彩。更重要的是，它让每一个教师与学生都感到自己是学校的主人，都有实现其价值的机会。于是，他们与学校的命运也就维系在一起，还有了“校兴我荣、校衰我耻”的集体荣誉感，以及“二人同心，其利断金”的合作精神与团队意识。

吴功明校长高兴地说：“当人们羡慕我们学校里一个个干部、教师与学生取得可喜成绩的时候，作为校长，更感到这个群体凝聚成的巨大力量。”学校从真正意义上来说就是一个实践共同体，加拿大著名教育家迈克·富兰曾明确提出，学校改革的动力是学校里校长、教师以及学校外相关力量的协调和联合。因为一个人的成功固然重要，可一个人的发展是加法，而一个团队的进步则是乘法；一个人可能会走得快，而一个团队才能走得远。而昌乐外国语学校，不但走得快，而且走得远。其中，校长及其领导团队是促进学校组织变革与发展的引领性力量。

三效并进，形成了特殊的文化景观。

课程实践，积淀财富

吴功明校长深知教育的意义必然寓于课程之中，而课程的品质决定了教育存在的价值。他在本书中所谈到的卓越素质课程，就是从“受孩子喜欢”的教育入手，构建孩子喜欢的大（学校）课程的。这个课程不但有超越教材之外的包括图书、报刊、影视、网络等一个大的文本课程系统，而且还有走出校园的大生活课程。吴功明称之为实现“素质至上”目标的卓越素质课程，其中属于实践体验类课程的每年春秋两季的远足拉练课程，则成了学生生命成长的必修课。“教育即生活，教育即生长，教育即经验的不断重组与改造”，是美国教育哲学家杜威关于教育本质的三句箴言，并据此力倡“在做中学”的教学观，强调操作性经验和参与性实践的习得过程。而卓越素质课程，就其深层发展目标来说，就是以此教育理念阐发了孩子对世界的满怀好奇，并希冀探索其内在奥秘的心灵状态与经验过程。

大家知道，由于关涉学生安全问题，休说远足，就是近处的春游秋游，也被不少学校取消。可是，吴功明校长认为，只有生出根须，才能赢得一方水土。不能因为有可能出现安全问题而因噎废食。因为学生最终是要走向社会的，现在有了规避不安全的意识与能力之后，未来才能少出甚至不出安全问题。为此，他们在远足之前，往往会进行认真的考察与深入的分析，从而将可能出现的非安全因素全部排查在外，进而制订一系列确保安全的预案。所以，他们用胆识撑开“夜色”，尽管“常在河边走”，但是没“湿鞋”。

吴功明校长说，远足对于学生来说是一个挑战，也是一种刺激与启发。在这个过程中，他们感受到了远足的艰难，甚至是痛苦，可由此锤炼了他们的意志，凝聚了团结互助的精神。同时，学生在远足中生成了新的感悟，那就是再困难的事，只要坚持下去，就有可能走向成功，变苦为乐。同时，他们积淀下一个积极向上的心理暗示：只要有一种决不放弃的精神，再大的困难都可以克服，甚至还可以享受到破解困难的心灵愉悦。这种意志品质的形成，不但会提高学生当下学习的效率与快乐指数，还会让理性之光、信念之光，为学生未来走向更大的成功积淀一笔持续发展的精神财富。

与此同时，昌乐外国语学校还开设了青岛、泰山、曲阜、北京等地游学课程。当学生走到濒临大海且摇曳着现代风情的青岛，人文景观与自然景观和谐为一的东岳泰山，儒家文化发祥地的鲁国故都曲阜，集中国政治中心、经济中心、文化中心等为一体的首都北京时，他们兴奋不已，对祖国壮丽河山的热爱情感便自然生成。没有炽热的情感就不可能有智慧的追求和享受，学生的学习不是固着于静态文本符号，而是向更加广阔、更加丰厚的动态社会生活开放，向更为广阔、更加深邃的灵动心灵开放，这使我们真真切切地感受到学校教育所应有的人文关怀、生活印记、实践特征和精神使命感。

昌乐外国语学校在构建大课程的时候，教师、学生本身也成为课程的资源，享受到一次又一次飞翔的快乐。尤其是在校本课程建设方面，师生的积极参与、智慧共生，让课程有了本校风味的文化特色。法国哲学家米歇尔·福柯曾感言："任何一个学科都不仅仅是一种可以言说的知识，而是一种话语的实践，一种对参与者的训练，这种话语实践在人的灵魂上打上印记，融化到血液里，落实到行动上。"学生在实践参与中所形成的精神、信念、价值在其灵魂深处折射出的色彩指引着他们生命成长的方向。

如果说卓越素质课程是学生爱不释手的"大餐"，那么，三效课堂就是独出心裁的"盛宴"。

打开课堂，善学乐学

吴功明校长用"以学为本，先学后教，当堂训练，素质达效"十六个字概括了三效课堂的基本内涵。他认为，以学为本，符合学生学习的规律，它可以奔腾，可以滔滔不绝，可以让学生释放野性……然而，不管教师如何努力，如果学生没有全身心投入地学习，内在动力的支撑也绝对抵达不到神采飞扬的高效境界。显然，十六字的关键是要让学生会学、善学与乐学。中国首篇教育学论著《学记》有言："善学者师逸而功倍，又从而庸之；不善学者师勤而功半，又从而怨之。"吴功明校长认为，要让学生善学，教师就要"其言也，约而达，微而臧，罕譬而喻"。而且在课堂教学中，不是越俎代庖，而是"开而弗达，强而弗抑，导而弗牵"。只有这样，流进学生大脑内的知识，才会沸腾，才能激发学生自己动脑筋去思考，并形成自我学习的习惯，此可谓有意义学习。而"有意义学习"正是美国学者奥苏贝尔提出的重要的观念之一。他认为，一切有意义的学习不但能使人拥有知识，而且能够转识成智，从知识之中发现一道又一道的别样风景，并由此获取心灵的特殊愉悦。

吴功明校长发现，当学生会学善学之后，他们学习的积极性就自然高涨起来。孔子所说的"知之者不如好之者，好之者不如乐之者"也就有了见证。而乐学的时候，思维是敞开的，以前处于隐蔽状态的灵感，在这个时候往往突然闪现并迸发出一道又一道思维的火花。在解决某个问题的时候，有的学生就会显现出多个思维向度，而一个学习小组，以及全班学生思维碰撞的时候，就有可能出现多达十几个、几十个甚至一百多个思维向度同时去点亮整个春天。

教师们在惊诧于学生的思维之妙与学习之乐的时候，所期待的素质培养也就完成了。因为学生灵气逼人，不仅解决了一个又一个问题，还由此生成会学善学的能力，尤其是养成了积极思考的习惯。

当学生达到如此境界的时候，是不是教师就无关紧要呢？吴功明校长的回答是否定的。学校既是学生发展的场域，也是教师成长的土壤。在他看来，越是学生学习方式变革与思维开放的时候，对教师的要求也就愈高。因为学生的质疑是闪电，是鼓点，是对灵魂的考验。教师不但要帮助学生将知识深化，还要让教学文化也相应提升。正如我国哲学家冯契先生曾说的："只有在传授知识的过程中蕴含着正确的价值导向和深厚的思想内涵，学生所学到的知识才能真正化为理念、化为方法、化为智慧。"教师应致力追求的即是在行动中践行转识成智的教育理念。学生产生质疑，彼此之间不但会进行激烈的思维交锋，有的时候，也会向教师提出一个又一个在平时课堂教学中不会出现的，有一定思维含量或有相当难度的问题，而这恰是教师存在的价值支点。如果教师平时不注重自己的学科研究与文化修炼，就有可能在学生面前出现解答"卡壳"的尴尬，甚至失去为师者的尊严。为此，学校加大对教师业务以至思想文化的学习与培训，提高了他们的业务水平与人生境界。

"名师出高徒"在今天并没有过时，当教师们形成一种学习文化，生命也在持续飞跃的时候，不但有了超越既往的"教学相长"奇观，他们也感受到发展给自己带来的愉悦。正是在这种学习文化中，吴功明校长非常自豪地对我说，昌乐外国语学校呈现出来的积极向上的文化生态，让一些原本名不见经传的教师脱颖而出，并以"王者"的英姿和风范，成为潍坊市、山东省以至全国的名师。而他本人，也成为一位全国的名校长。

书香飘溢，霞光映照

如果认真地阅读这本书，我们还会发现，吴功明校长不只是对教育教学进行经验总结与理论升华，他还跳出教育，站在一个更高的视点上研究教育，字里行间都是"强音"。古今中外的一些教育名家，以至其他行业的大师的人生轨迹、生命感悟，也时不时在本书中跳跃出来，让人读来心里热乎乎的。我惊叹于吴功明校长的开阔视野与生命智慧的同时，更惊叹于他敢于在生命的“禁区”倔强地开放。

从这本书中，我们还会有一个重要的发现，那就是人们在谈文化建设的时候，常说的是以文“化”人，昌乐外国语学校正是通过优质的学校文化来不断提升师生的人生品质与幸福指数的。同时，我们又发现，吴功明校长的文化境界也在不断地影响着学校的师生，让他们的文化品位也在不断提升。那么，从校长到教师，再到学生，不只是因文而“化”，而且聚合成一种更优质的文化场域，持续不断地在优“化”着学校的文化场域。这种以文“化”人与以人“化”文的类似于“互文”形态的现象，才真正让昌乐外国语学校有了不竭的生命动力，也才真正让吴功明校长所倡导的“素质至上”达到了名副其实的大境界——教育的根本出路在于抓住这个“魂”。

还需要说明的是，要想真正了解学习三效课堂、三效管理与卓越素质课程的丰富内涵，仅凭我这蜻蜓点水的评述是远远不够的。因为它是一个系统的教育工程，从某种意义上说，我所写只是整个学校建设中的某几个亮点。欲探知昌乐外国语学校的教育改革与文化建设以及吴功明校长的思考、探究，还必须认真地拜读全书。更好的方式则是走进这所学校，与吴功明校长及学校师生进行面对面的交流。那样，你非但会有不虚此行的感觉，还会有特殊的体验，有无限的感慨，还会有努力奋斗的迫切愿望与实际行动。

2016 年 12 月 20 日于大连机场

(原载于《中国教育报》，2017 年 1 月 7 日第 4 版，有删改)

眼观·心感·立言

——写在《且行且思》即将出版之际

当今校长忙，是一个普遍的现象，但忙的意义不尽相同。有的当了十几年甚至几十年校长，临近退休，依然忙得不亦乐乎。这种敬业精神尽管可嘉，可当其退休之后，盘点自己究竟为学校留下多少精神资产的时候，却有一种怅然若失的感觉。

中国古代有识之士不但要立德与立功，还要立言。杜甫说“文章千古事”，“岂虚言哉”。这位伟大的诗人虽早在一千多年前就已逝世，他的诗作却并没有因为时光的流逝而淡去，反而愈发彰显出奇异的光彩。

可是，有些忙忙碌碌一生的校长，因为没有留下任何文字记载，最终随着退休而逐渐变得一无所有。如果说这对其本人来说是一个遗憾的话，那么，对于学校的发展更是一个不小的损失。尤其那些有着丰富的教育教学经验，又有仁爱之心的校长，在悔之莫及的时候，是不是也在想，自己在无意间欠了学校发展的一笔由文字形成的精神债务？

当今“欠债”的校长比比皆是，思考与行动者却凤毛麟角。

闫兴刚校长，则是这其中的一个！

《且行且思》是他留给他所在学校发展的一笔精神财富，因其正式出版，还会给更多的学校提供借鉴与参照。

翻阅此书，你会发现，几乎学校里所有的事情，都收拢在了闫兴刚校长的眼底。这说明他不但是一个有心人，而且是一位时时处处关注学校动态与发展的校长。看到就有感情流动，就有深入思考，于是就有了“情动而辞发”与“思接千载”的属于他的文章。尽管每篇字数并不太多，可让人读来倍感亲切。因为这全是他是从真实场景与人物事件中撷取的素材，又因其真善美思想的融入，就有了特殊的生命张力。它不但给许多校长提供了解决具体问题的方案，还有流淌着他的深层次思索。

如果说能够发现问题与破解困境是一位优秀校长必备品质的话，那么，能再在这个基础上思考出其深层的原因及普遍的意义，则需要“更上一层楼”的境界。

闫兴刚校长，已经接近这个高远的境界了。

这不但需要实践经验与思考感悟，还需要一定的理论积淀。

闫兴刚校长阅读过很多教育理论的书籍，有些经典理念已经进入他生命记忆的长河里。读者即使对此书粗略浏览一遍，也会发现其中有不少理论的亮点，有的还承载着他的思考，形成一种带有“闫氏”风范的新的理论构建。

对中国第一篇教育学论著《学记》，他也进行了比较深入的研读，记下了烙印着他的思考和感悟的文字。其中的某些思考，也许能照亮你原本迷茫的教育前程。

闫兴刚校长还很年轻，更重要的是，他的眼观、心感与立言还在继续。所以，这本书只是他校长生涯中的第一份精神收藏，未来还会有第二份、第三份……

期待《且行且思》的出版，也期待闫兴刚校长未来有更多的著作问世。

2016 年 12 月 21 日于大连机场

(原载于《且行且思》，闫兴刚著，山东友谊出版社，2017 年 2 月，有删改)

课堂改革的生命张力

——《“三部九步”的力量》序

2016年7月上旬我去黑龙江省北安市兆麟小学采访的时候，张伟校长的即兴而谈，完全出乎我的意料。他谈“三部九步”模式的构建，让我感到，他不但从全国很多学校的课堂教学改革中汲取了经验，也有极其尖锐的辩驳与深入的反思。比如，对于课堂教学改革教师作用很小，甚至不需要教师的主张，他不但进行了冷静思考，也有属于他自己的深刻见解。他认为，学生主动积极且善于学习，必然大大提升课堂教学的效率。可这并不意味着教师无足轻重了，改革越是深入，对教师的要求就越高。所以，他提出了双主体的课堂教学主张：只有学生与教师在课堂上都有积极性的时候，才能跃升到高层次的境界之中。其实，早在《尚书·兑命》中就有“教学半”之说，认为课堂上学生与教师都起着重要的作用。当学生思维彻底打开之后，教师不但要随时回答学生提出的各种各样令人意想不到的难题，还要给予及时又深入的引领与指导。

张伟校长在变革学生学习方式的同时，也改变着教师的教学方式；在提升学生自信心的同时，也构建着教师自信的大厦；在促进学生突飞猛进发展的时候，也使教师有了天翻地覆的变化。他不只是这一改革的设计者，也是身先士卒的践行者。他与教师们经历了课堂教学改革的艰难，也共同品尝了收获硕果时的美好。张伟校长在这场火热的课堂教学改革中，达到了质的飞跃。

当小组合作学习风靡全国的时候，张伟校长带领着教师们也走进了这一领地。可是，他并没有跟在他人后面一味地疯跑，而是在观察，在分析，在思考。他发现，某些小组合作学习热热闹闹的背后，却有着很多令人不安的隐患。比如，学生不去关注课堂学习的重点、难点或疑点问题，而是就某些细枝末节问题争论不休的时候，教师非但不做有效的引导，反而大加表扬。更有甚者，有些学生在讨论中出现错误的时候，有的教师反而以错为对，连声叫好。张伟校长认为，出现这样的问题，与教师的课堂教学观有关系，同时也与他们的教学水平低下分不开。教师的教学水平高了，才能见微知著，指导有方，甚至寥寥数语就能化难为易，使学生走出误区。这不正是进入《学记》所说的“其言也，约而达，微而臧，罕譬而喻”的视界之中了吗?

在课堂教学改革如火如荼地进行的时候，张伟校长特别关注教师业务水平的提高，鼓励他们阅读一些层次比较高的图书报刊。因为他相信苏霍姆林斯基的话：“每天不间断地读书，与书籍结下终生的友谊，就是最好的备课。”当教师有了丰富的学养之后，在课堂上就会有形无形地展示出自己的魅力。他们不但能够“道而弗牵，强而弗抑，开而弗达”，而且能发现一般教师之未发现，并及时地进行纠正与引导。比如，看到目前一些学校的课堂教学在小组合作学习中的假自学、假讨论的虚假繁荣和不当评价、廉价表扬的问题，都能够“反求诸已”，并加强小组建设和小组评价方式研究。在小组划分、组长选拔、小组文化建设方面，走出了一条很有价值的路子。在课堂上，不但有学生言说与争辩的“明动”，也有开动大脑、深入思考的“静动”。他们认为，不管采用哪种形式，目的都是要让学生进行思考、学会学习、自主管理。当学生真正成为学习的主人时，课堂教学的高效也就自然而然地形成了。

由于学会了学习，学会了表达，兆麟小学有了一个意外的收获，那就是一批“小老师”横空出世。那些学习能力强、学习成绩好而又出口成章的学生不但在组内成为释疑解难者，而且走上了讲台，成了全班同学的“小老师”。张伟校长与教师们发现，这些“小老师”的教学效果往往有超越教师的可能。因为学生彼此年龄相仿、心理相近，“小老师”的一个眼神、一个手势，都能传递一个信息，即使有时话气过重地批评了其他同学，大家也多不放在心上。张伟校长说，兆麟小学的“小老师”，已经成了课堂教学改革的一道风景线。

读完此书，就会发现，张伟校长关于“三部九步”的丰富内涵与阔大外延的解说是一个既有实例，又有理论剖析的系统工程。他之所以能够站在一个很高的视点来构建“三部九步”教学模式，不只是因为有工作热情，也不只是因为有课堂教学实践，还是因为他有深厚的文化底蕴。这种

“诗外功夫”，不但可以成就一位优秀的校长，也可以让一位优秀的校长向更高的境界出发。

令我高兴的是，本书还收录了我们两人的一篇对话文章，这让我不由得想起了当时对话的情景：他在黑龙江省的北安市，我在山东省的济南市，借助网络，通过QQ聊天的形式，即兴完成了长达万字的题为《改变学校 我们从“三九”开始——黑龙江省北安市和平小学课改探索与深化纪实》的文章，并发表在《中国教育报》上。后来不少校长从报纸上看到这篇文章后打来电话，问我张伟校长何以会有如此高的水平。是的，他的水平确实很高，他没有预先准备材料，可是从对话框中跳跃出来的文字都有着丰富的内涵，彰显出他不同寻常的学理素养。

本书的第三部分为教育随笔，与一般性的教育随笔也不一样，因为张伟校长的随笔不但篇幅长，而且将丰富的实践案例与摇曳着思想光芒的理性述说结合了起来。这绝对不是一般校长可以达到的境界。所以，我敢断言，他未来一定会有更大的成就。

读者从我的序言中尽管也能对张伟校长知其一二，可要想真正走进他的世界，还需要好好地阅读这本《“三部九步”的力量》，如有可能，最好走进他的学校，与他，以及教师们进行更深入的交流，那么你将会感受到一个更加让人感佩的张伟校长。

特别期待这本书的出版，因为它不只是张伟校长实践探索与精神攀缘的文本结晶，还为全国更多的校长以及教师提供了一个课堂教学改革以至生命提升的借鉴。

2016年12月28日于济南

(原载于《“三部九步”的力量》，张伟著，黑龙江省教育出版社，2017年1月，有删改)

童年伴本真　童趣随自然

——《诺贝尔摇篮幸福的秘密之保卫幸福》序

这些年，我给很多教师、校长的书写过序，已经有了一种得心应手的感觉。可是，给小学生的诗集写序，却觉得有些力不胜任。因为我采写过很多教师与校长，对他们有一定的了解。但对于小学生，对于他们写的诗词，已经有十几年没有研究过了。为之写序，总有些惴惴不安，唯恐误导了天真烂漫的孩子们。

然而，对于诺贝尔摇篮教育集团的这份特殊信任，我无法推阻，只好谈些自己的看法。如果有点儿可取之处，我的心里会有一些安宁；如果写得不着边际，就当作一个不知天高地厚的人的一番呓语吧。

小学生有小学生的话语系统，这是与他们的年龄、心理特点联系在一起的。所以，写成诗词，即使稚嫩，只要自然，有童趣，就要充分鼓励。这本诗集中，就有一些小朋友写的诗词摇曳着童趣，让人感到那是一曲“复归于婴儿”的美丽童谣，读来让人心驰神往，恍若走进了一个童话的世界，久久不愿离去。

由此我想到，那些经过大人修饰，完全变了样也变了味的诗词，尽管有好词好句，可是由于与儿童的语言与心理相去太远，从而失去了光彩。我特别反对大话、空话与套话，那不但不是诗词，连一般文章都算不上。

是不是小学生的诗词不能修改呢？当然不是。我是说，不要大改，不要伤其“元气”，不能改得面目全非。孩子的好诗词，不是改出来的，而是不断地诵读经典诗词，且有生活感悟才从心里流出来的。

是不是小学生就写不出来有一定思想意蕴的诗词呢？也不是。有的孩子背诵了大量的经典诗词，且有着特殊的生活经历，再有写诗词的天赋，就有出奇制胜的可能。我曾经采访过几个这样的小学生。可是，这并不是说他们失去了童年的纯真，相反，他们的童趣比起一般儿童更足。儿童是天然的诗人，有着丰富的想象力。很多时候，成年人的固化思维泯灭了这种与生俱来的创造力。相反，如果因势利导，就有可能让这种创造力喷涌而出，呈现出千姿百态的美丽。

“种瓜得瓜，种豆得豆”是一句俗语，却也是一种生命规则。小学生写诗词也要遵循这个规则。童年是记忆的黄金时段，比起成年人来，他们记得快，忘得慢。所以，抓住这个一生只有一次的阶段，让他们大量地背诵经典诗文，不但对他们当下有用，还会让他们受益终身。中国古代的圣贤，几乎无一例外地都在这个“童子功”上下了大功夫。有了这个积淀，以后写出好词佳句，就有了水到渠成的可能。如果再有一定的生活经历、一定的感想，就会写出比较有味道的诗文了。

我喜欢这本书的书名。孩子的幸福，不但体现于现在，也应当延续至未来。“经典为伴，幸福一生”，是我的人生信条。因为经典中既内蕴着丰富的智慧，也闪烁着思想的光辉。诵读多了，这些智慧与思想就会悄悄地走进孩子的心里，不但可以让他们写出优美的诗词来，还会让他们拥有真正幸福的人生。

2012 年 6 月 7 日于济南

(原载于《诺贝尔摇篮幸福的秘密之保卫幸福》，谢庆主编，华夏出版社，2012 年 6 月，有删改)

第三篇

教育局局长作品之序跋

宣传也是生产力

——写在《用智慧开启未来——新世纪东营教育的选择与发展》即将出版之际

历经沧桑的母亲河七转八折，行至黄河三角洲，如今已没了李白笔下“黄河之水天上来，奔流到海不复回”的恢宏之势。但自李白后一千多年的今天，一座现代化的城市——山东省东营市拔地而起。而东营市的教育，更以其“横看成岭侧成峰”的独特魅力，构建了别样的人文景观。

《用智慧开启未来——新世纪东营教育的选择与发展》，则充分展示了这一景观的瑰丽与多彩。

(一)

“用先进的理念为教育导航”是本书的灵魂，也是东营市教育腾飞的精神内核。这其中有一个核心性的人物，那就是教育局局长张洪生。他不是一般意义上的行政领导，而是一个融学者与领导于一体的教育先行者。他对经济、文学、教育、历史、美学等都有一定的研究，对哲学更是情有独钟。加之丰富的实践经验，以及敢人为先的创新意识，使他在审视教育之时拥有了较高层次的哲学思考。他写的文章，大都不是一般层面上的经验总结，而是对教育经验的理性升华，有着浓重的学理色彩，哲思洋溢且灵性飞动，让你深感这经验之中始终摇曳着文采与理性相映生辉的光华。

这是实践与学习送给他的一份厚重的“礼物”。他珍视这份“礼物”，并希望人人都拥有这份“礼物”。在他的倡导与影响下，教育局的不少人也相继走向一线，拿起书本。于是，一个学习型和实践型的机关应运而生。所以，书中有不少将理性思考与教育实践融于一体的文章，尽管多数还没有达到张洪生局长文章的高度，但有了一个美好的开头，就会结出绚丽的果实。张洪生局长甚至断言，在下一本文集出版之际，必将“青出于蓝而胜于蓝”。

（二）

投入不足是制约农村教育发展的一个瓶颈，突破这个瓶颈并不是一件容易的事情。但东营市已经有了成功的经验，那就是党委、政府的重于言而践于行。自2001年以来，市政府每年都将至少一件涉及农村教育发展的大事列为为民办的实事之一，对教育的高投入更是“言必行，信必果”。仅2002年，全市教育经费总投入就达6.08亿元，其中财政性教育经费投入4.55亿元，是1984年的40倍。东营市不但完成了农村中小学布局调整工程和危房改造工程，还完成了农村中小学“校校通”工程，并由政府买单实施了远距离学生食宿工程。现在，东营市农村学校是当地最漂亮的建筑，学校内部设施配备已经基本满足现代化教学的要求。对教育的投资到位与逐年递增，不仅为广大教师扫除了工作之路上的后顾之忧，也使他们感到了受尊重和被认可的愉悦，这样一来，对党委、政府关心的感激，便会化作痴情教育的执着行动。于是，农村教育就在这个稳定的生活氛围里，焕发出了勃勃的生机。

本书中的不少作者，既真实地记录了这一农村教育发展的历史，也将对党委、政府的感激之情弥漫于字里行间。这种先进的教育经验曾先后被全国许多媒体报道过，并引起了非常强烈的反响。而本书的出版，既是对以往报道的一个总结与梳理，也是送给更多读者的一份比较全面而又多元的精神礼品。

（三）

毋庸讳言，目前一些地方教师的生存状态并不理想，而这一状态又直接影响着教育的发展。东营市教育局在改善教师生存状态方面做了大量的工作，取得了突出的成绩。

教师的生存状态，不单指物质生活状态，更在精神生活层面。

安居方能乐业，这是东营市党委、政府早已达成的共识。目前东营市教师的工资与住房，在全省已经居于领先位置。物质性的后顾之忧基本解除之后，教师便更多地将精神生活与自身发展视作生命的必需。

东营市教育局在着力为教师营造一个心理安适的工作环境的同时，更加关注他们的文化升值。张洪生局长说，学习是最大的发展，培训是最大的福利。有了这种认识，东营市教育战线的学习之风便习习吹动起来。他们在为学校购置图书报刊、培训教育干部和教师方面的投资，甚至超过了危房改造、布局调整的投资。他们在教育教学方面所进行的研究，更是深入扎实，硕果累累。正因为如此，东营市的优秀教师总是不断涌现，长江后浪推前浪的景观成了一道诱人的风景线。

书中不少教师所写的文章，已经不是在经验的层面上的表述了，而是拥有了一定的理性思考与独到见地。这是教师文化升值之后幻化出的精神之果。但他们说，成果只标示着过去，绝不预示着未来。他们将目标定在了更高的层面，试图拥有一个更加优化的精神生存空间。汲取更多的文化营养，获取更多的教育成果，就成了东营教师永不停歇的精神之旅。而拥有这样的教师群体，是东营市走向教育现代化的根本所系。

（四）

“教育宣传也是生产力”，这是数年之前，张洪生局长说过的一句经典话语。之所以作如是观，是因为我们的教育已经不能像过去纯学术研究那样封闭在象牙塔里，而应当让它走向千家万户，走向整个社会。教育是一个社会问题，而且需要社会的支持与关心。只有将教育的发展与存在的问题宣传出去，人们才能更多地关注教育、重视教育。只有从领导到群众都关注与重视教育了，我们的教育经费投入才能到位，我们的教育发展才能列入政府大事要事的范畴之中，我们有关教育改革的举措才能得到群众的认可与支持。

宣传，不是生产力又是什么？

翻阅此书不难看出，其中不但有专门宣传人员所写的新闻消息、通讯等，也有局长、副局长所写的研究性文章，以及科室人员所写的经验总结、教师所写的教学方面的体会感悟等。非宣传人员尝试写作新闻通讯者也非凤毛麟角，而且大多深得新闻写作的要义。

这，成了东营市教育宣传的一个亮点。

这本书中的文章都已在全国各地的教育媒体上发表，在我们《现代教育导报》上所发的文章占了相当的比重。对于分管这项工作的我来说，自是深感欣慰。同时，我们也深深地感谢东营市广大的教育工作者，因为他们先进的教育理念与成功经验，通过我们的媒体，让更多的读者在学有所得的同时，也为我们的报纸增添了色彩。

（五）

需要指出的是，书中的个别文章仅是一般化的经验总结，语言表述也缺少色彩。不过，人无完人，文非俱佳，毕竟美文佳作占了绝大多数，就留下点遗憾吧。说不定下一次文集出版之际，这些文章的作者奉献给你的是文丰意美的佳品呢！

2004 年 7 月 16 日于济南

（原载于《用智慧开启未来——新世纪东营教育的选择与发展》，张洪生主编，中国青年出版社，2004 年 8 月，有删改）

让教师们踏上创造精彩人生的旅程

——《高密教育文化管理背景下99个人物案例》序

我与山东省高密市教育局的杨宗荣局长相识，是真正意义上的“以文会友”。因为采访他的时候，采用的是对话形式——一支录音笔放在面前，我们两人几乎是率性而谈。他的语速不快，娓娓道来，却有着属于自己的独特思考。特别是对教育的深层感知，我们两个往往不谋而合。于是，一个多小时对话时间，我们都有一种意犹未尽的感觉。然后对录音稍作整理，就有了我们两人共同的署名文章《以文“化”人：教育魂兮所系——一位“文化”局长的深层思考与历史使命》发表在2010年1月22日《中国教育报》第3版上。从那之后，“杨宗荣”这个名字就收入了我的“文友档案”里。

正是从那时开始，我就特别关注我的这位局长文友。读他的作品，看他的著作，都颇感兴趣。因为我相信，从一个有思想与文化品位的局长手下走出来的文字，定然有一定的思想与文化含量。

《高密教育文化管理背景下99个人物案例》，就是杨宗荣局长主编的一本新书。

这99个教育界中的人物，并没有多少惊天动地的创举，可是，由于来源于生活实践，能让读者在触摸一个个鲜活的生命的精神脉搏跳跃的时候，情不自禁地为其人格力量所打动。没有多少高深的理论，没有故弄玄虚的文字，有的只是对真实人物的一种白描，对生活场景的一种再现。可是，有让你割舍不下的阅读欲望。

有时候，我看一些所谓专家的文章，感到特别深奥，虽然言辞异常优美，可是感到那是浮在天空的几朵白云，一阵轻风过后，便飘然而去。于是在想，那些没有生命底色与生活积淀的理论，都是没有生命之根的镜中之花，是不可能具有生命张力的。

我们需要理论，甚至需要高深的理论支持，可是，我们更需要实践。

因为教育不仅要“知”，更要“行”。孔子没有终生的教育实践，没有周游列国的磨难，就不可能成为世界大教育家与思想家。王阳明、陶行知、苏霍姆林斯基等人，在其雄厚的理论功底背后，都有教育实践的生命活水在汩汩流淌，所以，读者从中掬一捧清水，都感到是那么清香可口。从这个意义上说，更多的教育家出在教育一线。当然，这本书中的教师距离教育家还有一段不小的距离，可是，他们中不乏可以成为名师甚至有着教育家潜质的人。其中的教育故事，可以称为经典教育案例，可以与一些名师甚至教育家的案例同堂生辉。

那么，为什么高密市能出现这么多优秀的教育人物呢？为什么会有这么多动人的经典教育故事呢？其实，每一个人都有巨大的发展潜力，只不过看我们给没给其提供发展的环境而已。一粒种子，如果天天放到太阳下曝晒，它永远不会生根、发芽和生长；只有将其放到适宜生长的土壤里，才能破土而出。教师亦然。为什么有的教师穷其终生，一直在“教书匠”这个狭小而又沉默的怪圈里打转？尽管有其自身的原因，可是，我们的校长，包括我们的局长，有没有给其破土而出创造必要的条件？每一个生命都是珍贵的，每一个生命都是独一无二的，也是只有一次的。所以，我们的校长与局长，考虑没考虑过让这种只有一次的人生历程成为最精彩的人生幸福旅程？

杨宗荣，正是让高密的校长、教师等踏上精彩人生旅程的一位局长。他在自己享受到文化巨大魅力的时候，也让文化“化”开了很多教师的那个难解的“匠”结，进而拥有了自己的美好梦想，有了自己的创造，有了自己的幸福人生。而这些人物，不都是在这种状态下产生的吗？发生在他们身上的一个又一个精彩的故事，也许是其教育行程中的一个驿站，也许是其教育行程中的一个起点。这些点，无疑都将成为他们生命中的一个个亮点，成为他们享受教育幸福的一个个生命节点。

我想，杨宗荣局长也是幸福的。他利用各种各样的载体，特别是网络这种即时性极强的载体，让教师有了抒写心怀甚至与自己心灵对话的园地，有了一方可以挥洒生命并不断生成新的辉煌的天地。杨宗荣局长感到，在教师们快速成长的同时，他自己也在成长。看他的新作，会“听”到那种生命的旋律之音，会“听”到智慧生成的拔节之声。同时，他在

“己欲立而立人，己欲达而达人”的时候，也有了那份发自心底的幸福。

从局长到局机关干部，再到校长、教师的这种生命状态，正是高密教育发展的一种潜在动力与支撑。我想，这本“人物”集萃是第一本，但绝对不是唯一的一本，此后还会有第二本、第三本……

期待是美丽的，也是指日可待的。

2010 年 8 月 11 日于济南

(原载于《高密教育文化管理背景下 99 个人物案例》，杨宗荣主编，中共中央党校出版社，2010 年 8 月，有删改)

用心编织人生之路

——《教育漫思》序

我之所以喜欢李长海先生即将出版的新著《教育漫思》，是因为这其中有着很高的思想内涵与文化品位，有着一般作者写不出来的那种生命律动的东西。

以前，我曾一度喜欢咬文嚼字，追求文字的华丽，可是，在外在之美的掩盖下，却有挥之不去的矫揉造作与故弄玄虚。所以，这些年来，我在追悔过去的时候，开始向着“道法自然”的境界行进。因为，文字一旦有了与生命本然相悖的因子的躁动，也就失却了“清水出芙蓉”的美质。读李长海先生的作品，让我感到了一种“清风徐来，水波不兴”的美感。书中的文字不是“挤”出来的，而是如山涧的流水，沛然而出，叮咚作响，是自然而然“流”出来的。所以，既悦耳，也悦心。比如，第四辑“生活广记”中的一些作品，让你可以时时闻到生活的芳香，从而有一种“沉醉不知归路”的遐想。所以，我们不能只从文字层面上赞美李长海先生的高人一着，还应当从他那宠辱不惊的心态、淡然处之的心怀里去寻找这股“活水”的“源头”。

这些年来，李长海先生诵读了很多经典，他不但可以熟读成诵一些精彩的语段，也知晓其中的妙道。所以，在他的作品中，常常有经典语句突然跳跃出来，却又让人感到那么自然。这给他的作品增添了不少“文”味，让人感到他并非一般的作者，而是一个被文化熏染过的“士”者。更重要的是，这些经典已经融入了他的血液里，他不但可以如探囊取物般信手拈来，还锤炼成了属于他的文味悠长的文风。所以，读他的作品，读者不但可以了解他所写的内容，还可以徜徉在文化的海洋里，品尝真正文化的那种“余音袅袅，不绝如缕”的意蕴。有的人也写文章，甚至写了一篇又一篇，可是，那只能是低级的文字累积，因为没有文化底蕴。可是，读李长海先生的作品，却可以让你走进文化的殿堂，让你长久地驻足欣赏，流连忘返。而且，在这种生命的场景中，你也会有文化品位的提升。

第三辑“教坛集萃”是他这些年来写的一些教育通讯报道作品。这样的文章，是不容易写好的。君不见，现在一些记者的长篇通讯，更多的是就事论事，甚至是从被采访对象手中“拿来”的。非但没有文化，也没有理性的思辨，没有学理的剖析，所以，读之既累又苦，即使不累不苦，也没有多少生命本质中的亮色。可是，李长海先生不然，他也在写人叙事，可是，那纯然是他自己的文字，特别是有属于他本人的理性思索，让你感到，他还在有意无意间点燃理性思辨亮光，让你的眼睛也为之一亮。于是，文本就有了一道又一道理性的光华，从而让你升华了对所写的人与事的认识，以至自己也有了思想境界的提升。

李长海先生并不满足于当下的写作水平，他还在寻求新的突破。在他看来，写好作品，不但需要“情动而辞发”，需要文化积淀，还需要有一个“致虚极，守静笃”的心怀，甚至需要一种生命的磨砺。所以，他还在继续为自己积蓄生命能量，还在向更高的层面追索。于是，我也有了更大的期待，希望明年或后年，再读李长海先生作品的时候，有更大的惊喜。我相信，这种期待不是梦想，而是会变成现实的。

2011 年 10 月 31 日

（原载于《教育漫思》，李长海著，时代文艺出版社，2011 年 11 月，有删改）

满怀明媚阳光，用心谱写教育的诗行

——《“开封之问”在通许——一个教育局长的激情岁月》序

认识毛颖贞局长时间不长，他给我留下的印象却非常深。后来，我采访了他，并通过QQ与他进行了一次对话。于是，对他就有了进一步的了解。

在我的感觉里，毛颖贞局长很有激情，说到关键处，还会很动感情。这与他的性格有关，也与他对教育的一片痴情有关。他太爱教育了，如果认为哪些人或事对通许教育无益，他会马上立眉横眼，大批一通。这似乎有点儿粗莽，可是，在人们对很多事都漠然置之的时候，还能保留这份纯真，还能有这样一种是非心，真的是太可贵了。有的人并不理解他，甚至会有批评他，对此，毛颖贞局长也很委屈，可是这非但没有影响到他的工作，反而让他“变本加厉”地努力地干起来。有的时候，他甚至忘却了自己是一个血肉之躯，过度的操劳让他的身体每况愈下。尽管亲人与朋友劝他珍爱身体，可是，他是一个“不思悔改”的人，只要有一天不倒下，他就会像“拼命三郎”一样，一如往常地“拼”下去。

毛颖贞还是一位很有责任感与使命感的教育局局长。他说，通许有这么多的孩子要成长，如果不竭尽全力，不但对不起他们，也对不起自己的良心。在孟子看来，良知良能，人生而有之。可是，后来由于受社会不良风气的浸染，有的人的良知被遮蔽了，于是，就有了《大学》开篇的“明明德”之说。毛颖贞局长说自己也不是生长在真空里，也会有失误和错误，可是，他说，他不能丧失良知，那样，休说算不上个合格的局长，连一个像样的人都称不上了。在这种良知的支撑下，他不顾毁誉，不管劳苦，不知黑天白日地行走在教育的道路上。他希望用这种精神，感动更多的校长与教师，从而让通许的孩子能够接受更加优质的教育。

这种精神确实感动了很多人，因为精神的能量是巨大的。有的校长说，看到毛颖贞局长这样拼命地工作，他们很受感动，于是，也就全身心地投入工作之中了。

所以，在他任教育局局长的两三年间，通许教育有了很大的发展，引起了外界的关注与称道。

他现在已经不再担任教育局局长，而是走向了司法行业。可是，近期再次见到以司法局局长身份出现的毛颖贞的时候，我感到他的心思依然在教育上。他与我谈的，几乎全是教育内容。他对教育一往情深，说到动情处，还会流下两行热泪，让我感到这个钢铁一般的汉子竟然如此柔情。他对我说，他是去曲阜参加了一个教育会议，与专家进行了交流，学到了很多东西之后才来见我的。而且，他还在读教育书、想教育事。他说，尽管现在不再从事教育工作，可是，他的生命离不开教育，只要生命存在，教育就永远是他的最爱。

这本书收录的内容，有他的感悟，也有与之相关的报道、教育大事记等。它记录了毛颖贞局长的教育经历，以及他对教育的思考、他的教育情怀，读来让人感动。

2012 年 9 月 27 日于济南

（原载于《“开封之问”在通许——一个教育局长的激情岁月》，张百军、张艳丽主编，河南人民出版社，2013 年 5 月，有删改）

“三兄弟”的生命突围

——《教师的教育科研与专业发展——教育，就是唤醒与激发》序

坦率地说，这本书我没有全部看完，不是不喜欢，而是因为马上就要出差好多天。我担心耽搁了书的出版，便有了这篇急就之章。

其实，我这一段时间的忙碌是前所未有的，春节之后，我已拒绝了所有讲课与采访的邀请。可是，袁乃玉的请求我不能拒绝，因为他之于我，是文友，也是终生的朋友。从与他初识，就有一种相见恨晚的感觉；随着时间的推移，我们越来越有了一种心灵相通的感觉。我虽然不能说“得一知己足矣”，却可以说“得几个知己足矣”。而袁乃玉，就是这几个中的一个。

袁乃玉是一位教育局副局长，更是一位有思想、有追求、有文化品位与教育情怀的人。与他谈教育问题的时候，他常常虔诚地倾听着，很少说话。这让我不由得想到孔子的学生颜回，在孔子讲学的时候，他很少说话；可正如孔子所说“退而省其私，亦足以发，回也不愚”。在《中庸》中，孔子则这样称道颜回：“回之为人也，择乎中庸，得一善，则拳拳服膺而弗失之矣。”这是一种高尚的人格修为，也反映了一种严格的治学态度。袁乃玉则有颜回之风。他的谦恭，是“有大者不可以盈”之谦，所以，外化出来才有了“文质彬彬，然后君子”之美。

2013年11月底，在山东省济南市召开第五届名家人文教育高端论坛暨名师课堂研讨会，袁乃玉也来参会。其间，我听说了这样一件事：一天，外省前来参会的一位女老师打电话对她老公说：“我恐怕要炒你的鱿鱼了，因为我见到了一个安徽的袁局长，真是太文雅、太有品位了，我一下子被他征服了，真想嫁给他。”这是一个笑话，可从另一个侧面说明，她真的是特别喜欢袁乃玉。其实，何止于女士，男士对他也是佩服有加，谁不愿意与一个人品佳、学识好的人做朋友呢？

就在那次会上，袁乃玉告诉我，他要与两位志同道合的朋友合出一本

书。我一听，就极其感兴趣。我知道，他是不会随便交朋友的，尽管他对任何人一直都非常友善。可是，他真正的朋友，一定与他有着同等的修为与学识，正所谓“道不同不相为谋”。而且，我还相信，他们的书也一定是有品位的。确实，当他与贺华义、刘圣元共同编著的《教师的教育科研与专业发展——教育，就是唤醒和激发》摆在我的桌上时，我的眼前豁然一亮。这“三兄弟”情趣相投，且都幸福地行走在教育之路上。

我们不妨看一看本书中的几个关键词——

一是“快乐”。人之于世，会有成功，也会有失败，这本来就是一种生命的常态。不过，何以让生命长久地处于快乐之中，这是一个人的境界。当然，这种快乐不是没有意义的玩，而是在生命飞跃之中感受到的一种美。快乐情绪之于教育行政领导与教师太重要了，因为它还不只影响自身，还会产生相应的辐射作用，营造一个人人快乐的环境。而快乐的环境，不但会让人更加健康，也会提高工作与学习的效率。

二是“立己达人”。这来自于孔子的“己欲立而立人，己欲达而达人”。何以立己？首先要修身，非“修己”，无以“安人”。《周易》上说：“立人之道，曰仁与义。”没有仁义之德，就无法成为一个真正意义上的人。所以，“君子先慎乎德”，“苟不至德，至道不凝焉”。有了这个生命之本，还要拥有超越常人的能力，如果能做到“人一能之，己百之；人十能之，己千之”，则会“虽愚必明，虽柔必强”，会对社会做出更大的贡献。

三是“自由”。自由的心灵具有巨大的生命能量。每一个人都有很大的发展潜能，可是，如果处于不自由的状态，这种潜能就有可能被压抑，甚至逐渐消失。而自由心灵与宁静心境又是联系在一起的，当今社会浮躁之风盛行，功利之心漫卷，一些知识分子的心灵也喧嚣起来了。喧嚣是会乱人心智的，他们的心灵不但躁动起来了，而且心灵也可能不再自由了。我们应当牢牢记住诸葛亮的一句名言：“非淡泊无以明志，非宁静无以致远。”而自由与宁静、淡泊有着天然的联系。要想成就一番事业，必须让心灵更加自由。

四是“舍得”。这里的舍得，是指要舍弃不应得的名利。孔子说：“富与贵，是人之所欲也。不以其道得之，不处也。”富贵不是不可以要，而是要通过正道得到。不然，则是“于我如浮云”。可是，当下很多人就是舍不得，甚至想方设法去得不应得的名与利。也许当下他得到了，却有可能失去人格的尊严，失去心灵的纯净。而且，有些事情是很奇妙的，当下不得，并不一定真的吃亏，反而有可能在未来得到更大的回报。老子说："后其身而身先，外其身而身存。非以其无私邪？故能成其私。"是的，将好事先让给别人，最后自己却往往可以得到更好的事。当然，我们的目的不是为了最后得到更好的事，而是尊重这种生命规则。

五是"读书"。非常喜欢曾国藩说的一段话："人之气质，由于天生，很难改变，唯读书则可以变其气质。古之精于相法者，并言读书可以变换骨相。"此言之妙，让我又一次想到袁乃玉。他喜欢读书，而且多读好书。所以，他的面相就有书生之美，就有优雅之气。谁不想有如此之相呢？可是，没有长期之读，没有高品位之读，没有抵达审美境界之读，是不可能"变换骨相"的。同时，多读好书，就等于与高尚的人对话，就等于与有文化品位的人交流。久而久之，你也就有了真善美，你也就有"腹有诗书气自华"的美丽。

六是"卓越"。卓越是超越优秀之上的更高层次之优。正像人人都可以走向优秀一样，卓越也不是高不可攀的。不过，要想走向卓越，至少需要以下几个元素：第一，高尚的人格。世上真正的大师，除了其独具的业务精湛外，几乎都是人格高尚的人。因为人格永远是卓越者必备的品质。第二，和谐的心灵。在很大程度上说，一个人心灵的优劣，决定了其人生境界的高下。和谐的心灵，可以让你健康、快乐，且在自己周围构建一个优质的人际圈，相互传递正能量。第三，持续的发展。发展是硬道理，发展才能形成属于自己的精神力量。发展不是一时的发展，而应当是一生的、持续的，以及在某个阶段的生命跃升。一个人的起点往往不是自己说了算的，可是，人生的中点与终点完全掌握在自己的手里。袁乃玉"三兄弟"的持续发展，会让我们领略到其中点的美好，预见其终点的辉煌。

最后，我们再谈谈这个书名。可以说，"三兄弟"已经触摸到了教育的真谛。即使如良知这样属于人格层面的属性，也是早就存在于每个人的心里的。后来之所以出现问题，是因为受了社会的污染，被遮蔽了而已。王阳明所说的"致良知"，以及《大学》开篇所说的"明明德"，都认可了这一点，那就是人生而就有良知，教育则可以让这种良知回归与再现。如果予以有效的“激发”，不但良知良能会光耀于当下，还会出现生命的突围，创造奇迹，给世人与自己一个巨大的惊喜。

“三兄弟”不正是在做着生命的突围，在教育这个大天地里创造着奇迹吗！

我就要去赶车了，“言不尽意”的遗憾留在了我的心里，可是，“三兄弟”的书稿，会在我此后的征程上伴我同行。这，难道不是一次更美的精神之旅吗？

2014 年 2 月 27 日于济南

(原载于《教师的教育科研与专业发展——教育，就是唤醒与激发》，袁乃玉、贺华义、刘圣元编著，现代教育出版社，2014 年 4 月，有删改)

悟出一个唯美主义的儒家

——《论语心读》序

我在广州讲学时，与柳恩铭博士曾有一次短暂的交流，可是，他给我留下的印象再也挥之不去了。因为近二十年来，我对《论语》产生了浓厚的兴趣；而他，与《论语》也早已结缘，且有着深入的研究。所以，我们未谈几句，便有了“以文会友，以友辅仁”的心灵愉悦感。

当柳恩铭博士的《论语心读》电子稿呈现在我眼前时，便有了迫切阅读的强烈愿望。其实，我这一段时间非常忙，可我抵挡不住这本书的诱惑，因为我知道，柳恩铭博士的“心读”里，一定会有让我产生心灵共鸣的美质，也一定会让我对孔子及《论语》有更深一层的认识。

我至少看过几十本关于《论语》译注、解说的书，从中汲取了很多教益，一般来说，要想从中再读出新意、谈出个性，真的相当困难。柳恩铭博士是用心来读的，也是用心来悟的，而且读悟出了属于他生命系统的孔子与《论语》，甚至有的观点让人顿生惊诧；可是，深思之后，又觉得他不是标新立异，而是从孔子的生命世界里寻到了别人尚未发现的精神光华。

比如，柳恩铭博士从《论语》中读悟出了一个唯美主义的儒家，没有消极，没有颓废，没有丑陋，没有糟粕，只有精华，只有乐观，只有美丽，只有期待：对学生有期待，对社会有期待，对国家有期待，对未来有期待。

耸人听闻乎？非也。

纵观孔子的整个人生，我们发现，孔子的精神世界是多元而丰富的。在关注修身与入世的同时，他又是一位审美主义者。比如，他从来不将学习视作令人心力交瘁的苦役，而是将其看作提升生命质量的快乐之旅，于是就有了“发愤忘食，乐而忘忧，不知老之将至”的审美状态。你看，孔子不但忘食，还忘忧，甚至连老了都不知道了。他甚至说自己是“饭疏食饮水，曲肱而枕之，乐亦在其中矣。不义而富且贵，于我如浮云”。他吃着粗粮，喝着凉水，把胳膊一弯当枕头，却特别快乐。何以能够如此快乐呢？因为不正当的财富和官位，对于孔子来说，就像转瞬即逝的浮云一样。既然没有富贵之求，甚至是以贫为乐，又何忧之有？这种超越富贵贫贱之上的乐，已经进入到了一个审美的境界之中了。

《中庸》中有一段孔子之言：“君子素其位而行，不愿乎其外。素富贵，行乎富贵；素贫贱，行乎贫贱；素夷狄，行乎夷狄；素患难，行乎患难。君子无入而不自得焉！”在他看来，真正的君子，不管处于什么位置，都有一种乐在其中的感觉。司马迁在《史记·仲尼世家》中谈到，孔子研讨《周易》时写了“韦编三绝”四个字，我们再结合相传为孔子所做的《周易·系辞上》上所说“是故君子所居而安者，易之序也；所乐而玩者，爻之辞也。是故君子居则观其象而玩其辞，动则观其变而玩其占”，更可以照见一个富有审美情态的孔子。大家知道，《诗经》原本三千多首，后经孔子搜集并删减，才有了今天的“诗三百”。而《诗经》除了其“思无邪”之纯正之外，更有美轮美奂的诗韵、诗情和诗意。

孔子之乐，并非一种自然性的快乐，更不是阿Q自嘲式的快乐，而是一种具有高尚品格且又持久的审美快乐。它不是在专门追求“乐”的情况下实现和获得的，而是在日常生活中以一种平常的心态自然而然地获得的，具有生活的“无欲”、情感的“中和”和心灵的“宁静”等特质。

人类存于宇宙之间，虽然时间短暂，却应当因为生而为人感到愉悦与快乐。有了这种感觉，就会在看到任何事物时都会产生一种特殊的美感。即使每天的日出日落，也并不认为太阳只是在重复既往，而是一个又一个新的景象的呈示，妙不可言。

也许有的人会说：我怎么就是感觉不到这种美呢？其实，“美是到处都有的。对于我们的眼睛，不是缺少美，而是缺少发现”（罗丹语）。如果进一步想一想，对于美的发现，更多的还不是在眼睛上，而是在心灵层面。一个心灵快乐的人，就会发现更多的美，甚至在一般人看来无美可言的事物，他都可以感受到美的存在。而一个真正发展到一定层次的人，往往拥有这种审美心灵。而有这种审美心灵的人，反过来又可以更多地发现美。这种良性循环，久而久之，就会使人一生处于幸福之中。

从这个意义上说，柳恩铭博士所读出来的唯美主义的儒家，不但有其洞悉《论语》深义的眼光，还有一定的现实意义。

柳恩金铭博士还从《论语》中读出了自强不息、厚德载物、天下为公、尚中贵和、勤劳简朴、博爱泛众、天人合一等民族精神和伦理情怀，读出了儒家以人为本、以生为本的教育取向，读出了有教无类的教育情怀，读出了以教为政的教育追求，读出了终身学习的教育思想，读出了自由讨论的教育模式，读出了因材施教的教育方法，读出了全面发展的课程建构，读出了慎独正己的修身方法，读出了积善成德的德育路径，甚至读出了孔子是最早的男女平等主义者。

吃惊乎？成理乎？

不读此书，难解其疑也；不读此书，难知其义也。

期待《论语心读》的出版，期待能有更多的读者从中收获心读之美。

2014年4月11日于济南

（原载于《论语心读》，柳恩铭著，中华书局，2014年6月，有删改）

忧教·乐教·研教·兴教

——《架起兴教之桥》序

王兴桥先生在我的心里，不只是一位教育局副局长，还是一个温文尔雅的教育行者。从他的著作《架起兴教之桥》中，我们可以看到他行走的足迹，以及他对教育的一片痴情。

王兴桥先生的“忧教篇”，给我一种荡气回肠的感觉。针对目前教育上的一些弊端，很多人已经见怪不怪、熟视无睹了；而王兴桥先生不但看到了，而且思考了，心忧了。教育事业是塑造人的灵魂的工程，教育上出现的任何问题都不是小事情。所以，他的思考与忧患中，闪耀着的是他的教育良知与使命感。尽管很多问题他无力解决，但只要有力之所及者，他都会毫不犹豫且竭尽全力地去努力。

王兴桥先生的“乐教篇”则是另一个格调。他并没有因为教育存在问题而消沉下去，而是积极地面对，让生命快乐起来。这让我想到了孔子的乐感文化，当年孔子也遇到种种不如意，他却有一种“发愤忘食，乐而忘忧，不知老之将至”的快乐情结。“孔颜乐处”昭示的是一种积极的人生态度，同时也有效地传递了一种正能量。不管是当教师与教研员，还是当教育局的领导，王兴桥先生向教师与学生展示的都是一种积极向上的人生姿态。人们从他的言谈行止中，可以感受到阳光的明媚、心情的快乐。不管是教师教学，还是学生学习，如果没有一个良好的心态，所谓的高效都是不可能的；相反，如果有一个安全的心理场，有一个自由的心灵场，教与学就会驶向一种高效的境界。从某种意义上说，乐教的意义还不只是教师的快乐，还有自身幸福与让学生幸福的要义。

“研教篇”主要是王兴桥先生研究教育教学的感悟与体会类文章，读来让人收益颇多。目前的教育教学研究领域存在着不少问题，比如重理论、轻实践的问题，大而化之的问题，为课题而课题的问题，等等。而王兴桥先生的“研教”不存在这些问题。他是扎根于教育教学这片沃土之上的，是有深深的根系的，所以，读来没有空洞的感觉，而是感到实实在在、触手可及。同时，他的“研教”又是有理论支撑的。他一直在教育教学理论方面进行着认真的研究，并且形成了属于自己的理论体系。而理论研究与教育教学实践的结合，则让他的“研教”有了很强的指导性与实用性。

“兴教篇”寄寓了他的“兴教”之梦，他本人的名字“兴桥”就被他解说为“兴教之桥”，足见其“兴教”用心之深。王兴桥先生多从典型事件说起，让人从中悟出他的“兴教”之“道”。比如爱心，这是兴教之本，本立而道生，没有爱，也就没有教育。又如读书，教师的成长是与书紧紧联系在一起的，通过经典文本，教师可以走进真善美的神圣殿堂，不但可以提升自己的人生精神境界，也可以锻造自己的文化功底。再如创新，创新是教师成长的一种内在动力。教师不但要使自己形成创新品质，更要培养学生的创新思维品质。

需要说明的是，“忧教篇”“乐教篇”“研教篇”和“兴教篇”这四个篇章在内容上虽有侧重，但又不是绝对分开的，它们是一个整体，是一个系统，有时还会出现你中有我、我中有你的教育景观。当你读完全书之后，就会感到这个系统之妙，也会感到王兴桥先生的独具匠心。

期待这本书的出版，期待能有更多的读者从中受到教益。

2014 年 5 月 25 日于济南

（原载于《架起兴教之桥》，王兴桥著，安徽教育出版社，2015 年 4 月，有删改）

文化品位与教育情怀

——《运河浣笔·教育篇》序

2015年6月上旬，我去聊城采访，与哈宝泉局长初次相见，便惊诧于他那丰富的学识。他纵论古今，侃侃而谈。我突然感到，他是我见过的教育局中为数不多的一位文化学者。也许是一种文化情缘，从那之后，他就成了我真正意义上的“以文会友”的知音。

2016年春节前夕我去聊城讲学，在讲课结束前半个小时，哈宝泉局长风尘仆仆地从外地考察归来听我讲课。他那种专注的神情，让我很是感动。

我的报告刚一结束，他便走上讲台。我想，他将做一个简短的总结。可出人意料的是，他一讲就是一个多小时。除了对我的报告给予高度评价之外，又从大文化与大教育的视角，从聊城拓展开来，向听众铺开一幅绚丽而宏大的画卷。很多古典诗文，恰到好处地从他的口中流出，如山中泉水，叮咚作响，沛然而出，给人以清新美妙的感觉。

哈宝泉局长之所以能够成为一位文化学者，与其平时读书是分之不开的。即使在这本书中，也有一章专谈读书的内容。他认为，读书是一辈子的事，因为读书能滋润人的生命。不管在哪个年龄段，都需要好书的精神滋养。当一个人感受到书的能量的时候，就不会感到读书是一种负担，反而认为是一种享受。当他说“读书是一种趣味”的时候，我忽然想起了孔子“发愤忘食，乐而忘忧，不知老之将至”的“乐感”情怀。因为好的书中，不但摇曳着智慧的光华，也多流泻着思想的要义。读得多了，不但可以优化自己的语言，也可以提升自己的人生境界。所以，读书让生命更有了审美情调，更有了意义与价值。他认为，目前一些教师之所以对工作产生倦怠情绪，其中一个重要的原因就是与好书渐行渐远了。一些教师除了读一本教材、一本教学参考书和一本练习册之外，很少看书，更遑论经典文化了。年复一年地在这“三本”书中徘徊复徘徊，缺失了精神的支撑，没有了文化的浸润，就必然走进了倦怠的旋涡而难以自拔了。

其实，校长与教师应当是很有文化的人，也应当是用文化点亮学生生命前程的引路人。当今社会浮躁之风盛行，功利之心蔓延，要想让自己固守精神生命的底线，读书是一种极好的选择。恰如哈宝泉局长所言："读书是一种定力和底气。"因为在读好书的时候，你的生命里充满阳光，你也有了精神能量，不管来自何方的诱惑都不可能动摇心志。

哈宝泉局长从 2013 年 7 月任聊城市教育局局长之后，便下决心要在教育上干出一番大的事业。不管外面如何风吹浪打，他都坚定不移地推行教育改革。通过大量的调研，他提出"321"教育大战略，即满足三个要求"教学质量、师德建设、立德树人"，树立两个目标"事业目标、文化目标"，打造一个"聊城教育品牌"。

因为有文化，所以有底气、有定心，也有眼界、有格局、有胸怀。我曾与他通过 QQ 进行过一次对话，我感到他是站在一个很高的视野上，来勾画聊城教育的未来的。其中不乏深邃思想、远见卓识，而其语言中所彰显出来的生命张力，常常让我击节叹赏。比如他所说的"文化目标"，不但跳跃着文化的乐章，而且极具思想与创意。大家知道，文化的要义，是以文"化"人，即通过优质文化来感染与改变人。同时，当真正拥有文化之后，又可以以人"化"文，提升学校的物质文化、制度文化与精神文化的品位，进而在有形与无形中改变教师与学生的生命状态。

哈宝泉局长的工作之忙是一般人难以想象的，可我觉得他并没有疲于奔命的感觉。他自己说："忙并劳累着，劳累并减肥着，减肥并快乐着。"这是一种极高的境界。一个人只有一次生命，是让生命焕发出光彩，还是庸庸碌碌一生，这应当成为教育人自我追问的一个哲学命题。孔子的高足曾子有言："士不可以不弘毅，任重而道远。仁以为己任，不亦重乎？死而后已，不迹远乎？"他认为就任聊城教育局局长，既要回应上级对自己的信任，也要对当地老百姓及其孩子负责。为此，要让聊城的校长们更有境界，让聊城的教师们德艺双馨，让聊城的孩子们享受优质的教育。于是，一种"舍我其谁"的担当意识，就深深地烙印在了他的心里，焕发出虽百折而不回的行动。所以，他常常夙兴夜寐，却因取得了丰硕的收获而一直乐在其中。我想，孔子的"乐感"文化在两千多年的历史长河里滋养了一个又一个文人学士的时候，哈宝泉局长作为当代文士，也因之而鼓满了驶向高层审美境界的风帆。

哈宝泉局长又是一个具有双重性格的人，他有生命的快乐，也有内在的敬畏。他在本书的最后一章专门论述“敬畏”，提出要敬畏规则、职业、百姓和人生。在他看来，为官者不但要带领人们制订规则，更要敬畏规则，不然，规则只能是一纸空文，内化不到人们的心里。而要想让规则文而“化”之，领导就要率先垂范。不但敬畏于心，还要外显于外。

哈宝泉局长提出的“敬畏百姓”很令我敬仰，只有如此，才能想百姓之所想、急百姓之所急。但很多百姓的事做起来并不容易，甚至困难重重。他没有知难而退，而是知难而进。他做了很多，可他并不满足。在他看来，为百姓做事没有休止符。为此，他常常“如临深渊，如履薄冰”，生怕辜负了老百姓的期望。而老百姓最关注的是什么？那就是让自己的孩子接受好的教育。为此，就要付出更大的努力，就要集中群体的智慧，就要打造聊城的教育品牌。

我虽然对哈宝泉局长的这份情怀、这种精神与执着的努力做了一些评述，可要真正了解他，还是远远不够的。而《运河浣笔·教育篇》这本书，则为读者提供了有效的载体。所以，期待它的出版，以便让更多的读者从中了解一个更加丰满的哈宝泉局长，也从中感知一个具有文化底蕴的教育人的高格，从而向他学习，让自己的生命也精彩起来，从而做出一番有意义与价值的事业。

2016 年 10 月 24 日于济南

（原载于《运河浣笔·教育篇》，哈宝泉著，山东人民出版社，2017 年 4 月）

第四篇 >>>>>> 学生作品之序跋

生命的栖息地

——《放飞我的沉思》的自然叙说与真情感怀

对于中学生的文选，我曾在十几年前做过一定的研究，还先后为数百篇习作写过点评，甚至主编过几十本学生作文集。可是后来，由于研究方向的转变，所读学生作文的数量日渐减少，到了2006年，竟然少到寥寥数十篇的可怜地步。当张津瑞同学的作品集《放飞我的沉思》摆在我的桌上时，便自然生出一种惶恐感。尽管我近年来还在为省内外的中学生做“为终生幸福奠基”的报告，但言说的内容已经与作文相去甚远。对于自己了解不多的领域，其评说自然难以一语中的。不过，比起十几年前，我也有优长之处，那就是再没了评说作文的套路，也没了故弄玄虚的专业术语，而是多了几分自然，也多了几分真诚。

可以说，现在我是在用流自心间的自然话语，述说自认为必须评说的内容。

张津瑞同学将《放飞我的沉思》中的作品分成了初中与高中所写两大部分，其内容与格调也多有不同。

初中作文，张津瑞同学将视角更多地投向学校与家庭，语言也多留有学生习作的痕迹，有的作文甚至写得比较直白。不过，他是在自然地叙说真事和倾诉真情，没有在词句上的故意雕琢与在内容上的虚空。特别是一些感受性的文字，大多承载着一定的思想内涵。

张津瑞同学笔下的家庭特别温馨，那是他心灵的港湾和生命的栖息地。他将妈妈的幽默与前卫，爸爸的安详与沉稳，都写得栩栩如生。其中的“传纸条”等情节特别富有情调，可谓他家的“专利”，可以给更多的家庭构建和谐氛围以有益的启迪。

《挥挥手，说再见》是张津瑞同学初中阶段写得最长也是最有文学味的作品。麦儿的外在之美不仅走进了“我”的视野，更深入“我”的心里。虽系短暂一见，却终生难忘。我想，麦儿在现实中当有原型，不然，不会有如此细腻而又生动的描写，更不至于让“我”如此怦然心动。青春萌动是自然而然的事，它如花朵一样美丽，也如花朵一样自然地凋零。它带给“我”的美好回忆与长久遗憾，就永久地记载在这一“情”“神”兼备的文字里。

如果说初中阶段张津瑞同学的作文还时而显露稚嫩的话，高中阶段的作品更多的则是带有一定文学况味的散文。其中感怀的作品较多，而且比较深刻。读着这些作品，读者可以清晰地触摸到他思想的脉络，甚至可以聆听到他成长的脚步声。他的笔触指向着更加宽阔的天地，其思考的容量也明显增加了。这种飞跃也许是张津瑞同学不断读写的自然“进化”结果，也许与其生活于另一方天地有关。原本几乎随时可以依赖的妈妈和爸爸不再在他身边，高中学习的压力也随之而来。如果这种变化没有心灵寄托，那对于一个中学生来说将是一场灾难。人有时候是需要发泄的，有的人选择的发泄方式也许是骂人甚至打人，而对于一个有一定文学素养的高中生来，则要用文字来诉说自己的心境，来倾泻自己的感情。已没有初中与家人天天在一起的彻心的快乐，更多的是在“应试”之下的无奈的挣扎，但他没有怨天尤人，更没有从心理上疏远父母。因为他知道一个起码的道理——三年的别离，是为了更加灿烂的未来。这一经历，目前也许看不出太多价值，而随着时光的流转，它会成为一份精神产品，长久地影响着他的工作、学习、做人。

他的高中作品中还有两个特别的内容，一是美国之行，二是与妈妈的往来书信。而我，更欣赏的是后者，因为前者更多的是流水账式的记录，缺少深层次的思索与动人心魄的情感波动。而与妈妈的书信，是双方真情的自然流泻。读这些文字，会感动地流出热泪，会思考张津瑞同学何以能够幸运地拥有妈妈这样一个“文友”与“知音”？而妈妈又何以能够拥有如这样一个始终在心理上依赖自己的孩子？母子的书信，是文辞优美的散文，是言志与审美俱在的诗歌。他离开了济南，妈妈的心也随之飞去。他见不到妈妈，却永远少不了心理向往与情感依赖。他说：“妈妈始终是我心里最近的一处港湾，我稍微漂得远一些便想靠岸。现在已经是堂堂男子汉的我，还是难以拒绝她怀里的温暖，因此我一直保有着无尽的童心。我一直感觉她是万里绵延的山峦，我山谷最深处的一株小草。”美哉斯文，真哉斯文！张津瑞同学的妈妈看到儿子的这一真情告白，一定感觉比他考上重点大学都要高兴得多。而现在很多孩子缺失的，恰恰是这些最为可贵的东西。

张津瑞同学是一个爱好文学的学生。不过，高考之前他也许没有太多的时间读更多的书，写更多的文章。一旦上了大学，希望他一定不要中断这种精神行动。我更希望他以后写出来的作品，能够从内容与形式两个层面都能更上一层楼。要达到这样的话，就要在关注生活的同时，持久不断地从古今中外经典文化那里汲取更加丰富的精神营养。唯其如此，才能产生更大的飞跃。

我真诚地期盼着。

2007年2月10日于济南

（原载于《放飞我的沉思》，张津瑞著，二十一世纪出版社，2007年2月，有删改）

读书生智生才

——《谷裕日记》序

《谷裕日记》是济南市洪家楼第二小学谷裕同学小学六年来日记的荟萃，记录着他从一年级到六年级各个方面的成长历程。

一年级，谷裕还需要借助拼音才能表达相对完整的语意。但是，这个时段持续不长，他就有了比较从容的表达。到了六年级，他的日记篇幅明显加长，既有富有情趣的写景叙事，也有一定的议论性文字，甚至还有些思想。

比起一般小学生来，他的日记写作水平提升是相当迅速的。

为什么他能步入这一境界？他的一篇日记《我是个小书呆子》道破了其中的玄机。

很多同学特别期待自己能写出一手好的文章，甚至能够七步成诗。可是，事实上多是提笔忘字，文不通，字不顺。其实，要想写出好文章，读书是绕不过去的一个坎。所谓“读书破万卷，下笔如有神”，是一个颠扑不破的真理。

也许有的小朋友会说，自己也读书了，为什么还不能下笔成文呢？那是因为读多与读少是不一样的，读好书与读一般的书也是不一样的。谷裕已经看了上千本书，这是一般教师都很难做到的。他还读《中国通史》《红字》《老人与海》等。这种广博阅读和“取法乎上”，才有了他的“希特勒，第二次世界大战的一代枭雄”等经典话语。

读书不仅可以使人写出一手好的文章来，还可以改变人的思维方式、心理状态和思想人格。我感到，谷裕因为读书，显得大方又机智。比如，当有人和他“理论”的时候，大多是以对方败北而告终。不过，败方在理屈词穷之际，大多以“骂”他是书呆子作为发泄。这时候，他一点儿也不生气，而是引用了毛泽东的诗句“敌军围困万千重，我自岿然不动”。“任凭他们怎么说，怎么骂，我这边也没动静。等他们骂累了，我这边一句：

‘你刚才说什么？我刚才看书入迷了，没听清楚！’把他们气个半死。”诙谐中透露出一丝机智。如果没有大量的阅读，是不可能有这种经典引用与心灵状态的。

2008 年 5 月 19 日

(原载于《谷裕日记》，谷裕著，齐鲁音像出版社，2008 年 5 月，有删改)

第五篇 >>>>>>

其他人士与单位作品之序跋

宏阔的视野，多元的透视

——写在《教育：新的挑战与抉择》即将出版之际

新近由山东教育出版社出版的《教育：新的挑战与抉择》，是继《教育大视野：现代教育改革难点热点问题透析》之后陈培瑞先生的又一部力作。

在这本书里，陈培瑞先生没有就教育论教育，少于微观雕刻多于宏观透视，是跳出教育看教育，将教育放置于中国历史的长河与当今世界经济发展的大格局中进行审视的。我这一看便感到眼界大开，从中窥到了一个立体多元的世界。在中国历史上，不仅涌现了灿若群星的世界级大文学家，也出现了令人敬仰不已的张衡、祖冲之等大科学家。但中国近代落后了、落伍了，而全球经济一体化、世界性的人才竞争又使中国面临着前所未有的严峻形势。这时候我们没有了“只缘身在此山中”的尴尬与闭塞，开始从宏阔的视野透视中国教育的“庐山真面目”。没有了妄自尊大的狂傲，也没了妄自菲薄的自卑，而是在冷静思索后，对教育做出我们的历史性选择。不从这个意义上去认识，就很难体悟到陈培瑞先生的良苦用心。因为全书七章，前三章的十七个小标题，未着一处“教育”，让人产生离题万里的感觉。其实，稍作思索，便会发现文中所言，几乎又都与教育血脉相连。比如，国力的强弱、人才的竞争，从本质意义上说，还是教育的竞争。信息化社会匆匆而至时，对教育人才的掠夺式竞争达到了令人触目惊人的程度。比如，北京大学2000年毕业的计算机研究生班共35人，其中29人赴美国攻读博士学位，剩下的6人全部进入了三资企业，成了国内的“出国”者。面对这种形势，要实现教育的飞速发展，恐怕每一个有爱国心、有责任感的中国人都要凝重思索且要付诸行动了。同时，陈培瑞先生还从时代发展的层面提醒读者：从20世纪转入21世纪，不只是一个世纪性的转换，而且是人类文明的转换。以往的世纪交替，都是在产业文明时代，现在却是由产业文明到信息文明的转换，这必然要引起一系列的重大变化，而教育将从社会的边缘进入社会的中心地位。陈培瑞先生正是站在这个转折点上观照世界，给教育一个真实的定位，给人们一个明确的信号的。

陈培瑞先生曾做过记者，编辑采写过许多很有影响的文章。尽管这已成为往事，但他仍然保留了记者的特有敏感。所以，许多司空见惯的教育现象，一经他的审视，一到他的笔下，常常是新意突兀而出，亮点顷刻闪现，令人感到耳目一新，有教育新闻的特质。但这种“新闻”又不会因时空的转换而流失，因为它将读者引领到一个较高的层次与境界。这也许是因为他在教育厅法规处就任处长多年，对教育宏观决策比较熟悉的缘故。所以，他的“新闻”材料因有了政策性的把握，总可以令人们没有迷失方向、乱了方寸的恍惚感，而是始终感到方向非常明确，前行的路虽有曲折却有一路引灯。这令我非常佩服。因为一旦价值导向失误，给读者带来的危害将不可估量。后来陈培瑞先生又弃官从研，到省教科所做起了教育科研人员。这位有着丰富文化阅历的研究者，入乎其中便与之结下了难解之缘，他如返璞归真般找到了他的真正位置。由于具有厚重的文化积淀，他一研究便出手不凡。这本书正是他初入教科研领域中的丰硕收获。在新闻性、政策性俱在的时候，学者研究之风也扑面而来。在当今教育上普遍关注教科研的时候，这本书又为读者提供了进行教科研的参照。不过，陈培瑞先生并未钻入“象牙塔”中怡然自乐，而是在许多教育实践层面上进行着有益的探索。书中的不少个案剖析，既因其事例的鲜活生动诱惑着读者，也因其深入浅出的辨析给人们启迪。也许因为陈培瑞先生的这种有过记者、官员与科研工作者经历的“三栖”特点，以及比较厚重的文化积淀，才使书中内容呈现出多元中有融合、统一中见个性的独特景观。没有那些小报记者的故弄玄虚的浅薄，没有某些行政长官的套路与官腔，也没有一些理论研究者封闭式研究的自悦，有的只是敏感与严谨、可读性与科学性和谐统一的自然从容。

接近耳顺之年的陈培瑞先生，本可以怀着优哉游哉的心情享受生活，但他选择了另外一种生活方式。他将对教育的关注与研究和提升自己的精神层面联系在一起，读书学习，挥笔成文，使他有一种“不知老之将至”的愉悦。当然，他也有激动，有愤慨，常常指点江山、激扬文字，将生命的激情挥洒于黑字白纸之间。他热爱教育，但正是爱之切，才有了忧之深，才有了审视与批评。教育领域本是一片育人的地方，不少人为守候这片净土而做出了巨大的贡献。但教育又不是世外桃源，社会上的丑恶现象也必然折射在教育的某些方面，造成某些地方的教育环境的恶化，甚至是腐败现象的滋生。对此，陈培瑞先生比常人有了更多的遗憾与愤慨，也有了更尖锐的批评。尤其是在“教育遭遇腐败”等章节中，他颇像一位手执手术刀的外科大夫，直指病毒之处，犀利而不失庄严。但我总感到他的手在抖动，心灵也在战栗，因为毕竟是不应该发生的事情发生了，不应拿起的刀子举起来了。但面对教育腐败现象，他别无选择，只能拍案而起。他看到、写到的腐败现象令人不寒而栗，他的解剖也入木三分，留给读者的是绵绵思考与经久不忘的警示。不是一个爱教育胜过爱自己的知识分子，绝不会如此义愤填膺，挺身而出。所以，我对他又有了须仰视才见的敬佩。我相信，教育界有一批如此有良知的知识分子在，中国的明天将会一片灿烂。

我与陈培瑞先生相识已久，且有“以文会友，以友辅仁”的默契。在一起时，他可以给我带来快乐，他也会令我思考。谈起话来，他叙古道今、旁征博引，而且妙语连珠、诙谐有趣，将原本凝重的氛围很快搞得活跃起来。我便在捧腹大笑中，享受着一种独特的快感。但每次笑后稍作思考，又感到这笑中有一种“将人生无价值的东西撕破给人看”的色彩。原来，他外在的笑的形式之中，潜藏着令人思考的诸多问题。他的这种口头表述风格，在本书中也时有显示。这种讽刺性的幽默，不时会引领读者去做会心一笑的思索。但他不是故弄玄虚，而是信手拈来，呈现出一种自然的姿态。这种语言风格，使他的文字表述有了一种举重若轻的从容。

不过，陈培瑞先生毕竟当过多年的行政官员，而且撰写过一些教育会议上的讲话稿，所以文中个别地方还给人以“长官讲话”的感觉。好在他如今已在教科研的领域里做着他愿意做的事情。所以，以后他倘再出书，定会给读者一个惊喜。

2001年6月17日于济南

（原载于《教育：新的挑战与抉择》，陈培瑞著，山东教育出版社，2001年8月，有删改）

大学教育多元透视

——读《大学素质教育纵横谈》有感

《大学素质教育纵横谈》是田建国先生关于大学素质教育诸多言说的集萃，内容丰富，思路开阔，并以大气磅礴、纵横驰骋的话语叙说方式，给书名以名副其实的回应。

田建国先生注重广博多览，又善于汲取精华，所以书中引用不仅以内容丰富与理念新颖见长，而且流溢出一种“它山之石”为我所用的“拿来”心态，并且“润物细无声”地与他自己的特殊思考融为一体，形成一种诠释人生与窥观世界的独特视角。加之信息化与全球性的思考在全文中如瑞雪纷扬般飘洒，自然而然地让你感到时代之水或激流冲突，或汩汩流淌，无声地冲刷着你那既有的思想观念，令你情不自禁地去思考理想彼岸与现实此岸的诸多问题，从而对有关大学素质教育的一些问题给予一个有悖既往而又不失正确的审视与评价。

我非常欣赏田建国先生有关大学教育的一些学理性的深层思索。他面对当今的一些热点问题进行深入地解剖，从理论上寻找思辨性的支撑，给一些尚在雾里看花的人们开辟了一条新路，或令你顿生洞若观火之感，或令你再生新的思考。他对大学校园文明建设、市场经济条件下的学校德育工作等问题的阐释，明显地闪烁着“田”氏的风采：不是将思考平淡无味地陈述出来，而是请激情加盟于理性王国之中，让理性的光华摇曳出一路美丽。他认为，素质教育不仅是文化的传递，更是人格心灵的唤醒。学会做人是立身之本，学习知识是服务社会的手段。前者的学习是根本性的，后者的学习是工具性的。如果重智轻德，培养的人就有可能有智商而没有智慧、有知识而没有文化、有文化而没有修养、有欲望而没有理想、有目标而没有信仰、有青春而没有热忱，这是十分危险的。他借用一段哲理性名言论述素质教育的内涵：播种一种行为，收获一种习惯；播种一种习惯，收获一种品格。这一论述实在是形象而又深刻。所以，读者并没有因他对问题的思考之深、之新产生丝毫生涩之感，反而有一种动感、快感、美感如影随形，从而享受学理性思考与从容性表述所带来的双重愉悦。

田建国先生的著述是直指未来的。他论述中国大学素质教育，不重在回顾既往，而是将视点放在发展上，特别是世界发达国家大学教育的发展上。在高等教育国内竞争国际化、国际竞争国内化的严峻态势下，田建国先生认为，中国大学要保持一种冷静的头脑与清醒的认识，始终要有不甘落后的神圣历史责任感。他在分析国外一流大学的教育理念与办学思路时，对中国大学的快速发展寄予了美好的期待，并为其走向世界提供了理论支持与实践例证。从某种意义上说，他所说的大学素质教育，是一种立足中国、环视世界的高层次的教育革命。

文约义长、言简意丰，是田建国先生写作的一个突出特色。把一个简单问题复杂化是一种庸人之为，而将一个复杂问题简单化则是智者之举。他主张人际关系简单一点，写文章简明一点，讲话简要一点。他认为，深入浅出、要言不烦，才是写作的至高境界。他有意追索这样一种境界，并在书中播撒出一路的收获。读者无须担心一些问题的扑朔迷离与难以明晓，因为化繁为简法已被田建国先生运用得游刃有余。有人认为，他拥有了解释未知的技巧；也有人说，在技巧之外，他还拥有着智慧。

田建国先生能够写出如此高水平的著作，的确不是一日之功。他是一位厅局级领导干部，公务繁忙，却有五部个人专著问世、二百多篇学术论文发表，且兼任教育部教育发展研究中心专家咨询委员会委员、中国高等教育管理研究会副理事长、国家教育行政学院客座教授等职，是一位既能从政又能治学的学者型领导干部。这近乎是一个奇迹。对于何以才能成为学者型的领导干部，他已经于书中做了言之成理的诠释，此处无须一一赘述。不过有两点却是必须强调与补充的：一方面是他始终惜时如金地进行学习与研究。他认为，时间就是发展，时间就是前途，时间就是命运。时不我与，时不我待，时不再来。他把时间视作速度，看作力量，等同于生命。他经常讲，面对快速发展的时代，不进则亡，慢进则退。因循者和平庸者必然落后，只有奋进者和卓越者才能与时俱进，抢占制高点。他说自己“白天处理公务，晚上从事科学研究，一般深夜方才就寝；节假公休日，让爱人把我反锁在家中，闭门谢客，读书写作”。他说，从学习中所获得的精神食粮，令他常生“其乐也无穷”的审美快感，以及不断提升文化素养的充实感。他认为，没有一定的人文底蕴与文化内涵，讲话写文就缺少知识的厚度与理性的光彩。他说，爱因斯坦的创造力与科学成就，与他深厚的艺术修养、哲学修养休戚相关；贝多芬的音乐，本质上体现了康德哲学思想的旋律化和音响化。所以，夜以继日地索食高营养的文化食粮，是其文化水平高的内在原因。另一方面，他扎根于大学的实践沃土之中，与许多大学干部、教师、学生不断地交流，摆脱了“理论是灰色的”的羁绊，让思考的火花在实践中铸造成富有创意的理论。于是，读书与写作、理论与实践，如鸟之双翼，自然协调，共同起飞于绿树与蓝天之间。

《大学素质教育纵横谈》既有知识信息的广度，又富理性思考的深度；既有对世界一流大学教育的鸟瞰，又有对中国大学素质教育的独特思考。纵横捭阖，多元透视，展示的是一种崭新的教育理念，提供的是一个阔大的思考空间。学之思之，收益良多。

2001 年 8 月 25 日

（原载于《大学素质教育纵横谈》，田建国著，山东教育出版社，2001 年 8 月，有删改）

献给山东师范百年华诞的精神礼品

——《师范春秋》的史料价值与学理性思考

《师范春秋》，顾名思义，是叙写师范教育发展的一部史书，是在山东师范百年华诞之际献给读者的一份珍贵的精神礼品。有关这方面的史料，此前尽管也曾零星地散见在一些图书报刊上，但像如此全方位地透视与总结山东师范教育历史全程的系统工程，还是破天荒的第一次。写作的难度之大可想而知。

本书史料非常丰富，客观、真实地向读者展现了山东师范的百年历史。不仅有师范教育的一般性历史事实，也有教育上先贤与智者的活动足迹。即便近代历史上波澜壮阔的革命运动，有的也与师范学校的一些人物与事件相关，从而为山东师范教育史染上了红色的革命色彩。而始终客观公正地叙写真实的历史，又使本书的内容与“春秋”之名呼应成一种内在和谐。比如，对于国民党统治时期的山东师范教育，特别是对于时任山东省教育厅厅长何思源及一些教育情景的叙说，以真写史，以事明理，清晰自然而又具体翔实。书中还为我们提供了一些弥足珍贵的历史资料，诸如杜威、蔡元培等大教育家到曲阜师范学校的演讲；梁漱溟的乡村建设理论，以及在邹平的实践活动；万里于曲阜师范学校的求学与革命活动；等等。这不仅为山东师范教育添抹了异常亮丽的一笔，填补了山东教育史研究的空白，也为我国师范教育研究开辟了一个新的领域，成了中国教育史上永远的佳话。

书中的某些部分在写史之时，还融进了一定的学理性思考，从而显露出思想史的端倪。对于孔子在曲阜“有教无类”地教授弟子，以及他的教育思想与教学方法的剖析，便不是简单地再现那段教育过程，而更多的是进行思辨性的透视。在试图确立孔子应是师范教育鼻祖的立论时，虽并非无懈可击，却已在非常努力地进行理论的探究，令读者兴味盎然地去思考这一新的命题，并佩服作者新的发现与执着的探求。梁漱溟的乡村建设理论绝对是中国教育史上的一块瑰宝，他的教育思想与教学方法迄今仍不失合理的内核。梁先生创建性的教育构想与持之不懈的实践行为，还有许多值得深入探索的东西。本书在鲜有人关注这一问题的时候，已经从理论上对其进行了初步的研究，确实具有极大的价值。而对于山东师范教育四种精神的概括，以及山东师范百年历史经验的总结，则有着高屋建瓴的气势，以及理性思辨的光彩。

我比较欣赏本书主编徐兴文和孟献忠撰写的前言，它不仅向我们勾画了山东师范教育发展的基本框架，让我们不必用去太多的时间便可以清晰地鸟瞰这段极不寻常的历史。而且在说史之时，几乎始终有学理性的光华在从容优雅地徘徊，使这一浓缩了的山东师范教育史中，崭露出史事与思想争奇斗艳又互为补充的奇观。如果循着这条思路扩而大之，在思想内涵上更进一层的话，则可以有一本比《师范春秋》更具价值的山东师范教育思想史横空出世。如果说《师范春秋》填写了山东师范教育史的空白的话，这一尚在理想彼岸的新作将会填写山东师范教育思想史的空白，并引起全国教育界的广泛关注。当然，这项工作会更为艰巨，不仅需要时间，更需要富有理论水平的编写人员。

由于第一次进行如此复杂而又艰巨的工作，时间又格外紧迫，有的内容也就难免有不尽如人意之处。一个比较明显的问题就是理性透视的不均衡性。比如，改革开放时期的山东师范教育的内容比较丰实，逐步走进了教育改革的深层领域，对理论的提领与思辨性的剖析却显得相对单薄。对于中师教育现代化的述说，不少还停留在表层的现象与硬件的建设上。而对于思想现代化这一核心问题思考较少，亦少理性的剖析。尽管本书并非教育思想史，但如果为之注入一定的理性思索，将在为其增加厚重感的同时，还会为全书点燃思想的亮色。

正所谓瑕不掩瑜，本书所具有的史料价值和深远意义，已经使这些缺憾显得“微不足道”。而在山东师范百年华诞之际将《师范春秋》隆重推出，就更有了特殊的内涵与现实的意义。

2002 年 10 月 9 日于济南

(原载于《现代教育导报》，2002 年 10 月 14 日第 7 版，有删改)

在教师与学生的心中树起真善美的丰碑

——写在《走进教育的本质》即将出版之际

王三阳先生将他的教育通讯集《走进教育的本质》发到我的邮箱里已经数月之久，嘱我为其作序。由于其间公务缠身且“文债”较多，时至今日，方才草草写成。愧疚之心，一直在心中徘徊。

这本教育通讯集的主体内容是教育管理方面的作品，所写校长有的是我的朋友，有的我也采写过。对于他们在学校管理方面所取得的突出成绩，我一直心存敬意。他们都是富有思想内涵与文化品位的校长，在本地乃至更大范围内有着很大的影响。书中我不认识甚至从未听说过的校长，通过王三阳先生的作品，我对他们在教育管理方面的创新求索有了一定的了解，相信他们在未来的发展中，还将收获更大的喜悦。书中所写教师不多，却富有特色。比如，对于韩兴娥老师的报道，由于内容丰富，实例多多，令读者对她的教育教学探索有了一个相对多元的透视。我曾经对她进行过报道，且称她的大胆教学尝试无异于对当今小学语文教育教学改革投放了一颗“原子弹”。其创新意识之强、文化品位之高，常令我感佩不已。

我认为，真正优秀的校长和教师，首要的是拥有思想内涵和文化品位。因为有了思想，便有了前行的方向，有了属于自己个性的治校之道；因为有了文化，便有了文质彬彬的风范，以及以“文”化人的特殊能力。所以，我一直主张校长与教师要有自己的人生规划，其中重要的便是如何使自己的思想文化升值。这不但是提升自己的人生价值，更是对师生的发展负责。因为有了校长思想文化的升值，才能有教师思想文化的升值；有了教师思想文化的升值，才能有学生思想品德的提升与文化品位的提高。

同时，我还认为，优秀的校长与教师一定要具备奉献意识与牺牲精神。校长与教师不可能不关注自己的发展，但在更高层面上说，他们是在“为他人作嫁衣裳”。一个校长的成功，关键在于名师崛起，学生群体成长；一个教师的成功，核心在于所教学生的脱颖而出、一生幸福。在这个过程中，校长与教师可能要牺牲自己的休息时间，甚至影响自己的发展。他们也许没有得到太多的荣誉称号，但因为始终心系师生和学校的快速发展，而显得光彩照人、美丽异常。

不过，我不同意校长与教师为了奉献而牺牲自己的健康乃至生命的做法，尽管他们在奉献的过程中非常高尚。最佳状态应是在师生发展的同时，校长也在享受他们成长的快乐；学生快速成长的同时，教师也在与学生分享这种幸福。他们可能会因为奉献多而特别忙碌与劳累，心里却一直在欢快地歌唱。

总而言之，我心里的优秀校长，既要拥有思想内涵与文化品位，又要具备奉献意识与牺牲精神，还要保持非常阳光的健康心态。而要想真正做到这些，就要善待他人，发展自身。校长要善待所有的教师与学生，包括不认同自己，以至迄今还不认同自己的教师与学生，全力为全校师生发展营造一个安全而幸福的心理场。教师要善待全班每一个学生，包括学困生，甚至犯过很大错误的学生，真正为他们的幸福与成功经营一个快乐的发展场。诚如是，才能与“优秀”名副其实，才能在教师与学生的心中树起真善美的丰碑。

2005 年 11 月 20 日

（原载于《走进教育的本质》，王三阳著，中国文联出版社，2005 年 12 月，有删改）

道德担当与历史责任

——《不共春风斗百芳》序

史振平先生的教育新闻作品选萃《不共春风斗百芳》送到我的手下已经半年之久了，嘱我写序，迟至今天，方才写就。心中惴惴，深感愧对这位青年记者。

当今教育新闻写作，有一个共通的话语走向，那就是就事写事。这当然并无不可之处，可是，少了理性光华的摇曳，往往让人感到少了生命的张力。史振平先生也写事，可是，他的文中总是在不经意间流淌出一些属于他自己的理论话语，让人在阅读的时候，恍如突然见到一束亮光，顿觉有了另样的味道。

“问渠那得清如许？为有源头活水来。”史振平先生之所以超然出众的一个重要原因，就是他在采写历程中，总是不断地吸纳着生命成长的活水。

要想写出好的作品，就不能不为自己积淀文化。从某种意义上说，没有文化品味的记者，是永远写不出优秀作品的。那些终日奔波于热闹场中，喜欢吹捧领导的记者，往往与文化渐行渐远，写出的作品来也多寡然无味。史振平先生一直在采访与写作，也一直在读书。他知道，只有文化积淀与新闻敏感和谐为一，才能催生出一篇又一篇富有文化品位的作品来。

新闻写作不是完成任务，更不是为了炫耀自己，特别不是为了捞取某些资本。从本质意义上讲，它是一种道德担当，是一种历史责任。而一旦有了责任感，采访写作的时候，就有了另样的眼光。所以，看史振平先生的一些作品，常为流动其中的道德意识而感动。人们说记者是“无冕之王”，可是，如果没有道德意识，这种“王”就会无所不为，甚至是胡作非为。而有了道德感与责任感之后，才能成为读者心目中真正的“无冕之王”。

有的记者写作，不是深入采访，而是下车伊始就索要材料，而后拼凑成自己的作品，非但不以为耻，反以为荣。这种道德失范的现象，迄今仍有蔓延之势。史振平先生的根扎在教育的沃土之中，又通过自己的分析与思考，才形成了有着自己思想和语言风格的作品。所以，总可以从他的作品中，嗅到一股泥土的芳香，看到一溪真情之水的款款流淌。

采访写作，一般被视作是一件苦差事。可是，史振平先生并没有一般意义上的痛苦感。这并不是说他没有付出努力，恰恰相反，他付出了数倍于其他人的努力。可是，在他的内心深处，流动着快乐与幸福。他对教育新闻采写的热爱，使得他工作起来就乐而忘忧。所以，激情一旦点燃，他就会乐此不疲地忙碌起来。正是因为热爱，所以，他的作品中，也有了爱的回响，激动人心，让你的爱心也与之呼应。就是在那些批评性的作品中，正是因为更爱，才有了呐喊。

在这本书的封面上，有这样四句话——“用执着责任记录，用理性思维剖析，用激情笔触赞美，用炽热诚心祈望”。我觉得，这当是史振平先生对本书的一个心灵概括。于是，我也有了一个期待，那就是希望史振平先生在未来的采写中，有一个更大的飞跃。

2009 年 9 月 29 日于济南

(原载于《不共春风斗百芳》，史振平著，中国文史出版社，2009 年 12 月，有删改)

理性的思索，“道”的追求

——《学校新文化解码》序

喜欢本书的书名，因为学校是文化的圣地，舍之则不是真正意义上的学校。而以“新”言之，则有了新意，有了创新，有了新的发展，“苟日新，日日新，又日新”。

知识不等于文化，文化的要义在于以文“化”人。几乎所有的优质品牌学校都有一个共同点，那就是大都形成了属于自己的学校文化，且无时不在而又“润物细无声”地“化”着全校的师生，从而让他们越来越有思想与智慧。

校长是学校的核心人物，肩负着“化”人的重任。所以，校长首先要有思想与文化，要懂得“化”人之道。书中所写的五所学校的五位校长，都是“立己”“达人”的智者。他们已经形成了烙印着自己思想的语系，他们的学校已经形成了有着鲜明个性的文化。在学校文化层面，制度不单单是以“法”的形态存在的，更重要的是得到师生的心理认同与积极回应。各个学校的精神文化，不只是表征于理念层面，更重要的是形成一种“精神辐射场”。在这个“场”里的人，思想会被融化，心灵会被净化，会逐渐地走向高尚，融入发展共同体中。正因如此，这五所学校的师生都有很好的生命状态，学校也在社会上有很高的知名度、美誉度与信赖度。

“冰冻三尺，非一日之寒。”这五所学校之所以能走到今天，都是经历了一个艰难曲折的奋斗历程的。本书的作者通过生动的描写，再现了这种历程，从而让读者触摸到了每一所学校、每一个校长，以及师生生命成长的律动。这不但需要作者进行深入的采访，还需要作者对人物生命个体精神追索的体认，以及与人物命运兴衰的心灵相契。这些作者，大都是我的文友，都是比较年轻的记者。为什么他们能如此出手不凡呢？我想，这与他们的历史使命感、生命担当意识是分不开的。他们希望河南教育快速发展，希望有更多有思想、有文化的校长与教师脱颖而出，崛起于中原，再昂首挺胸地走向全国。当书中的人物走进这些年轻记者的视野与心里之后，就有了一种特别的激动，产生了一种相见恨晚的感觉。行诸文字，也就有了令人心灵震撼的文字。

现在不少报道性的文章，尽管写得明明白白；可是，由于少了理性的光照，往往显得单薄与浅近。可是，在本书中的一些报道文章给了我一个特别的惊喜。作者在描写人物与事件的同时，常常将人物的理性思索呈示出来，而且时不时地流露出自己的学理性思考。有的虽然只有寥寥数语，可是，它一下子为文章点燃了亮色，让人顿然升华了对书中人物、事件的认识，并进而深入品味作者理性思辨的要妙之所在。

这就必然要谈到“道”。《周易》有言：“形而上者谓之道，形而下者谓之器。”书中五所学校的成功之路仅仅是在技术层面吗？显然不是。如果没有对“道”的追索，没有对生命成长规则的把握，是不可能具备持久生命潜能的。技巧与方法并非无用，有时甚至很重要，可是，疏离了“道”，离开了生命成长规则，即使通过技巧与方法让学生有了好的考试成绩，学生也还会在未来的生命成长节点上出现问题，甚至在当下的生命场景就会“亮起红灯”。本书作者高人一筹之处，就在于研究这五所学校不断发展的时候，特别关注学校的发展之“道”，关注生命成长规则。所以让读者感到，这种“道”才是这些学校持续发展的灵魂所系。于是，再研究自己学校发展，再考虑自己心灵成长的时候，就会多了一些新的视角，特别是多了一些对“道”的追求。

以前我虽然几次与这群年轻的记者一起活动，可是，对他们的文采，对他们的责任感，对他们的理论水平，我以前的认识还是在浅层次徘徊。孔子说“后生可畏”，真的如此。他们有很多需要我好好学习的地方，他们的前途不可限量。这也许正是近年来《教育时报》异军突起的一个重要原因吧！一个有思想、有文化、有担当的编辑记者队伍，必然会给这张报纸注入生命的力量，从而让它一往无前地奔向远方。

与上面五组报道文章相得益彰的是赵彬渊等人的《建设什么样的学校新文化》系列论述文章。他们在学校新文化方面进行过深入的研究，有很多新颖的观点与深刻的思想，在某些方面有着开创先河的意义。特别是在读完前面五组报道之后，再读些文章，就会在理论认识上升华，就会对学校的发展有更加深入的认识与把握。

期待这本书的问世，期待这五所学校的师生有着更好、更快的发展，也期待《教育时报》和这个年轻团队与“新文化”一样，日新月异，更雄阔地走向属于他们的明丽未来。

2011年8月31日于济南

（原载于《学校新文化解码》，教育时报社编著，教育科学出版社2011年12月，有删改）

让心灵安顿

——写在《天下阅读与对话》即将出版之际

美妙将书稿发来已经很久了，我却总因奔波在外或“文债”太多而一直拖延到今天。总觉得对不起她，因为她是怀着极大的信任让我来作这个序的。她虽然口头上说不是太急，可书稿已齐，没有序，怎么向出版社交稿呢？我知道她一直在默默地等待，没有任何怨言，只有信任，只有宽容。这令我更加感动，也对她多了几分敬意。

现在的女人，能像美妙一样生活者已经“几希矣”。她在北京，穿得一点儿也不时尚，甚至有点“土”，她没有钱去买那些昂贵华美的衣服，即使有，她也不会将大把大把的钱投到这上面。她没有正式的工作，也没有固定的收入，可以说，她的生活还处于贫困线上，甚至是困窘的。可是，在我心里，她又是特别富有的，是精神上的贵族，很少有人能像她那样长年累月地沉浸于书的世界里。她几乎没有什么别的爱好，唯一的爱好就是读书。一走进书的世界，她就有一种如痴如醉的感觉。连续几年的春节，她都是泡在书店里。不知时光之流逝，不知人来又人去，甚至忘却了吃饭与喝水。正因如此，她没有感到自己贫困，而是充满着喜乐，充满着幸福。我在想，在当今这个喧嚣的社会，还有几个女人能够如此钟情于读书呢？还有多少人能像她那样在精神世界里一如既往地行走呢？

听美妙谈读书，我感到惭愧。尽管自己也读了一些书，可是，就其量而谈，与她是远不能相比的。每月一半以上的时间，我都是行走于全国各地，采访、讲课、开会等，虽然这也是学习，可是，想更多地读书，只能是一种妄想了。大多静下心来读书的时间，是在睡觉之前，或晨练归来时。我想，给这样一位“腹有诗书气自华”的女性写序，真是有点儿自不量力。可是，我愿意写，因为她在我的心里，是一个精神富有者，是特别值得我与人们学习的人。

美妙读的书，大多是世界经典，这些书中不但摇曳着智慧的光华，也流泻着思想的要义。读之愈深，愈能品出其中的要妙，也愈能提升自己的思想品位。所以，她几乎天天在成长，越来越有思想与文化。这种感觉，让她找到了属于她的幸福领地。

在美妙看来，读万卷书与行万里路一样重要，名家的生命提醒也很有价值。于是，她想到了开办北京大学“爱心讲堂”，聘请全国知名学者，由他们讲自己的生命感悟，让听众生成“听君一席话，胜读十年书”的感动。听讲座收费当是天经地义之事，特别是名家开讲。可是，她开办的是义务讲座！在市场经济无孔不入的时代，要让名家免费讲课，其中的困难是可想而知的。甚至有人认为，这个讲堂，必然是有始无终，甚至连始也不可能有。

美妙是绝对不会退却的。因为她认为这是一件很有意义的事情，是她的生命价值所在。因为她明白：“善不仅仅是善，而在于能再生善；事物的高尚、优美、完善及令人羡慕的属性并不在其自身素质如何，而在于能使自身的良好素质四处传播。”

在聘请有关专家学者的时候，她吃了不少闭门羹。可是，她的真诚、善良与坚韧，也感动了一些有良知、有道义的专家学者，于是，愿到北京大学“爱心讲堂”讲课者，由少到多。十年时间，非但没有停止，而且越办越有品位，越办越有人气。前一段时间，她打电话给我，问我 10 月 21 日有没有时间与可能，请我讲课一天。我当即欣然答应。我觉得，自己能在这个高端且无功利的讲堂上课，无异于一种思想的升华与心灵的净化。而且，以后我还会主动向美妙申请多讲几场，并帮助她多做一些力所能及的事情。

《天下阅读与对话》的作者，都是名家学者，其作品很有生命的张力。而且，美妙是怀着欣赏且敬畏的心情来精选文章的，甚至是用生命来与这些作者进行心灵对话的。可以说，这本书问世之后，一定有其独特的意义。我一直认为，读书要想抵达以一当十的境界，就一定要“取法乎上”，通过对上乘之作的阅读，让自己的心灵找到一个精神生命的栖息地。读这本书，就让我们有了这种妙不可言的感觉。

期待这本书的出版，期待美妙更加“美妙”。

2011 年 10 月 14 日于山东省胶州宾馆

（原载于《天下阅读与对话》，美妙、雨桐编著，中国水利水电出版社，2012 年 12 月，有删改）

为学生生命成长打点文化底色

——《国家课程标准初中语文读本》序

初中时代是人生的黄金时段，学生阅读品位的高下，在某种程度上决定着他们发展前景的优劣。所以，为初中生编选一套文质兼美的优秀读本，有着非常重要的意义。《国家课程标准初中语文读本》（以下简称《读本》）的编者们肩负重任，精心编选，让广大的初中生领略到了这一精神产品的无穷魅力。

有一个成语叫“开卷有益”，可真的是这样吗？时下出版的书之多到了让人目不暇接的程度，其质量的高下也大不相同。如果阅读那些品位低下的作品，就有可能影响学生生命的成长。读书有一个规则：“取法乎上，得乎其中；取法乎中，得乎其下。”阅读高品位的作品，不一定达到作者的高层境界，却有可能抵达中层的领地；如果阅读中层水平的作品，就只能在下层徘徊了。《读本》精选古今中外具有深厚人文内涵的经典佳作和优美时文，当有“取法乎上”之妙。这些作品中，不但摇曳着智慧的光华，也多流泻着思想的要义。初中生阅读的时候，既可以从中汲取生命的智慧，也可以走进真善美的精神园地里。这就等于为他们的生命成长打点了文化底色，到了一定的生命节点上，文化的种子就会破土而出，开出鲜艳的花朵，结出丰硕的果实。

初中三年，学生的知识视野不同，人生成长的梯次也不一样。什么样的作品更适合他们当下的阅读，当是一门值得研究的学问。《读本》的编者显然进行了深入的调研，在编选作品的时候，不但进行了由浅入深、由近及远的认知逻辑顺序排列，还考虑到了初中生的心理特征与智力背景，以及其思想人格的形成现状，从而让《读本》有了更强的针对性与实用性。

初中生风华正茂，正在激扬文字的时候，有时会出现追逐华丽词句的趋向。而文字之美，重在自然，正如老子所说：“人法地，地法天，天法道，道法自然。”《读本》中的作品文风各异，可都有一个共同的特点，那就是自然而从容，真正是“清水出芙蓉，天然去雕饰”。而学生文风的形成，与其阅读的作品有着内在的联系。他们阅读《读本》的过程中，也会有意无意地受到影响，从而形成自然晓畅的文风。

读与写是语文学习的两个核心元素。《读本》在关注学生读的同时，也巧妙地设计了写的训练。这不但让学生知道了所读作品写作的奥妙所在，也有了学习写作的内在需求。孔子说：“为仁由己，而由人乎哉?”阅读与写作亦然，当有了自主学习的内在动力之后，读与写就会变成学生的生命需求，阅读更好更多的作品与写出更多更好的作文，也就有了水到渠成之势。

阅读优秀文本的效果，既显现于当下，更指向未来。从这个意义上说，《读本》的意义还不只是促进初中生当下语文水平的提高、心灵的净化与人生境界的提升，还会“于无声处”地向未来延伸，让他们的生命前程精彩起来。

2014 年 5 月 30 日

(原载于《国家课程标准初中语文读本》，《国家课程标准初中语文读本》编写组编，山东教育出版社，2014 年 8 月，有删改)

最好的父亲在这里

——《让童年发生奇迹——一个天才少女父亲的教育》的家教智慧

许多与老咪接触过的人，都称其是一个通透天宇与生命微妙的天下奇才。

老咪，原名王筱菲。4岁多开始创作诗歌，出口成章，哲思飞扬，让人拍案叫绝。1993年，老咪被授予“济南小名士”称号；1994年，在中央电视台六一儿童节举办的跨世纪少年雏鹰行动评选活动中，她成为7名获奖人之一；1995年，她被吸收为中华少年诗社社员；1996年，她竞选为青岛市市南区红领巾理事会主席；1997年，她被国家教委与中国作家协会等单位命名为“小作家”，并获得“全国百名好少年”的殊荣。济南电视台、山东电视台、中央电视台、《中国教育报》《中华少年》《山东少年报》等新闻媒体都报道过老咪写诗读书的情况。25岁之前她就出版了5本著作。

老咪从少年时即游学英国，历时8年，获得伦敦大学电影学学士学位及伦敦政治经济学院人类学硕士学位。自2015年始，在西安攻读哲学博士，并访学美国加利福尼亚大学，开始对先秦文化与玛雅文化进行比较研究。

10多年来，老咪辗转东西万里路，浏览古今万卷书，而且有着属于她自己的丰富而奇妙的阅历。为报纸杂志写过专栏，主持过电视节目，为企业做过策划，也创过业，在英国拍过纪录片，在美国当过教会服务人员，是美国催眠协会的注册催眠师。

从25岁开始，老咪就在每年一届的中国教育报刊社宣传策划中心主办的名家人文教育高端论坛暨名师课堂研讨会上做精彩演讲，其哲理性的诗化语言、独特而又深邃的内容，让所有参会者为之折服与惊叹。在2016年11月中旬的第九届研讨会上，她所做的“写作作为一种自我疗愈”讲座再一次引起轰动。

于是，叩问老咪成此大道的深层原因者也越来越多。作为从1997年就开始采访她，到今天依然与她是忘年之交的我，就成了不少人探寻的对象。

原因自然非止一端，可如果追根溯源，与其爸爸王辉湘从小对她大智慧的发现与开发有着内在的联系。

王辉湘同样是我的文友与采访对象，近20年来，我与他一直保持着深厚的友谊。我发现，老咪的大才大智与其爸爸教育有道的大境界，已经相得益彰地和谐成一曲美妙的乐章。

说：出口成章，妙语连珠

王辉湘认为，说是一门口才技巧的艺术，有时也是一种对人生感悟的解码。如何培养女儿“说”的水平，就成为王辉湘研究和实践的一个课题。

首先，培养老咪由看到说的能力。

老咪刚学会走路，王辉湘便带领她到大自然中去观察领略风光之美。老咪对悠悠白云、灿烂星空、青翠树木、低吟浅唱的鸟儿等，都有着极大的兴趣。孔子说：“知之者不如好之者，好之者不如乐之者。”老咪对大自然的这种特殊的“乐”，为王辉湘指导女儿观察、说话奠定了很好的基础。他指导老咪观察事物的特点，形成一个共同议论的话题。老咪想象奇特，用优美的童音描述着她眼里的审美客体；爸爸则与女儿一唱一和，将这一观察后的思考引向深入。他们还常常针对植物的不同形态，进行有声有色的比较分析，感受大自然的奇妙无穷。老咪一张灵巧的小嘴，总似黄莺一样不停地歌唱。而王辉湘，则异常兴奋地为这歌唱而歌唱，而激赏。

老咪不仅常常见景而出言，而且对动物、人、事等，也多有自己的观点和见解。所以，在爸爸的引领下，老咪未入学便有了出口成章的超级“说”术。

其次，王辉湘着意培养老咪由想到说的能力。

人的大脑是一个极其神奇的世界。是挖掘其潜力使其想象奇妙，还是压抑其灵性导致其流于沉寂，这是对家长的教育观念与教育行为的严峻考验。王辉湘不仅开发了老咪卓越的想象力，而且将这种想象力幻化成了说的艺术。

在老咪刚会说话的时候，王辉湘便开始给老咪讲有趣的故事。尤其是动物故事，吸引老咪与这些动物共命运、同悲喜。老咪听故事时，神情特别专注，两眼一直望着爸爸。这种听，充盈了她的爱心，也丰富了她的想象。

两三岁的时候，老咪与爸爸一道读了许多童话故事，这更加丰富了她的想象力。在这种基础上，王辉湘开始有意识地发挥老咪的想象力，并要她将这种想象用语言表述出来。这时候，老咪的脑子里充满了奇妙的想象，而且也有了自编自说故事的强烈欲求，于是，老咪的口头故事创作便持续不断。特别是到山中无人之处，没有了外界的纷扰，父女二人就兴味盎然地自编自讲起故事来。秋天，看到落叶遍地，便给故事起名为《落叶河》，从一片树叶落地讲起，驰骋想象，情节曲折的故事源源不断。而且是两个人轮流讲，一讲就是20多集。故事动人心弦，讲者听者都沐浴在想象瑰丽的情节中，神游天外，乐而忘返。就是在这种讲故事中，老咪插上了想象的翅膀，这为她以后的即兴赋诗与能言善辩奠定了基础。

此外，王辉湘还着意培养老咪敢于评说的能力。

对世上纷繁万象、千奇百怪的现象与问题，是充耳不闻、闭口不语，还是直面现实、敢于评说？这是两种截然不同的人生态度。王辉湘不仅引导老咪关注这些现象和问题，而且让她思考、评说。有时候，他也参与其中，与老咪共同评判，是者扬之，非者导之，从而使老咪说的艺术走向一个“思接千载”的世界。

王辉湘经常带着老咪参加一些富有意义的文化活动，鼓励老咪主动参与其中，大胆地陈述自己的看法，从而锻炼其敏锐的思维能力和临场应变的能力。在青岛召开的一次读书座谈会上，一位年近70的老者，教诲老咪必须将《论语》的全部章句背诵下来，不然便没有资格谈论《论语》的要义。老咪肯定老者的合理意见后，又提出了不同的看法：“老爷爷，读书是在感受愉快中吸取其精华，而不是在痛苦的死记硬背中略知其表层。比如老爷爷您吧，昨天吃了几个馒头，喝了几碗汤，吃了多少菜，现在未必记得一清二楚，但其中的营养您已经吸收了。一个有悟性的读者，犹如一块能吸收许许多多水的海绵，自然而又迅速地吸进去的是水一般的书中的精华。所以，关键不在于背得熟不熟，而在于是否真正地理解与领悟了，在于能否转化成一种有用的能力。”那位老者无言以对，频频点头，对这位小女孩刮目相看了。

这种语言交流，可以洞见老咪特有的机敏，也可以反映出她的读书观。老咪多次读《论语》，而且每次读都有新的收获，并将其与《孟子》《老子》《庄子》等书做比较分析，谈论同异相间的奥妙。这比那种死记硬背与生吞活剥地读书，显然高出一筹。而王辉湘对老咪与大人们的语言交流，始终持一种支持、欣赏的态度。老咪也正是在爸爸的鼓励下，于重要场合当仁不让，与大人们纵论天下大事与读书感受，从而将她的说的艺术推到一种与智慧交融的天地。

老咪在学校里，眼观耳闻各种现象，并产生不同的感想。王辉湘便要求老咪将自己的所见所闻所感说出来，从而了解其明辨是非的水平，培养其口头表述的能力。比如，有人对学生的看法往往受家长职业性质与地位高下的左右。对此，老咪颇有感慨地对爸爸讲了自己的看法：“世界上各种各样的职业，都有其存在的合理性、有用性，甚至一定的艺术价值。比如做陶瓷的、拉二胡的，达到炉火纯青的地步时，便上升到一种艺术的品位。关键不在于职业的不同、地位的高下，而在于你干得好坏优劣。一个小品的台词说得好：‘有让人抛弃的人，没有让人抛弃的工作。’人们对职业所持有的偏见，实在令人费解。尤其是将这种偏见波及孩子身上，不应有的偏见笼罩在一些所谓职业不好、没有地位的人的子女身上，给他们戴上一副精神枷锁，实在是可气可恨！”老咪对问题的认识与感受，颇令王辉湘高兴与鼓舞，他为老咪能够清晰地将自己的感受表述出来而自豪，更为孩子有一颗美好的心灵而欣慰。王辉湘在给予老咪肯定与表扬之后，继而进一步阐释了职业、地位和民族素质等一系列问题，使老咪的疑惑消除，并看到了美好的前景。

面对记者的提问，王辉湘要求老咪落落大方，从容应付，老咪更是成竹在胸，有问必答，而且多有独到的见解与警语似的评说。当我写完《智者老咪——一位当代罕见的少年奇才》并即将见诸报端时，我打电话要求老咪谈谈对这一题目的看法，她不假思考地说：“其实我是最最平凡的一个孩子。只是目前绝大多数的孩子所具有的与生俱来的灵性与才干，在走向人生的道路上，不仅没有得到发挥与张扬，反而被父母或其他教育者扼杀了。我却是在父母的教育中，保留了那种天然的禀赋，并得到了很好的发展。别人都变了我却没有变，因为我是最最普通的一个孩子，而别人恰恰就有些特殊了。因为人们都将特殊视作了普通，我这普通平凡的一个便成了罕见的了。上苍赋予人生命，自是天才，但非奇才。至于是不是智者，我感到将来有一天能够达到，但目前尚且不是。”其间不乏谦虚之意，但也可以看出一些辩证与哲理性的思考，以及对目前家庭教育及学校教育的不凡见识。

不管是何种形式的说，老咪都超越了中小学阶段学校教育中那种说话训练的浅层平面。她的说中融进了她自己的独特思考，以及王辉湘循循善诱的引导，显示了她特有的天赋与才分，以及超常的创造力，也反映了王辉湘鼓励、发挥这种天赋与创造精神的教育观念与教育行为。由此可见，老咪出口成章、妙语连珠，成为一个奇才，当有其必然的原因。

读：入乎其内，乐而忘返

老咪读书，总会自觉不自觉地步入忘我的空灵境界，走进愉快亢奋的最佳天地，与哲学大师、文学巨匠、科学之子做心灵的对话和情感的交流。未求于开卷有益而获益匪浅，未求取智慧生根而慧门大开。而王辉湘则为女儿的入情入境从心底流出一曲欢唱，并与女儿共踏书山，一起领略这宜人的旖旎风光。

王辉湘认为，宇宙浩渺无边，人的生命却有限。在有限的人生中，要让老咪读到世界上高层次的书。所以选读之书，必须取乎其上而不取乎其中，更不取乎其下。即便在老咪很小的时候，王辉湘给她读的书也不是一般孩子常读的通俗小人书，读的除中外著名童话外，便是伟大诗人的精品之作，以及哲学家、文学家、科学家的经典之作。老咪未必全能听懂，但她为之神往，为之痴迷。王辉湘的高层次定位，为以后老咪的高层次读书奠定了基础。所以，在老咪具有了一定的读书水平后，王辉湘便与她共同解读哲学的深邃、文学的美妙与科学的奥秘。王辉湘读起书来抑扬顿挫，老咪的目光便随着爸爸的读书声在书上移动并自己认字，心里品味着书中的要义。令王辉湘大为惊奇的是，老咪竟在爸爸的领读中，迅速识记了许许多多的字，甚至那些难认的繁体字，她也知其读音与含义。与此同时，王辉湘有意与老咪讨论读书的感受，老咪竟款款道来，而且不乏精彩之语。

这时候，王辉湘开始教给老咪读书的方法。他说："不动笔墨不读书，这是读书人的座右铭。"读书之前，将红蓝铅笔、钢笔和本子准备齐全，对书中的警语妙句用红蓝铅笔加以标记，并将体会写在书上，同时，分门别类，做好读书笔记。老咪心领神会，不仅"不动笔墨不读书"，而且所写多有自己的见解。老咪甚至还"胆大包天"地将大师们的名著批得体无完肤，其中竟不乏真知灼见。

老咪的读书笔记是一道绚丽的风景，也是一笔精神财富，其间融进了她的思考，还打破了传统的读书笔记的写法，挥洒自如，不拘一格，颇具"横看成岭侧成峰"之美。比如，老咪看了歌德写的小诗《湖上》最后四句"晓风翼覆了/影阴着的湾/湖中影映着/成熟中的果"，便写道："'影阴着的湾''成熟中的果'是何等新鲜的诗句，多么流畅的情思！歌德培植了广阔无边的诗的纯净田野。"尽管所写仅寥寥数语，却见出老咪高品位的欣赏水平与亮丽的语言风格。她评价歌德说："歌德丰富的一生，因承受了上天太丰富的赠予，而拥有太丰富的灿烂，从而聚集成太丰富的伟大。正如赫尔德所说的：他在每一个生活进程中都是一个男子。拉步陀与克乃勃尔称他是一位英雄，铁石心肠的拿破仑也不得不喊出：'这是一个人！'"从不长的评说中，可见她知识面之广、思考问题之深刻，以及用语词之美。再如，她看了《曾国藩家书》之后写的一篇笔记："曾国藩祖父梦蛇藩生。咪生也有异，呱呱坠地之时，即与死神纠缠半月。人曰'大难不死，必有后福'，咪闻此语皆一笑了之。今读曾国藩，实感快乐非常，侠气虹流。书上曰：'梦龙，天子相；梦蛇，一品相。'奇人必有奇兆。然转念一思，'至人无己，神人无功，圣人无名'，又将快乐一把挥去。见窗外花态柳情，只愿茫茫今古，积成感慨于胸中。"这则读书笔记结合自身经历与感慨，以及庄子的名言哲句，突兀转合，很见大家风范。

老咪读自然科学书，也读文学名著与哲学书。从 6 岁起，她将《千家诗》一首一首地往下背，钱钟书注释的《宋诗选注》也一首一首地往下看，而且在繁体字上都注上简体字。7岁时，她又细读了800多页的《辞海》。后来又读《唐诗三百首》《全宋词》《李白全集》《近三百年来名家词选》《尼采诗选》《浮士德》等几十部中外诗词。同时读《红楼梦》《三国演义》《水浒》《莎士比亚全集》等几十部中外小说，以及《管锥编》《随园诗话》《文心雕龙》《艺海一勺》等文艺评论类作品。《人在自然界中的位置》《趣味物理学》《趣味生物学》《非人——时间漫谈》等自然科学书，也令老咪如痴如醉。至于《周易》《希腊悲剧时代的哲学》《查拉斯图拉如是说》等哲学类书，更令其心驰神往。

王辉湘认为，读书是一种汲取信息、丰富知识的益智历程，也是一种审美体验与哲学思辨的精神活动，甚至是在原有知识载体上再创造的创新过程。所以他经常与老咪一道，经历与感受这一过程的美好，并以口头语言的形式表述彼此的认知与见地。无论是落花缤纷的英雄山脚下，还是惊涛拍岸的青岛海滨，无论是与猫咪共同悠闲漫步于门外的小园中，还是全家人筷勺往来有声的饭桌上，父女二人都将所读之书作为审视客体，侃侃而谈，使这一说的艺术情趣盎然，美不胜收。

王辉湘惊奇地发现，老咪犹如一块海绵，迅速而又贪婪地吸收着知识的甘露，有时还形成了她自己的智慧。欣喜与愉悦在他的心田荡漾，同女儿情感和语言的交流也与日俱增。老咪则因爸爸的热情参与，感受到父爱的汩汩流淌，激起口头与心理交流的莫大兴趣，所谈似滔滔之水，灵感也滚滚而来。所以，老咪的每一番议论，都有知识、智慧、情趣性和创造性的高度和谐之美，都是一篇篇闪着灵性的口头创作的读书笔记。

王辉湘心潮澎湃，感受着“弟子不必不如师”的美妙，也用精彩而又不失其分寸的评论对老咪进行褒扬。老咪在爸爸的肯定中，自信中又增了自信，愉快中又添了愉快，于是又有了一泻千里的宏论。

这种富有文化内涵与幸福愉快的说，使老咪渐渐练就了出口成章、下笔成文的才能。心灵的清丽与思维的活跃，和着知识的增多、智慧的开启，将老咪推向了一个游刃有余的富有艺术品位的境界。

王辉湘还认为，读书是一种艺术享受，不能有任何的功利目的；老咪同样感到读书是一种高品位的娱乐，甚至是一种玩。所以，王辉湘与老咪读书，都有一份恬静淡泊的心境，一种祈求解读人生心灵的美。当读累了的时候，马上将书放下，另换其他书再读。其他书也读累的时候，就抱起猫来玩玩，或演一演木偶戏，吹一吹笛子，或蹦蹦跳跳、笑笑唱唱。有时则站在阳台上，远观岛城美景，心游天外，美在心间。王辉湘与老咪都感到，保持心理愉快至关重要，读书与玩有内在的联系。孔子在《周易·系辞上》中说："君子居则观其象而玩其辞，动则观其变而玩其占。"《周易》这么一部伟大的著作，孔子为什么非在上面加个"玩"字呢？于是父女二人便在这个"玩"字上研讨了好长时间，认为这个"玩"字不是马马虎虎，而是一种学习态度、治学方法。这种"玩"不是一般孩子稀里糊涂的玩，而是入乎其内、乐而忘返的读书入境的深层解读。

王辉湘有时也带着老咪去游玩，但外出时总忘不了带书，因为他们认为读书与游玩是融为一体的。他们到海滨去时，老咪还不忘带一把小铲、一个小篮，以便到海滨上铲沙装沙，一个小女孩的活泼烂漫跃然而现。与此同时，小篮旁边还放着两本高深莫测的哲学书。玩一会儿沙子之后，父女二人便会坐在沙滩上，各人翻开一本书，彻底步入哲学的王国。这时候，小女孩的天真不见了，与哲人交流的深邃又呈现出来。

老咪对哲学情有独钟，她还特意创造了富有情调的"哲学小屋"。她将许许多多的布娃娃按中外著名哲学家的名字编上序号，如泰勒斯、芝诺、赫拉克利特、亚里士多德、柏拉图、孔子、老子、庄子等，并逐一按其哲学思想与其对话，有时还展开一定的争论。在老咪看来，这些不是布娃娃，而是一位又一位闪烁着智慧之光的有灵性的大哲学家。她从他们那里吸取智慧，也用自己的智慧与他们交流。所以，对话之时，她总是其乐无穷，深入其中，哲语迭出，美不胜收。

王辉湘与老咪一起读书，老咪超常的智慧越来越显现出来。爸爸的经验尽管丰富，读书面也相当宽泛，但他达不到老咪特殊的感悟力，对书的内容的理解也难以达到老咪的高度与深度。老咪明显超越了爸爸，这令王辉湘既惊讶又兴奋。

老咪的知识越来越丰富，智慧也愈来愈多。但她并不满足，王辉湘也不满足。他告诉老咪，知识与智慧犹如一个圆，掌握的知识与具备的智慧越多，这个圆便越大，而圆外的未知部分也越大。宇宙庞大无边，浩浩渺渺，人类在宇宙面前格外渺小，人类还有什么值得骄傲的呢？人类对知识的学习与未知的探索，是永远达不到宇宙那样无边无垠的境界的。所以，学无止境，智慧也无止境。人们应当永远向未知的世界进军。

写：一挥而就，文采飞扬

老咪的诗作，清丽隽永中透出灵气，哲思深邃中流溢着童趣；老咪的散文，洋洋洒洒有大家风采，纵横驰骋呈名家风貌；老咪的学术性文章，显示出独到的见地、严密的论证、清晰的思路与犀利的笔锋。步入如此多极的写作世界，除了老咪特有的天赋之外，王辉湘的教育有方与老咪的不懈努力当是其主要的原因。

英国作家、心理学家、教育家托尼·布赞说：“你的大脑就像一个沉睡的巨人。”关键是如何有效地开发大脑，使这个“巨人”从沉睡中醒来。老咪天赋聪颖，对诗有着特殊的兴趣，王辉湘便开发这种天赋与兴趣，使老咪内在的潜能充分发挥出来，并将老咪写作的热情推向更高的境界。

老咪4岁多时就问爸爸：“什么是诗呢?”王辉湘说：“用自己的感情，以抒情的笔调与音乐感的形式写出来的便是诗。你已经具备了写诗的能力，你一定可以写好诗!”老咪高兴得手舞足蹈，而且开始作诗。老咪说一句，王辉湘记一句。老咪激情满怀，神游天外，诗句一泻而出，爸爸笔走龙蛇，还难以记全。记完之后，王辉湘便异常激动地读给老咪听，还不时评赏几句。老咪高兴地问：“我写的就是诗了吗?”王辉湘说：“是诗，而且是好诗!”老咪感到自己是一位诗人，写诗的激情一发而不可收，写了一首又一首，渐渐形成了自己的特色。小诗人老咪的大名，也愈来愈为人们所知晓、所称道。

老咪写的各种题材的诗都极具特色，有出神入化之美。比如，对遁入空门的李叔同，她便赋诗一首：“浮云飘，太阳起/落花洒满地/春风赶来报悲喜/山河大海祝福你/祝福你，忆往昔/浪头与礁石别依依/叔同入空门/风也穿佛衣/穿佛衣，发削去/化作昨夜花满地/你身后留下一片神秘/枝头小鸟乱猜疑。”(《赠李叔同》) 老咪对佛教有一定的研究，且对李叔同有特殊的好感，便以脱俗超尘的笔法，写出神秘莫测的内容，给人们留下回味无穷的美感。

老咪只要握笔在手，铺纸在案，就有一见如故的感觉，只要写出一个字，其他的字句便会一泻千里地流淌出来。她认为，一位真正的诗人，无须酝酿感情，因为感情就在你的胸中，灵感时刻围绕在你的身旁，时刻都会倾泻于你的笔端，就会有美好的诗诞生。

为了从不同的方面培养老咪的写作能力，王辉湘非常注重老咪天天记日记习惯的培养。从老咪上学的第一天起，他就叫她写日记。老咪开始不知道怎么写，王辉湘便告诉她："日记就是将你一天中看到、听到、想到的记下来。如果无事可写，画一个圆圈、三角形或其他任何图形都可以，但绝对不可以空缺。"老咪记住了爸爸的话，便将日记题名为"人生小记"，每日必记，有的配以插图，图文并茂，颇具情趣。

1997年老咪生日那天，她便写了这么一篇日记："生日即初生之日，此之前为婴卧于母腹，此之后为人立于乾坤。生日故，使卧变立，由婴转人，从母婴之狭迁乾坤之广，其意之重，当不必言。咪因终日学习洒扫应对之礼，写书作文之术，故借新生之意，作稚嫩文章。本应藏拙为幸，却不得不拿出，以求指教，难免挂一漏万。故立此本于生日，以自我嘲之。"这篇日记是由生日而感，有感而发，所感所发有写作之事，也有其他之思，足可见其日记的特色。

老咪将上学途中所观，也记入日记："咪之离家甚远，诸多时光费于车上。咪只得在途中看云观草。咪每见异彩纷呈、云蒸霞蔚之圆苍，雨余芳草、花落红堤之大块，便发浩叹：伟哉自然。挥鞭策驰四运，操纵万物不歇。春来秋往，观云看草，眼目之昏聩、心脾之困结尽皆遗尽。"

中小学时期老咪的日记，均以文言文的形式写成，不作无病呻吟之状，实记自己的所见所闻所感，而且个性突出、神采飞扬。

其他方面的写作也是如此，甚至她考试时的作文，也是下笔成文，无须预先列好提纲，突出什么中心。在老咪看来，写作是人的感情与思想的自然而然地流露，它能流到哪里就流到哪里，能流出什么东西就流出什么东西，不要有意地压抑它，或给它定个条条框框。本来那么纯真、那么烂漫的东西，让它变得很腐朽、很成熟，就失却了那种最珍贵的精神。尤其是有故事情节和想象性的文章更是如此，其故事情节何以推展，结局将会如何，这是连作家本人也难以预料的。

当然，老咪也并不是不追求写作的艺术形式，只是这种追求是自然而然的。她不满足于流水账式的描写，总是寻求一种最佳的表现方式。她认为，她看的事物不是一般人看的外在形态，而是被缪斯以泪浇过的富有灵性与内涵的事物，所以灿烂若星、奇妙无穷。艺术家往往为眼前的自然骚动起来，不再安于用古老的方式倾吐，无数平平仄仄，架起世界的风铃；无数类似十四行、彼得拉克式、俳句、史诗的方式拌成混凝土，将艺术家的心灵做支撑的钢筋，筑就文艺的殿堂。

老咪当时对一些中学生所崇拜的偶像大不以为然。不见了福楼拜、莫泊桑，逃走了海明威、巴尔扎克，消失了歌德、席勒，更不用说尼采、黑格尔，有的只是一群群歌星，不知道这如何对得起“崇拜”二字，又如何与文豪们媲美。老咪对此常扼腕长叹，而且认为江山代有才人出，艺术更需要爱，现在便要行动起来，去把握世界、创造世界。她曾充满信心地告诉我：“终有一天，我们中国人也会以划时代的作品及非凡的语言，登上诺贝尔文学奖奖坛!”

爱：发乎自然，扩及万物

一个人事业的成功与否，往往与其思想境界的高下密切相关，甚至起着决定性的作用。王辉湘特别注重对老咪美好品德的培养，从而使老咪的思想素质得到了全方位的提高。

王辉湘的思想教育不是空洞的说教，而是结合老咪的性格特点和生活实际，进行自然而然的爱心教育，尤其从爱父母、爱师生，甚至爱动植物与世上万事万物开始，使其成为充满爱心、关心他人、关心集体、同情弱者的人格完善的人。

要让孩子爱心永驻，首先家长要有爱心，这样才能在潜移默化中产生作用。这种爱的教育，王辉湘从老咪刚刚生下来就开始了。老咪刚一出生，便窒息昏迷没有哭声，在医院温箱里生活了半个月。王辉湘为挽救这个小生命，全力以赴而又心力交瘁，但他相信老咪可以活过来，相信老咪能够健康地成长。王辉湘的爱心与努力创造了奇迹，老咪走出了危险期，而且越来越健康，与爸爸的感情越来越深厚。老咪上幼儿园时，便写了一首充满着感情的诗《童年的根在温箱里》。她读给老师和小朋友听，老咪泪流满面，他们也都泣不成声。因为她从父母那里听了这段经历，感受到这份伟大的父爱与母爱，便铭刻在心中。

王辉湘夫妇由于工作紧张，后来将老咪送到了她乡下的外婆家。老咪1岁多时，王辉湘赶到乡下去看她。当时老咪满身是土，正坐在院子里的一领席子上。王辉湘心中一阵悸动不安，马上将她抱起来，奇怪的是，老咪立刻感受到了这种父爱，一次又一次地亲吻着王辉湘，并形影不离地跟着他，将她认为最好吃的东西全部拿来给他吃。王辉湘不容分说，将她抱回济南，工作再忙，他也要每天见到自己的女儿，要每天给她父爱，每天感受女儿给予自己的最美好、最动人的爱。

王辉湘关心老咪的生活、学习，更关心她的感情、她的思想。他与她在心底交流感情，是父女，更是亲密的朋友。这种深厚的父女情结，融化在平时的生活中，也融化在她的诗句里。王辉湘调往青岛电视台工作之初，老咪还在济南就读小学。一个下雨天，老咪打着伞送爸爸去火车站，泪水和着雨水在流淌。王辉湘说："老咪，只要我们生活在同一个地球上，就离得不算远，相见的时日便不会太长。"老咪点点头，望着爸爸的背影在雨中渐渐远去。对爸爸的思念之情，在老咪的心中激荡，回家之后，她立即写诗一首，题为《流过的水》："洒泪相送/背影飞出眼中/清晰的雨/如今迷迷蒙蒙/打开电灯/看看水的行踪/似在眼前/又远在天边/让我如何跟从/我早已懂得了/流过的水像洪钟/你听，你听/听……"晚上，王辉湘从青岛打来电话，老咪将这首诗读给他听。王辉湘听着听着，泪水不由得夺眶而出，以后每每读起这首诗，王辉湘都潸然泪下。他感到自己的女儿读懂了爱，自己的爱有了最真诚的回报。

王辉湘教育老咪不仅要爱自己的父母，而且要爱自己的老师和同学。老咪读懂了爸爸的话，也解读了爸爸的心。她爱自己的老师如父母，爱自己的同学如兄弟姐妹，特别是对一些有困难的同学，她所给予的爱更是无以复加。老咪有一位同学M过生日，M的妈妈去了美国，爸爸迟迟没有归来，只有老咪去陪她。老咪为M写了许多诗，如《杏树——写给旧友M》《想念M》等，表达了一个善良纯朴的女孩对同学的思念与关心，谱写了一曲又一曲爱的赞歌。

开学第一学期，老师因老咪回答问题积极与作业完成得好，给了她许多五角星，以示鼓励。她珍惜有加，一一贴在日记本上。9月10日教师节前，她将对老师的敬意与爱心，写成一首题为《星星里的爱心》的诗，并在庆祝教师节的全体师生大会上朗诵："天空是一张白纸/老师发给我的红五星/我就挂在那里/红五星每天都在发光/它的光亮比太阳的光亮还要温暖/温暖得就像妈妈的胸怀/在红五星里面/可以找出多少份爱心呢/那些爱心每天都在散发/就如鲜花的芳香一样。"全体老师听后都惊讶不已，也激动不已。一个刚入学的小女孩，将老师对她的无私的爱心与关心，以及她对老师的一份真诚的爱，珍藏在心底，也流溢于笔端，似自然流淌的水，情真意切。

老咪的爱心还辐射到动植物身上，并将它们视作有生命、有感情、有灵性的东西，同情它们，爱护它们，关心它们。她从来不吃小动物的肉，宁愿饿着肚子，因为她认为吃这些是一种残忍的行为。

一天夜晚，老咪睡意蒙眬中听到外边传来猫的声声凄厉的哀号，她感到这是一只无家可归的猫的哭叫，于是披衣而起，走到窗前，站了许久许久，为那声音流出许多泪水。她觉得自己也成了一只没了家、失去了亲人的孤独的猫，在四处流浪。老咪爱猫，胜过爱自己的生命。她家里养过许多猫，她目睹了每一只猫的出生。小猫出生后发出的第一声叫声，总让她格外开心，就好像与它们一样开始了人生新的起点。

即便植物，老咪也认为上苍赋予其感情与灵性，可以与自己进行心灵的沟通。上一年级时，老咪住的院子里有许多耸入天际的白杨树，她每天放学归来，都要用温柔的小手去抚摸它们，并跟它们说悄悄话。有一天，她放学归来时，发现大人们为了盖房子砍伐了一排白杨树。她惊呆了，跪在地上，去触摸那一棵又一棵倒地而又无声的树。她万分悲痛，摸完之后便坐在那里流泪，并一行又一行地写着诗句："木匠的斧再锋利/砍掉了你的树叶/锯断了你的枝干/却砍不掉你一圈圈积累下来的年轮……"在她看来，如此残酷的事情，却由人类去执行，这是多么大的悲哀啊！人们爱人，也要爱及万物。只有充满爱心的人，品德才能高尚。王辉湘为老咪的爱心而欣慰，而且不断地引导着她把这种爱心向深处、远处延伸。

心：宠辱不惊，平静似水

王辉湘不仅注重老咪的品德教育，而且注重对老咪健康心理的培养。一个人，尤其是一个学生，具有良好的心理素质，对其终生成长都起着至关重要的作用。有了健康的心理，当下失败了，未来也能走向成功；如果失去了健康的心理，即使当下成功了，未来也一定会失败。

王辉湘对老咪采用了鼓励、赏识教育，借以培养其健康阳光的心态。他从来没有严厉地训斥过她，哪怕她犯了错误，也是循循善诱，以情以理说服她。对于她不应该做的事，应该做好但并未做好的事，他总是用鼓励的话，让她再次去做。这种带着爱心与鼓励的语言，使老咪在认识到了自己的问题，改变了原来的想法的同时，走进了“不贰过”的境界。

老咪上小学时，成绩大都名列前茅，偶尔考得不好，王辉湘也以鼓励的话语给她以自信。一次，老咪数学考了95分，回家后很不好意思地告诉了爸爸。王辉湘听后哈哈大笑：“不少不少，我还以为考了59分呢！”然后又非常满意地告诉她：“只要用功去学习了，得多少分都是取得了成绩。你如果不上学，休说95分，15分也得不到。所以，你要感到满意，感到高兴才对啊！”如果孩子回到家，本来考得差，心理紧张，感到内疚，父母再严厉训斥，甚至动之以拳脚，势必使孩子的心理更加紧张，影响到孩子健康心理的形成，也必然影响到其学习成绩的提高。

由于王辉湘长期的思想熏陶与老咪从读书中不断地吸取精华，老咪对任何境况都始终以乐观待之。她认为即便考不上大学，只要有饭吃，也要感到生活的美好。因为世界上有更多美好的东西需要人们去关注，与它们去交流、对话。春天，那绿草与树叶是怎样一天天地舒展，那花儿是怎样一片片地开放，即便是有了虫蚀的有洞的枯枝败叶，都会被她欣赏出无穷的乐趣。一个人，只要生活在地球上，就应当感到骄傲，就无须有更高的要求。老咪在日记中写道：“好在老咪有好笑之癖，笑眼一缝，万事万物尽括其中。哪怕忧抵山重叠，愁量海深浅，亦可以笑待之。”这种健康的心理，为老咪的成长发展，铺平了广阔无垠的道路。

正因有了这种健康的心理，在任何场合，要老咪做任何事情，她都可以从容应付。老咪主张作为动态的人都要有一颗静态的心，还认为真正的静心，应当是宁静笼罩一切，极乐无拘无束地悸动着，和谐无边无际地弥漫着。静心者忘却了一切，无论投多少石子，静心依然如无瑕碧玉般的湖面，没有一丝波澜。这高远的境界到达时，除了尘，什么都消失得无影无踪。压力也好，轻快也好，失败也好，成功也好，老咪都可以笑待之。

老咪心理健康与爸爸的心理健康有着直接的关系，王辉湘培养了她的赏识爱心、解读爱心和宠辱不惊、平静如水的心理素质。而多数家长的溺爱不是真正的爱，爱要适度、要恰当，这里面有教育学、心理学，乃至哲学等大学问。

家长也是教育者，只有心理健康的家长，才能教育出心理健康的孩子。作为家长，要有爱心，有耐心，有热情，有修养，才可将自己的知识外化出来，将孩子培养成有用的人才。爱可以使人变得越来越豁达，人格越来越完善；心理健康则可以使人从快乐的此岸走向幸福的彼岸。

2016 年 12 月 22 日于济南

（原载于《让童年发生奇迹——一个天才少女父亲的教育》，王辉湘著，漓江出版社，2017 年 2 月，有删改）

江苏凤凰教育出版社
《行知工程》系列丛书目录

系列	序号	书名	主编	定价
教育思想者系列	1	《品鉴教育文化盛宴——陶继新序跋屯集》	陶继新	45.00
	2	《为什么而出发——一位研究者对教育本质的沉思》	齐　健	35.00
	3	《高效教学的道与术——陶继新教育讲演录》	陶继新	30.00
	4	《铸造一流教育品质——陶继新区域教育巡礼》	陶继新	35.00
	5	《名校之道——陶继新对话名校长（1）》	陶继新	30.00
	6	《名校之道——陶继新对话名校长（2）》	陶继新	35.00
	7	《教育，一切从孩子出发》	黄　俭	30.00
精彩课堂系列	8	《基于核心素养的数学教学》	赵红婷	35.00
	9	《中学生核心写作能力培养》	陶　波	36.00
	10	《给孩子更好的数学课堂》	易增加	30.00
	11	《小学生阅读素养的提升策略》	邵巧治	35.00
	12	《从语文素养走向生命成长——小学语文读写课堂教学密码》	曾海玲	30.00
	13	《真实的品德课》	朱淑秀	30.00
	14	《英语课堂学习共同体——新型的师生交互学习场》	杨延从	30.00
	15	《指导自主学习——初中数学学与教的研究与实践》	刘其武	30.00
	16	《玩出精彩的课堂——小学低年级教与学方式转变研究》	陶红松	30.00
	17	《让生命之花自主绽放——语文个性化教学建构策略》	高德远	30.00
	18	《让学生亲历知识——主体参与下体验式学习的实施策略》	何世祥	30.00
名校系列	19	《从校本课程走向学校课程——锡山高中课程探索之路》	唐江澎等	35.00
	20	《让每个孩子都成志——清华附小主题阅读课程的实施探索》	窦桂梅	30.00
	21	《让每个孩子都成志——清华附小主题实践课程的实施探索》	窦桂梅	35.00
	22	《向着朝阳走去——清华附小合作办学实践探索》	窦桂梅	30.00
教育求索系列	23	《学科建设与教师发展——中学数学》	杨志文	30.00
	24	《欣说教育那“一亩三分地”——一位一线教师的教育微思考》	王庆欣	30.00
	25	《爱的守望——一位一线教师对教育的坚守》	林卫红	30.00
	26	《思政教学的人文力量》	戴晓华	30.00
	27	《师道新说——给教育者的30条箴言》	徐　卫	30.00

系列	序号	书名	主编	定价
创新教学探索系列	28	《基于核心素养的体育与健康校本课程建设》	赵卫新	35.00
	29	《把古文教活——激活文言文课堂的教学策略》	刘小华	35.00
	30	《做童年面前最合适的人——我和孩子们的“童化语文”》	曹丽秋	30.00
	31	《品世界名画，学精彩作文 ——特级教师的“名画”作文教学法》	李日芳	36.00
	32	《玩出精彩作文——张化万活动作文教学经典策略》	张化万	35.00
	33	《〈红楼梦〉里的语文课》	李日芳	30.00
	34	《让学生把母语用精彩——“语用课堂”的探索与实践》	佘小红	30.00
	35	《“备”出课堂精彩——备学式教学的课堂实践与思考》	张旭兰	30.00
	36	《神奇的阅读教室——带学生踏上美妙的阅读之旅》	李祖文	30.00
	37	《打造有生命力的课堂 ——“两步八环节”教学模式探索与实践》	查联智	30.00
	38	《最能培养学生探究能力的课堂 ——小学科学与信息技术单元整体课程实施与评价》	李怀源	30.00
	39	《最能激发学生运动天赋的课堂 ——小学体育单元整体课程实施与评价》	李怀源	30.00
	40	《最能提升学生艺术素养的课堂 ——小学艺术单元整体课程实施与评价》	李怀源	30.00
	41	《“生命语文”探索——焕发语文生命力的思考与实践》	王自成	30.00
	42	《粘连作文教学：让习作成为有个性的自我建构》	黄瑞夷	30.00
	43	《备学式教学——在体验中建构数学思维》	单广红　范雪梅	30.00
	44	《向着自主进发——自主教育的创新实施智慧》	朱亚红	30.00
	45	《写中学——让学习更有效的学科写作教学》	钟传祎	30.00
	46	《小学科学实验总动员——大科学课堂有效提升学生创新力》	江美华	30.00
	47	《小学语文单元整体课程实施与评价》	李怀源	30.00
	48	《小学英语单元整体课程实施与评价》	李怀源	30.00
	49	《小学数学单元整体课程实施与评价》	李怀源	30.00
	50	《让教学更能激发智慧——“思维碰撞”课堂的建构与实施》	程和方	30.00
名师成长系列	51	《情怀·智慧·境界——教育名家演讲录（1）》	钟惠河　李韫琬	30.00
校长领导力系列	52	《学校细节管理的执行力》	林文明　王林发	30.00
	53	《校长智慧统筹的领导力》	谢耀丰　蔡丽姗 王林发	30.00
	54	《学校持续发展的研究力》	林文智　宋佳敏 王林发	30.00
	55	《学校和谐融洽的协作力》	陈一平　郭雪莹 王林发	30.00

系列	序号	书　　　名	主编	定价
校长领导力系列	56	《学校教育提升的引领力》	谢文东　关敏华 王林发	30.00
	57	《学校团队成长的学习力》	黄纪　蔡美静 王林发	30.00
	58	《学校高效管理的创新力》	张旭	30.00
	59	《学校成功管理的决策力》	邱黎明	30.00
	60	《高品质学校生长要素》	王益民	30.00
	61	《校长高效教学领导力提升策略》	徐世贵　郭文智	30.00
新思维系列	62	《让后进生学习有后劲之36计》	严育洪	30.00
	63	《教育中的“不一定”——打破教育的19种思维惯式》	严育洪	30.00
教师修炼系列	64	《如何炼就课堂好声音——教师美嗓保健实用宝典》	薛建洲	30.00
	65	《与学生一起成长——90后教师的心路反思》	王　晗	30.00
	66	《教育，爱与宽容——教师心灵礼仪修炼》	许力争	30.00
教育家核心思想系列	67	《叶圣陶论写作》	叶圣陶 著 李怀源 选编	30.00
	68	《叶圣陶谈阅读》	叶圣陶 著 李怀源 选编	30.00
	69	《多元智能理论的本土化应用》	刘治富	30.00
	70	《大教育家最具施教力的教学思想》	白刚勋	30.00
学生心理解码系列	71	《在人生的春天播种——十四岁，写给青春的一封信》	白宏宽	30.00
	72	《孩子问题行为一点通 ——只有好老师才知道的学生心理谜底》	严育洪	30.00
校本研修系列	73	《徜徉语文教研》	肖俊宇	35.00
	74	《校本研修资源的开发与利用》	陈朝林	30.00
	75	《校本研修与教师专业成长》	吴积军	30.00
	76	《卓越教师经典研修成长策略》	刘天宝等	30.00
	77	《特色校本课程开发范例解读》	刘永平　李秀伟 张雪梅	30.00
	78	《高效校本研修模型构建艺术》	刘素雁	30.00
	79	《走向实践的教研——中小学教育科研引领与应用》	江　敏	30.00

系列	序号	书　　名	主编	定价
教育管理力系列	80	《缔造唯美教育——延奎小学素质教育实施策略》	易增加	30.00
	81	《让普通学校崛起的20个细节——“生命为本”教育团队成长密码》	李其玉	30.00
	82	《“走”出教育的精彩：走动式学校管理文化构建》	罗　军	30.00
	83	《校长兵法：学校管理四十六计》	皮大鹏	30.00
班级文化系列	84	《活力班级的文化建设》	胡　珏	30.00
	85	《做幸福的班主任》	吕　丽	26.00
高效能教学系列	86	《高效能教师的10个好习惯（中学卷）》	张　瑾	30.00
	87	《让作文落地生根——提高写作实效的教学策略》	黄桂林	30.00
	88	《高效能作文教学5项修炼》	陈步华	30.00
	89	《高效能校长的10个好习惯》	张　勤	30.00
	90	《高效能教师的10个好习惯（小学卷）》	谢　英	30.00
	91	《高效能语文教学5项修炼》	王其华	30.00
新课程探索系列	92	《语文新课程的批判与重建》	葛桂斌	30.00
美国名师教学译丛	93	《美国名师游戏教学本土化应用：幼儿园》	（美）玛西娅 L. 泰特 著 胡珍　瞿菁　编译	30.00
	94	《美国名师游戏教学本土化应用：小学英语》	（美）玛西娅 L. 泰特 著 杨永华　张心影　编译	30.00
	95	《美国名师游戏教学本土化应用：小学数学》	（美）玛西娅 L. 泰特 著 谢艳红　编译	30.00
	96	《美国名师游戏教学本土化应用：小学科学》	（美）玛西娅 L. 泰特 著 刘丽萍　编译	30.00
	97	《美国名师游戏教学本土化应用：小学社会》	（美）玛西娅 L. 泰特 著 姜梅芳　编译	30.00
	98	《美国名师游戏教学本土化应用：小学音体美》	（美）玛西娅 L. 泰特 著 尹立志　编译	30.00
鲁派名师名校·教育探索者系列	99	《悦读立人——校园阅读文化体系构建策略》	杨世臣	30.00
	100	《教育智慧何处来——一位特级教师的思考手记》	付立金	30.00
	101	《和雅文化——校本课程的创新构建》	汤善香	30.00
	102	《让个性绽放精彩——学校课程体系整合与创生》	谢建伟　徐淑萍	30.00
	103	《让每个学生都幸福——最能润泽生命的学校文化建设》	谢建伟　张新喜	30.00

系列	序号	书　　名	主编	定价
生态化校园系列	104	《文化管理——构建生态和谐校园的必由之路》	付全新	30.00
	105	《点燃学习的激情——构建校园生态化学习型组织》	杨树岳	30.00
	106	《课改突围——构建学校生态化教学体系》	杨树岳	30.00
教育新思考系列	107	《语文教育向何处去》	王　丛	26.00
	108	《教育，就是做好普通的事》	孙志毅	27.00
	109	《走出语文的偏见——让学生体悟文本的原义》	丛智芳	30.00
	110	《让语文教学更高效——批注式阅读教学探索》	韩中凌	30.00
	111	《读写互促——探寻学以致用的语文教学》	曹　龙	30.00
	112	《跳出数学教数学——用文化融通数学教学》	马建秀	27.00
名师感悟系列	113	《让心灵伴着歌声成长——22位音乐名师的教育智慧》	陈　璞	30.00
	114	《超越自我的教师——32位名师的成长感悟》	李卫东　李秀伟	35.00
	115	《心灵的守护者——19位名班主任的教育智慧》	王晓松　曲文弘	30.00
	116	《名师感悟班主任有效工作艺术90例》	符礼科	30.00
	117	《名师感悟有效教学90例》	林高明　徐玉烟	30.00
信息化教学系列	118	《巧用白板教语文——信息技术与语文教学操作指南》	蒋丽清	30.00
	119	《跨越式实现高效课堂——信息技术与课程整合高效教学方案评析》	陈　玲　刘　禹	30.00
教师必读系列	120	《教师必学的16堂修养课》	武宏伟	30.00
	121	《教师不可不知的教学心理效应》	叶勇军	30.00
	122	《班主任不可不知的管理效应》	奚一琴	30.00
	123	《教师不可不知的教育心理效应》	孙　媛	30.00
	124	《校长不可不知的管理效应》	谢申刚　张金豹	30.00
	125	《成为好教师的7项修炼》	王福强　李维华	30.00
	126	《如何让学生会学习》	龙　冰	30.00
	127	《如何让学生爱学习》	周震宇　许小燕	30.00
核心教学主张系列	128	《新生代语文名师核心教学主张》	许友兰	30.00
行思讲坛系列	129	《灵动而朴素地教语文——潘文彬的微格教育生活》	潘文彬	30.00
	130	《师爱无疆——润泽学生心灵的教育故事》	侯忠彦	30.00
	131	《怎样反思更有效——促进教师专业发展的反思策略》	诸贝贝	30.00

系列	序号	书　　名	主编	定价
行思讲坛系列	132	《成为高度自觉的教育者——写给后课标时代的数学教师》	许卫兵	30.00
	133	《哲思数学课》	刘全祥	30.00
	134	《智慧数学课——黄爱华教学思维的实践策略》	黄爱华	30.00
	135	《童趣数学课》	徐　芳	30.00
	136	《把学生教聪明》	严育洪	30.00
	137	《教师最应该规避的教育误区》	杨坤道	30.00
	138	《用语文的方式教语文——潘文彬教学主张与实践智慧》	潘文彬	30.00
	139	《怎样让阅读教学更有效 ——提升教学能力的十种读诵模式》	汪秀梅	28.00
	140	《让生命在润泽中起舞 ——当代小学生最需要的主题班会》	吴联星　罗　琳 冯卫东	30.00
	141	《让生命欢快拔节 ——当代中学生最需要的主题班会》	冯卫东　吴联星	30.00
	142	《课堂因生成而精彩——高效教学的生成智慧》	张文质	30.00
	143	《回到每一个人的生命化教育 ——张文质二甲中学教育行动录》	张文质	30.00
中国教育变革之路丛书	144	《百年树人师何为——教师队伍建设困顿与出路》	将丽珠　李玉向	30.00
	145	《入园何时不再难——学前教育困惑与抉择》	曾晓东 范　昕　周　慧	30.00
	146	《三尺书桌何处寻——流动人口子女教育困难与破解》	范先佐	30.00
	147	《苦旅何以得纾解——高考改革困境与突破》	郑若玲	30.00
	148	《择校纠结何时了——择校问题困局与治理》	曾晓东　周文海 曾娅琴	30.00
创新教学思想系列	149	《“大问题”教学的形与神》	黄爱华　张文质	30.00
教育漫笔系列	150	《课堂，诗意地栖居》	吴书华	30.00
教学提升系列	151	《有思想地教阅读——让学生学会品读文字真意》	王学东	30.00

系列	序号	书　　名	主编	定价
教育艺术提升系列	152	《藏在师生体态语言里的教学智慧》	张　宇　廖生波	30.00
教学全手册系列	153	《小学习作教学全手册》	郭家海	30.00
	154	《中学写作教学全手册》	郭家海	30.00
	155	《情境教学操作全手册》	冯卫东	35.00
	156	《合作教学操作全手册》	李春华	35.00
	157	《探究教学操作全手册》	周新桂	35.00
	158	《自主教学操作全手册》	诸葛彪	35.00
	159	《创新教学操作全手册》	王　玮	35.00
	160	《班主任工作全手册》	刘沛华	35.00
	161	《新教师工作全手册》	周震宇	35.00
	162	《学生心理健康教育全手册》	刘海莉　刘春杰	35.00
	163	《高效教学操作全手册》	马友平	35.00
创新人才培养系列	164	《创新人才培养校园科普精品课程开发与指导——人大附中创新人才培养》	罗　滨	30.00
	165	《创新人才培养特色校本课程开发与创新人才培养——清华附中“国际安全下的科学技术”课程构建与实施》	王殿军　方　研　赵宏雁	30.00
	166	《创新人才培养：学校实验室建设与管理》	刘克文　杨发丽　杨　平	30.00
	167	《创新人才培养：数学探究活动开发与指导》	马云朋　韩继伟	30.00
	168	《创新人才培养：化学研究活动开发与指导》	王　磊	30.00
	169	《创新人才培养：物理探究活动开发与指导》	廖伯琴	30.00
	170	《创新人才培养：地理探究活动开发与指导》	张建珍　陈　澄	30.00
	171	《创新人才培养：生物探究活动开发与指导》	张迎春	30.00
	172	《创新人才培养：理念探索与思维突破》	王晶莹	30.00
新生代通派名师系列	173	《简约数学教学》	许卫兵	30.00
	174	《语文教学的本真——情意课堂展现母语之美》	吴建英	30.00
	175	《语文课堂的理想追求——欢快达成三维目标》	董一红	30.00
	176	《阅读教学的真髓——意象构建读出文学的真美》	祝　禧	30.00

系列	序号	书　　名	主编	定价
新生代通派名师系列	177	《美术教育的真谛——审美人生教育让生命绚丽成长》	陈铁梅	30.00
	178	《语文教学的理想境界——无痕教学润泽生命》	李　凤	30.00
	179	《儿童作文的本义——嬉乐作文让儿童乐并成长着》	王笑梅	30.00
	180	《名师是怎样炼成的》	王建明　王笑君	35.00
幼师成长系列	181	《幼儿行为背后——教师如何读懂幼儿的心思》	吴亚英	30.00
	182	《最具教育力的22种幼儿教育思想》	杨　达	30.00
	183	《幼儿教师必知的安全应急措施》	杨　达	30.00
	184	《幼儿教师必备的教育技能》	李　玲	30.00
	185	《卓越园长21条幼儿园管理策略》	周　丹　江东秋	30.00